ゾンビと資本主義

主体／ネオリベ／人種／ジェンダーを超えて

遠藤徹【著】

工作舎

●
ゾンビの正体を教えてやろう
そうさ、俺こそがゾンビ狼男だ
——フランク・ザッパ「ゾンビ・ウーフ」より

●
アゲアゲで、繰り返すの
よろよろゾンビの足どりで
——ケイティ・ペリー「チェーン・トゥ・ザ・リズム」より

ゾンビと資本主義

主体／ネオリベ／人種／ジェンダーを超えて

遠藤 徹——【著】

ゾンビと資本主義　目次

プロローグ　ゾンビを待ちながら——010

第1章　この世からの緊急避難　021

1……観客がゾンビを産み出した——022
2……アメリカ＝ゾンビ——027
3……鏡としてのゾンビ　032
4……災害多幸症　038

第2章 主体からの緊急避難……045

1……解放としてのゾンビ身体――046
▼別の快楽 047
▼情動化（affect）する映画 053
▼臓器の盆踊り 061

2……意味から碇《いかり》を上げる――065
▼サイボーグとゾンビ 065
▼現代における唯一の神話 076
▼享受できない勝利 082

3……どちらでもあり、どちらでもない（both/neither）――083

4……ゼットピア――089
▼死権力（necropower） 089
▼来るべき共同体 097

第3章 資本主義からの緊急避難 103

1……反専有の魔術——104

▼マイアミ・ゾンビ事件 104

▼茫然自失という智恵 108

▼脳を食べること 111

▼革命を宿すゾンビ 113

▼弱さと強さ 114

▼奴隷の斧《マシェット》が反乱の武器に 116

▼啓蒙主義とゾンビ 122

▼弁証法を挫折させるゾンビ 125

▼反専有の魔術としてのゾンビ 126

2……資本主義が／とゾンビ——131

▼奴隷制のシステムが象徴するもの　131

▼食人資本主義　135

▼消費に消費される　142

▼スパーロックのホーリー・チキン　148

▼聖なる時間と時計的時間　152

▼敗北のなかの内破　153

3……二〇〇〇年代のゾンビ——158

▼ネオリベ・ゾンビ　158

▼内化されたネオリベラリズム　162

▼奪われる／奪う　172

▼ゾンビ・ジーザス　180

▼ゾンビ・ウォーク　185

第4章 人種からの緊急避難

人種からの緊急避難 193

1……白いゾンビの出現——195

2……黒人の変容——200

3……ハイパーホワイトの登場——207

4……オリエンタル・ゾンビ——216

5……ゾンビ王オバマ——222

第5章 性からの緊急避難

性からの緊急避難 227

1……ゾンベイビー——228

2……セクシャル・ゾンビ・ナンバー・ワン——231

▼ライバルは吸血鬼？ 231

▼性的ゾンビの系譜 235

▼黒人女性戦士ミショーンの敗北 242

▼「恋愛」という罠 251

3……ロマンチック・ゾンビ——262

4……リキッド・モダニティとゾンビ——266

第6章 緊急避難口から振り返る 275

1……「それじゃあ、ゾンビになってみよう」——276

▼ゾンビは殺すべきもの、なのか？ 277

▼テクノロジーと記憶 284

▼ゾンビに「なる」 293

2……映像を見るということ——302

▼映像への感染 302

▼銃としてのカメラ 309

▼映像＝ゾンビ 312

▼観客＝ゾンビ 314

エピローグ 真正ゾンビのほうへ——318

あとがき——322

註——339

本文索引（人名、映画・ドラマ名、文献名、事項名）——353

プロローグ——ゾンビを待ちながら

チャップリンが『モダン・タイムス』（一九三六）で、ベルトコンベアを流れてくる、正体不明の部品のボルトをスパナで締める作業に支配される。職場を離れてもその動きの反復をやめられなくなったチャップリンは、六角形のボタンが胸のところについた服を着た婦人に出会うや、ボルトをスパナで締める動きを反復しながら追いかける。

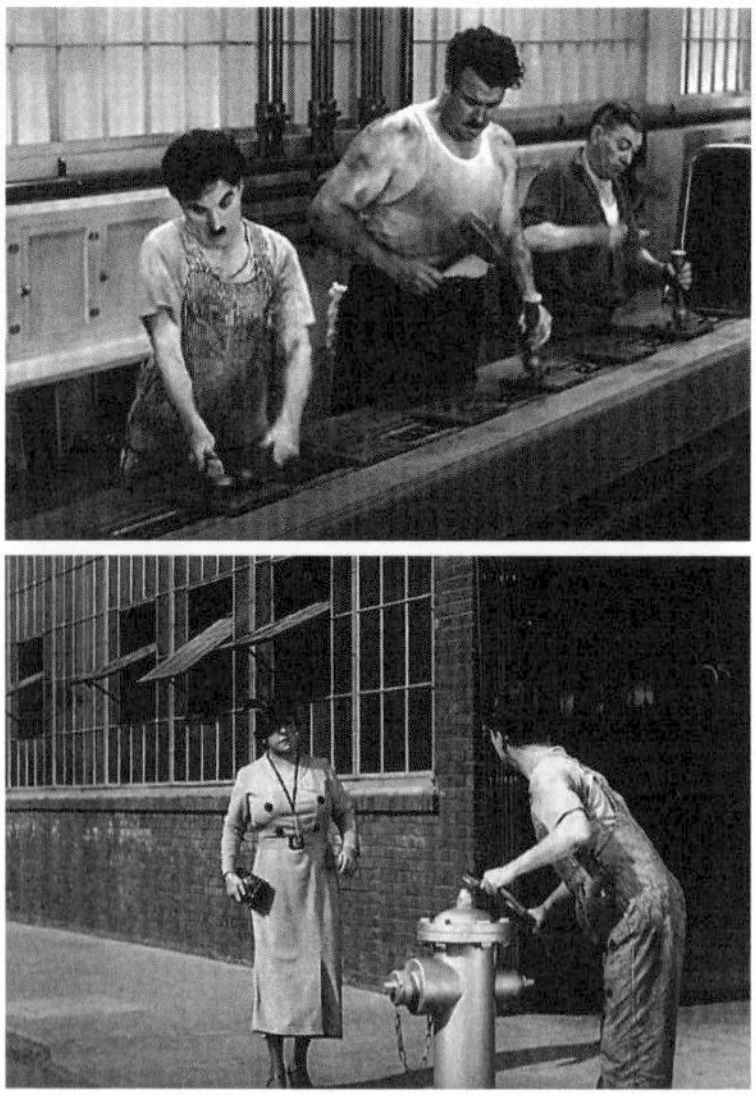

●工場でボルトを締める作業に支配されたあげく……婦人の胸のボタンをボルトと思い込む。
（Charles Chaplin, *Modern Times*, 1936）

そして、強迫症患者として病院送りになる。

その七〇年後、モービーのミュージックビデオ「君もこの世界の迷子なのかい（*Are You Lost In The World Like Me?*）」（二〇一六）では、スマートフォンに支配された世界が描かれる。誰もがスマホを見ながら歩き、火事現場を背景に自撮りをし、ビルからの飛び降り現場を皆がこぞって撮影する。ディズニープリンセスまでもが、王子様そっちのけでスマホに夢中というシーンもある。

だけど、誰も病院送りにはならない。それが日常の光景として通っている。

みんながゾンビの世界では、ゾンビであることが正常だからだ。

●スマホに支配された世界を描くモービー＆ ザ・ヴォイド・パシフィック・クワイアのミュージックビデオ
（Moby & The Void Pacific Choir, *Are You Lost In The World Like Me ?*, an animation by Steve Cutts, 2016）

部屋の角を挟んで、両脇にスクリーンがある。

左の壁のスクリーンには追うゾンビ。ぐらつき、よろめきながら、若い女ゾンビが、両手を広げて追いかけてくる。迫ってくるさまが正面から撮られている。

右の壁には、逃げる女。息を切らせ、喘ぎに似た恐怖のうめきをあげながら、時折後ろを振り返っては逃げていく若い女性。その姿が背後から捉えられている。

しかも奇妙なことに、どうやらこの両者は同一人物が演じている。

ゾンビになって追いかける自分と、ゾンビに追われて逃げる自分。

あるいはゾンビに追われて逃げていた女性が、今度はゾンビになって追いかけているのかもしれない。

これが「ゾンビ・ループ」。

セレブやホラーを題材にコンセプチュアルな作品を作り続けているニューヨーク在住のアーティスト、ジリアン・マクドナルドによる二〇〇六年のビデオアート作品のひとつ。マクドナルド自身は、この作品は「生者が死者となり、死者はただひたすら生者を食らうことを求める」という、ゾンビ映画ジャンルのライフサイクルを反映したものであり、「ゾンビと生存者はある意味で同一だ」ということを表現したと述べている。[★001]

それはそれとして、ここではむしろ、彼女の作品で意図的に省略された部分、語られていない部分について考えてみたい。つまり、この二つのスクリーンの間には決定的な裂け目があるということ。語られない時間があるということについてである。

すなわち、ゾンビに噛まれてからゾンビになるまでの間。

つまり、ゾンビに噛まれる瞬間から、ゾンビになる瞬間までには、常にある種の「待機」時間が発生する。

その時間について考えることから始めてみよう。


だから、これはまだゾンビが走れるようになる前のお話だ。


ゾンビに追われて、あなたは逃げている。

ゾンビは遅い。あなたが走ることさえできれば、振り切るのは可能だ。だけど、転んで足をくじいてしまう。あるいは、恐怖で足がすくんでしまう。もしくは、予期しない方向から何体ものゾンビが

●ジリアン・マクドナルドのビデオアート作品「ゾンビ・ループ」
（Jilian McDonald, *Zombie Loop*, 2006, installation images, artMovingProjects Gallery, Brooklyn）

現れ、退路を断たれてしまう。

体がこわばる。思考が停止する。追い詰められる。ゾンビの手が、そして、あなたを食らおうとする口がゆっくりと迫ってくる。

そのときあなたを包んでいるのはどんな情動だろう。

「情動」とは、理性に先立つ、つまりは言葉では表現できない感情、あるいは身体的な反応を指すものと考えてみよう。

おそらくそれは、恐怖をおいてないはずだ。あなたはそう答えるだろう。

当然のことだ。なにしろ、あなたという唯一無二のかけがえのない存在が、いま無に帰する危機に瀕しているのだから。なにしろ、ゾンビに噛まれたら、ゾンビになってしまう。意識のない、人肉への、あるいは脳髄への食欲だけで動く別の何かに変わってしまう。それは、あなたそっくりに見えてももはやあなたではない。なにしろ、記憶も、個性も、ジェンダーも、すべてが消えてなくなるからだ。自分が自分でなくなってしまう。それは怖れて当然のなりゆきだ。

もちろん、もっと生物的、あるいは生理的な恐怖がそれに先立ってあるとも考えられる。じかに噛まれる、そして生身の肉を食いちぎられて食われるという恐怖。つまり、痛みへの恐怖。自分という有機体が、ただの肉の塊であるかのように貪《むさぼ》り食われてしまうという恐怖。なんという非道な行為だろう。人間という尊厳ある存在、意識をもち、痛みを感じ、感情をもった存在を食べるとは。それを恐怖しない人間など果たして存在しうるだろうか。

心理的にも生理的にもゾンビに嚙まれること、食われることは、だから恐怖して当然なのだ。

けれども、そこには同時に一抹の説明不能な情動も潜んではいる。

すなわち、憧れ。当然ながら、それは自分の理性では理解できない情動だろう。あなたはそんなことはありえないと答えるかもしれない。

だがそれは確かにある。感情とも生理的期待ともつかない強烈な感覚。それが、強烈にあなたを捉えて放さない。いったい何に対する憧れかすらわからない。あるいは対象をもたない憧れ。

そう、あなたは確かに恐怖している。恐怖で動けなくなっている。けれども同時に、魅了されてはいないだろうか。さらには悦んでいはしないだろうか。むろん、それは不快な快楽である。言語化できない得体の知れない快楽。あなたの皮膚が食い破られ、自分の身体の一体性、統一性が破壊され、内臓が引きずり出される。隠されているはずの身体の内部が露出させられ、外部に溢れ出す。そのことが感じさせる、どこかエロティックな受動的戦慄。あなたのなかのどこかに、それを待望し、待ち望むあなたがいはしないだろうか。そんな未知の体験への、理由づけ不能の期待感が混じってはいないだろうか。

やがて、二つの強烈な感情、恐怖と魅了は入り交じり、区別がつかなくなっていく。

そう、あなたは恐怖に固まって動けなくなっている。けれども同時に、迫り来る、まだ満たされない脅威が成就されるのを望んでいる。その約束が、脅威と痛みと破壊という約束が果たされるのを待ち望んでいる[★002]。もはや死は逃れようがないと覚悟した瞬間、その死という未知の体験への期待が恐怖と無感覚のなかであなたをぞくぞくさせる。

そう、あなたはゾンビを待っている。

あるいは、もしかしたらずっとこのときを待ち望んでいたのかもしれない。

そのときのあなたは、もはやそれ以前のあなたではない。受け身の自己であり、自分では受け入れがたい空虚な存在となっている。それまでの自分ではない自分への憧れに包まれている。

そう、待っている。

けれども、どういうことだろう。それはなかなかやってこない。

あなたは焦れる。焦らされる。

遅いから。ゾンビは緩慢だから。すでに恐怖と脅威はあなたを包み、あなたはそれを待っているのに、それはなかなか与えられない。

それが、ゾンビ状態。この宙吊りの時間。恐怖と得体のしれない憧れとがない交ぜになった時間。スクリーンを見つめる観客を魅了してきた、もっとも恐ろしくそして魅惑的な状態である。

そう、繰り返しになるが、これはゾンビが走れるようになる前のお話。

ゾンビは常に遅かった。常に遅延する存在だった。ゾンビ映画の最大の特徴はそこにあった。窓ガラスが破られて、ゾンビが部屋のなかに雪崩れ込むまでのじれったいほど引き延ばされた時間。倒れたあなた、すくんだあなたにふらつくゾンビが追いつくまでのじれったい時間。ゾンビの群れが、逃げ場を失ったあなたへの距離を千鳥足でゆっくり詰め切るまでの辛抱を強いる時間。ゾンビの口が、あなたの皮膚に押し当てられるまでの残余のような時間[★003]。

そこには常に遅延があった。そして、この遅延こそが、恐怖と、期待と、快楽をはっきりと体感させる時間だった。

そして、その遅延は、嚙まれた後にもやってくる。あなたは嚙まれてもすぐにゾンビにはならない。そう、すぐにゾンビにはなれないのだ。再びの遅延がそこにある。ゆっくりと時間をかけて、あなたは自分を失い、そしてゾンビになって行く。もはや逃れられない運命を嚙みしめねばならない、その引き延ばされた時間。そこにもやはり、恐怖とない交ぜになった期待があったはずだ。

なにが起こるかはとっくにわかっているのに、そこに行くまでに常に遅延を堪え忍ばねばならない。それこそがゾンビが与える最大の、そして至福の時間だったといえるのではないだろうか。

ミレニアムを超えて、ゾンビは走ることを覚えた。猛烈な速度で迫ってきて嚙む、そして嚙まれた人はあっという間にゾンビと化す。そこには、かつてのノスタルジックなゾンビの時間は残されていないように思われる。

ミドルベリー大学の英文学者マイケル・ニューベリーは、敏捷なゾンビ登場の先駆けとなったダニー・ボイル監督の『28日後…』(二〇〇二)にはファストフードの描写が溢れているという。病院で目覚めた主人公のジムは、ナースコールしても誰も来ないので病室の外へ出る。ジムはコスタ・コーヒーというイギリスのスターバックスの姉妹店の前を通り過ぎ、メインロビーで破壊されたペプシの販売機を見る。壊れた機械からはセブンアップ、ペプシ、タンゴなどの炭酸飲料が溢れ出ている。ジムは、落ちているまだ未開封の缶を数本拾ってレジ袋に詰める。

病院の外には、消費文化の象徴が溢れている。ジムの背後に巨大なネスカフェの看板や、いろんな人種が調和して微笑むベネトンの看板も現れる。ビッグベンの前で立ち止まったときには、ファストフードの包み紙、紙カップ、プラスチック容器などが足下に落ちている。散乱する炭酸飲料の缶の上を、ポテトチップスの袋が舞い飛んでゆく。

コンクリートと看板と乗り捨てられた自動車しかない廃墟の街には、ジムが求める食物はなく、環境ジャーナリストのマイケル・ポーランが「食品のような物質(food like substances)」と呼ぶものしかない。コーンシロップ由来のものと、発音が難しい化学名をもった食品添加物や保存料を大量に含んだスナックしか存在しないからだ。

こうした背景のもと、ニューベリーは、一瞬で感染し、常軌を逸した身体能力で他者を襲って感染をあっという間に広めるこの映画の新しいゾンビを「ファスト・ゾンビ」と呼ぶ。それは、「ファストフードやジャンクフードのイメージに溢れたアルマゲドン」のイメージである。[★004] つまり、ファストフード化の進行に伴う人間への合理的支配の徹底、もはや食品とすら呼べないものを食べさせられている世界という人間的なものの排除の様相が、こうしたゾンビのファスト化の背景にあるとする読みである。

とすれば、わたしたちにはもはや、死を恐怖し、あるいは死への憧れを感じるといった一瞬の情動すら許されないのかもしれない。

けれども、本質は変わらない。わたしたちがかつてより、若干忙しくなっただけのこと。やはり、追われてから、嚙まれるまでの間にはそれでも若干の遅延があるし、嚙まれてから自らもゾンビと化すまでにも若干の遅延は残されている。十分に堪能できるほどではないにしても。

さあ、だから、あなたはいまゾンビを待っている。
あるいは、すでにゾンビに嚙まれて、これからゾンビになるのを待っている。

それはどこか、読書体験と似ているようにも思われる。読書するとき、わたしたちは道筋を幾度も先読みしたり、後戻りしたりする。予見的な読みと、修正的な読みとの間の溝でつまずき、よろめく。転びそうになりながら、歩き続ける。★005 いや読み続ける。そして、読む行為と理解という現象、あるいは読む行為と夢想という現象、あるいは読む行為と記憶のフラッシュバックという現象との間には、明らかな遅延がある。その遅延の時間こそが、読書の醍醐味であり、快楽なのではないだろうか（ファスト・ゾンビ的な、内容把握のみを目的とした、目的合理主義的な速読《ファスト・リーディング》では得られない快楽）。

そう想定してみよう。そして、この逃れがたい運命の、けれども遅延した時間を使って、ゾンビになることの意味についてしばし考えてみようではないか。

第1章

この世からの緊急避難

1……観客がゾンビを産み出した

映画プロデューサーのマシュー・J・ワイスは、ゾンビの行動の「規則」には「過程的な適応」があるという。彼によれば、ゾンビは次のような存在へと徐々に適応進化してきた。まず、人間を襲い、人間を食べる存在であり、速く動くことができず、道具を使うことができず、理性も知性ももたない。そして、頭を撃ち抜かないと死なず、噛まれるとゾンビになってしまう。[★006]

けれども、この適応がごく一部の時代の作品にしか当てはまらないのは明白であろう。まず、歴史的に見ればゾンビは一七世紀のアフリカの民間信仰にまでさかのぼる起源をもち、一九世紀ハイチにおけるヴードゥー教の霊的な技法によって復活させられた、無害で憐れな「生ける死者」から始まっている。

やがてそれがウィリアム・シーブルックのハイチ島旅行記『魔法の島』（一九二九）を通してアメリカに伝わる。ジェームズ・ホエール監督による映画『フランケンシュタイン』（一九三一）が公開された翌年、ヴィクター・ハルペリン監督によってシーブルックの旅行記に想を得た『ホワイト・ゾンビ』（邦題『恐怖城』）が制作される。この経緯に関して『トランス・アトランティック・ゾンビ：奴隷制、反乱、生ける死者』の著者であるサラ・ジュリエット・ラウロは、ここにおいてマッドサイエンティストの生ける死体、すなわちフランケンシュタインの怪物と、ハイチのゾンビが混線し、融合し、相互干渉しあい、「新しい」「西洋の」ゾンビが生まれたのだと述べている。[★007] アメリカのゾンビは、ハイチの土俗の宗教文化と、西洋の科学的文化の融合物だったのだと。

ハイチのゾンビは、死後に復活させられて畑で働かされる労働者であったが、アメリカのモンスターとして移入されて以後は、さまざまなものを代弁したり、刻印することができる便利な隠喩となった。

初期の映画『ホワイト・ゾンビ』や『私はゾンビと歩いた！』（ジャック・ターナー監督、一九四三）などでは、物いわぬ無産階級の労働者として扱われ、五〇年代には『地球最後の男』（リチャード・マシスン原作小説：一九五四、ウバルト・ラゴーナ／シドニー・サルコウ監督映画：一九六四）、『ボディ・スナッチャー／恐怖の街』（ドン・シーゲル監督、一九五六）等の作品において、他と異なる生命体として一人で敵に囲まれるという黙示録《アポカリプス》的、冷戦的状態を表した。六〇年代にジョージ・A・ロメロ監督の画期的な作品『ナイト・オブ・ザ・

●ドラキュラ、フランケンシュタインに次ぐモンスターとしてスクリーンに登場したゾンビ
（Victor Halperin, *White Zombie*, 1932）

リビング・デッド』(一九六八)が、暴力的で動きが鈍く、人を食べ、嚙むことで無性的に再生産する新しいゾンビ像を造り出した。その後は、同じくロメロの『ドーン・オブ・ザ・デッド』(邦題『ゾンビ』、一九七八)では、資本主義に飼い慣らされた市民像を表現したり、ダニー・ボイル監督の『28日後…』のようにウイルス的感染の恐怖を表したりとさまざまな変奏を経てきた。★008

実際にはもっと細かくあげるべきだろうが、ここでの眼目はゾンビ映画史を辿ることではないので、簡略に記述するに留める。

大切なのは、初期のものを除いて、多くの作品でゾンビという言葉は使われていないことだ。そもそも、現代のゾンビ像を確立したジョージ・A・ロメロ自身が、自分はゾンビものを撮っているとは自覚していなかった。タイトルに出てくる記述もリビング・デッド、すなわち「生ける死者」である。また、もうひとつの敏捷なゾンビという新しいゾンビ像によってゾンビ新世紀を造り出したダニー・ボイルも、自分の作品をゾンビものとは考えていなかった。第一、この作品に登場するのは死者ではなく、生者なのだ。特殊なウイルスの感染者でしかない。

それなのに、わたしたちはこれらを「ゾンビもの」というレッテルでくくっている。とすれば、個々の映画監督がゾンビを造り出したのでないことになる。では、誰がゾンビを造ったのか?

答えははっきりしている。そう、観客である。本来はハイチの、死してなお働く労働者を指していたゾンビという言葉を用いて、実際には互いに関連のないはずのいくつもの作品をひとつにまとめようとしたのは観客の側、あるいはわたしたち受け手の側なのである。

そして、この「ゾンビもの」という新しいジャンルは、吸血鬼や狼男、あるいはフランケンシュタインといったゴシックの伝統とつながったモンスターたちに取って代わって、ホラーの主役を務めるに至った。それも、わたしたちがこのジャンルをそれほどに好んだからということになるだろう。あるいは、必要とした。求めたと。

とすれば、このゾンビというジャンルは、要請されたものだったことになる。大衆によって要請された、必須のものであったのだ。

フェミニズム思想家のジュディス（ジャック）・ハルバースタムは、「怪物は意味する装置」であると指摘している。[★009] 一見単純なゾンビだが、このゾンビ現象にはもっと大きな意味がありそうだ。

カナダのカールトン大学でメディア学を講じているブライアン・グリーンスパンは、「心のないゾンビとは、実体ではなく、『もっと脳みそを』という大衆的欲求を通して確立された名前」であると述べている。[★010] すなわち、ゾンビ的存在を大衆が必要としていたということである。直喩的なひと噛みによって誰もがゾンビになるのは、さまざまな主張の間に等価なつながりをパフォーマティヴに確立する政治的区別なのだという。そして、噛まれた人はいかなる個人的欲求を抱いていようとも、覇権的論理に支配された意味のシステムに融合させられてしまう。

それは、ポピュリズムの状態を指している。

エルネスト・ラクラウのポピュリスト理論によれば、人々が能動的に構築されるのは、ひとつの「空虚なシニフィエ」によって、さまざまな個人や集団の要求が統一されたときであるという。ひとつの「空虚なシニフィエ」が異質な要求を統一したとき、そこにそれまで存在しなかった結びつきが確立される。たとえば、「学費値下げ要求」といった学生運動の標語が、それまではばらばらだったさまざまなグループや、さまざまな個人の要求をひとつにして一九六八年の闘争を可能にしたようにである。これがポピュリスト的なアイデンティティであり、それは政治的過程で変容する。ラクラウは、通常悪い意味で用いられるポピュリズムに、抵抗運動のきっかけを産み出す可能性を見いだした。

とすれば、奴隷、食人鬼、ウイルスに感染した生者といった実際にはばらばらな内容を、ゾンビという「空虚なシニフィエ」が統合することによって初めて産み出されるなんらかの統一的な価値内容、あるいは人々を惹きつける魅力がそこにはあるはずだ。

カナダ、ウィルフリッド・ローリエ大学でSFと映画について講じているアンドレア・オースティンは、ゾンビは二重の目的をもった撞着語法的(oxymoronic)な存在であると述べている。[★011] 一方でゾンビは個人の死をもたらすシステムあるいはプロセスである。他方で、群れとなって文明化された文化に脅威をもたらす存在でもある。つまり、資本や労働力の空っぽの産物であると同時に、そのような産物を産み出す体制を一掃する原初的、動物的な力でもあるという矛盾を抱えている。体制の作用そのものを表すと同時に、体制の破壊をも意味する存在なのである。そのようなゾンビの服従しつつ、革命の可能性を孕むという矛盾。システムに支配されている観客の現状を告げつつ、そのシステムの破壊の可能性を仄めかすということが、もしかしたらゾンビのイメージが必要とされる大きな理由なのかもしれない。

2……アメリカ＝ゾンビ

「俺たちは借り物の時間を生きている。俺たちの人生のあらゆる瞬間は、やつらから盗んだ時間だ。（中略）俺たちこそが歩く死体なんだ！」

（『ウォーキング・デッド』の主人公、保安官代理のリック・グライムズのセリフ。グラフィックノベル版チャプター4より）


アメリカ映画で描かれる「成功者」像には、ある種の共通点がある。

たとえばジョン・リー・ハンコック監督の映画『ファウンダー　ハンバーガー帝国のヒミツ』（二〇一六）。マクドナルドのフランチャイズ化によってハンバーガー帝国を築き上げたレイ・クロックの伝記映画である。通常レイ・クロックはマクドナルド兄弟が創り出したシステムを買い取ってフランチャイズ化を進めたとされている。しかし、兄弟の一人ディックの孫からの証言を元に再構成されたこの映画を見ると、その内実はそんな「円満」なものではなかったことがわかる。「溺れている相手の口にホースを突っ込む」のがビジネスだとうそぶくクロックは、マクドナルド兄弟の弱みにつけ込んで経営権を買い上げただけでなく、最後に残ったオリジナルの店舗の傍に新しいマクドナルドを開店して、兄弟の店を廃業に追い込んだ。そして、マクドナルドという商標まで奪い取って、自ら創始者《ファウンダー》を名乗ったのである。

アダム・マッケイ監督の『バイス』(二〇一八)はどうだろう。これは、第四三代アメリカ合衆国大統領ジョージ・W・ブッシュの副大統領だったディック・チェイニーの伝記映画だ。アルコールに溺れ、成績不良でイェール大学を退学になった男が、権力を求めて這い上がり、ついには大統領の権限まで奪い取ってしまうという物語となっている。象徴的な場面は、幼い頃の娘たちと釣りをするところで、疑似餌を使うのを「魚をだますの?」と娘たちに問われたチェイニーが「それが釣りだ」と答える場面。後に彼は自分を副大統領に指名したブッシュ(息子)から、軍事、外交、その他あらゆる権利を釣り上げてしまう。そして、フセインがアルカイダとつながっている、あるいは大量破壊兵器をもっているというデマをでっち上げてイラクを攻撃し、テロリストとみなした人たちへの拷問を正当化した。そして、どんなに糾弾されても「自分はアメリカを守ったのだ」と開き直った。

ダン・ギルロイ監督の『ナイトクローラー』(二〇一四)は、報道パパラッチとして金を稼ぐルイス・ブルームという名の男の物語だ。彼は、刺激的な映像を求めるあまり、事件現場への不法侵入を厭わず、映像を刺激的にするために死体を動かしたりもする。最後には強盗殺人事件の犯人の住居を突き止めながらすぐには警察には通報せず、機材の準備をしてから報告して警察との銃撃戦を撮影し、その過程で撃たれて死んだ助手の姿までをネタにしてしまう。しかも、そのビジネスはさらなる成功へと飛躍していく結末となっている。

ほかにもクリント・イーストウッド監督の『J・エドガー』（二〇一一）や、マーティン・スコセッシ監督の『ウルフ・オブ・ウォール・ストリート』（二〇一三）など、このタイプの人間を描いた作品は多い。

これらの映画の主人公の共感性の欠如した表情が、『ナイト・オブ・ザ・リビング・デッド』で、主人公ベンと対立する自己中心的な中年男ハリーと、そしてハリーを射殺した後のベンのそれと重なるような気がするのはなぜだろう。彼らは権力や金に取り憑かれており、そのためになら他の人間がどうなろうとも気にしない。資本主義の原理そのままを体現しているともいえる。他者をすべて食い物にしているわけだ。つまり彼らは、思考できないゾンビと同じ位相にいるといえないだろうか。ここにアメリカでゾンビものが人気を集める理由の一端が垣間見えるように思える。アメリカ的資本主義、新市場主義的経済体制そのものの非人間性、あるいは人間捕食性をゾンビが体現しているのである。

かつてアンディ・ウォーホルのミューズでもあった、アメリカの黒人モデルにして歌手のグレイス・ジョーンズは、彼女の楽曲「コーポレート・カニバル」において、企業を人食いに喩えている。

初めまして、あなたをわたしの皿に盛れてうれしいです
あなたの肉はとってもおいしいんです
あなたの運命あなたの宿命

あなたはわたしの命を支えてくれる、あなたの命はわたしの獲物です　わたしは人食い機械なんです

あなたにはわたしの笑い声が聞こえない、あなたの命を奪うときの
あなたにはわたしの足跡をたどれない、わたしは別の道を通っているから

獲物がたりないんです、わたしのために祈ってください

（わたしは人食い機械）
人食い企業、デジタルな犯罪者
人食い企業、あなたを動物のように食べる

（以下略）

ポストコロニアル文学の研究者であるサラ・ジュリエット・ラウロが、カレン・エンブリーと共同で書いた「ゾンビ宣言」という小論がある。これはフェミニズム思想家ダナ・ハラウェイの「サイボーグ宣言」（一九八五、邦訳青土社刊『猿と女とサイボーグ』所収）を意識した内容であるが、そのなかで二人の著者は、ゾ

●『ナイト・オブ・ザ・リビング・デッド』の登場人物のひとり、自己中心的なハリーと、その後の映画で描かれる「成功者」の表情の共通性
(George A. Romero, *Night of the Living Dead*, 1968; John Lee Hancock, *The Founder*, 2016; Adam McKay, *Vice*, 2018)

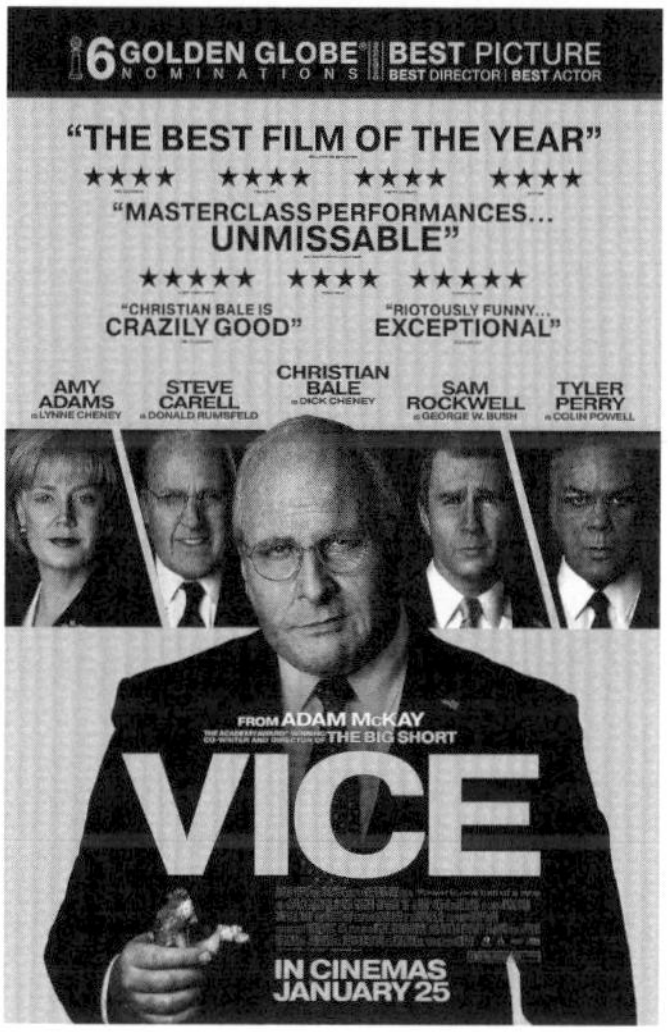

ンビはわたしたちの現状の悲観的かつより適切な代替物であると述べている。なぜなら、世界経済においてアメリカは、地球上の他の部分の産物を容赦なく奪い取って食らい、自分たちの人間性から疎外され、よろめき歩き、腐敗しながら不死を求めているからである。[★012]

また、文化批評家のマーク・デリーはホラーの文化史的研究で知られるデヴィッド・J・スカルの言葉「ゾンビは、底をついたアメリカを表している。なぜなら、わたしたちは封建主義的な死の舞踏へと変容しつつある消費資本主義の見世物を目撃しているからだ」を引用し、脳死した政治と、顔のない協同組合主義によって平等性を奪われ、未来を閉ざされた人々のアバターがゾンビなのだと述べる。追い詰められた人々は「生き残るために、お前を食うしかない」状態へと追い込まれ、人間性を失って利益だけを求める悪循環に陥った人々は「死に続けるためにお前を食うしかない」状態に留まるからである。[★013]

3……鏡としてのゾンビ

もう少し視野を広げてみよう。

オタワ大学のジェンダー学者アーリヤ・アーマッドによれば、ゾンビはアップデートされた吸血鬼である。著者はジュディス（ジャック）・ハルバースタムの「『血縁ではなく言語によって産み出された』想像の共同体」が怪物であるとする定義を引き、そもそも中世ヨーロッパと関連づけられていた吸血鬼は、産業化された資本主義のアメリカで徐々に連続殺人鬼に置き換えられたという。そして、ポスト産業資本主義、後期資本主義において、それはグローバル化されたゾンビの群れへと置き換えられた。ゾンビは非個人化された大衆であり、それが現代ホラーの主導的な「怪物的語り」なのだとする。

つまり、吸血鬼は、連続殺人鬼を経てゾンビへとアップデートされたのであり、結果としてゾンビは「帝国主義的、植民地主義的拡張」がもたらす数多くの脅威を濃縮し、人種差別や階級特権への脅威をもそこに含み込んだのだという。[★014]

あるいは、サラ・ジュリエット・ラウロはゾンビは「鏡」であるという。ハルバースタムは、「ゴシックは、同一性の反復を通して差異の生成を行う」と述べているが、そのような機能をもつものをレベッカ・シュナイダーは「反映機械(reflection machines)」と呼んでいる。たとえば、ゾンビはアフリカ系黒人、ホームレス、薬物中毒者、精神病者をモンスターとして表象してきた。「鏡」としてのゾンビは、①歴史的な、あるいは生のさなかでの「暴虐的で不正な」人々の怪物性を反映すると同時に、②ハイチ人が受けたひどい仕打ちを、抑圧者に投影し、偏向し、投げ返すことを可能にするという。つまり、先進資本主義国が、後進国に対して行ってきた暴虐の歴史を映し出す鏡となるわけだ。[★015]

ゾンビを「鏡」として捉えた場合、それが映し出してきたものをもう少し丁寧に捉えなおしてみよう。ジョージア大学のマーティン・ロジャースは、ゾンビ映画は、SF的な技術的不安、パラノイア的な社会的・個人的不安などが、身体的不安に重ね合わされた不安のハイブリッドだという。[★016] ゾンビが身体をもつことが実は重要なのである。なぜなら、ゾンビは死んでいるはずなのに、脳を撃たれたり、焼かれたりするともう一度死ぬからだ。つまり、身体的限界をもっているのであり、その点でわたしたちと同位相にある。わたしたちがゾンビに感じる不快感とは、わたしたち自身の身体機能に関する「投影的不快感」にすぎないとネヴァダ大学の哲学研究者デイヴ・バイゼッカーは述べている。[★017]

身体をもつ鏡であるゾンビは、二〇世紀の前半のヴードゥーを主題とする映画においては、カリブ（特にハイチ）の植民地支配のイメージ、そして大恐慌下の労働者階級のイメージを映し出した。[★018] 一九四二年のウィリアム・ボーディン監督作『リヴィング・ゴースト』になると、『ホワイト・ゾンビ』以降の特徴だったゾンビの黒人性やヴードゥー的な起源が抹消され、世界大戦の時代を反映して、ゾンビは新しい悪を表現した。たとえば、外部者の国家への浸透や、独裁者による群衆操作や、共産主義の洗脳や、邪悪な技術や科学への関心などである。[★019]

六〇年代末から始まるロメロの映画では、ゾンビ化をもたらす疫病は、悪というより革命と似たものとして描かれる。当時世を揺るがしていた同性愛、薬物中毒、ホームレス、帰還兵などの問題を反映しており、共産主義、ファシズム、マッカーシズム、愚かな消費主義、エイズ、性革命の寓意までさまざまな「生者」の葛藤が、ゾンビ化という形象を通して互いに置き換わっていく。[★020]

そして二一世紀になって、ゾンビは鏡としてさらに新しいものを映し出す。

ひとつは怒り。

それまで抑圧されていた怒りが噴出したのが二一世紀だった。その口火を切ったのが9・11だった。湾岸戦争やイスラエルへの支持を通して、イスラム世界への構造的暴力を行使してきたアメリカに対する怒りが、テロとして表出した。

それは極めて新しいテロだった。なぜなら、これほど大規模なハイジャック事件だったにもかかわらず、使われた武器はナイフやカッターという日常的な道具だったからだ。そして満タンの燃料を積んだ、日常的には人を運ぶ道具であった航空機が爆弾代わりに使われた。さらに、その飛行機が突っ込んだ先は、世界貿易センタービルという経済大国アメリカを象徴する建築物であり、日常的にビジネスに使われる場所であった。

つまり日常生活を楽しむための道具や空間そのものが破壊の武器となり、破壊の象徴となったということだ。これ以後、慣習的な安全の物差しというものが壊れてしまったといえるだろう。このテロが破壊したものは、日常性への信頼だったのだ。

日常的に接している親しい人間が突然牙を剝いて襲ってくるゾンビのイメージは、まさにこの日常性への信頼の崩壊と軌を一にしているといえるだろう。

そして、資本主義社会そのものの内側にも怒りはあった。それが形象化されたのが、9・11の翌年にダニー・ボイルによって撮られた『28日後…』だった。ここで重要なのは、この映画で人々をゾンビ化するウイルスが、レイジ（凶暴性）・ウイルスと名づけられていることだ。ウイルスがわたしたちを怒らせるのではない。わたしたちの内側に潜んでいた、あるいは沸騰寸前だった怒りをウイルスが解放する。ボイルは、痙攣的な動きをてんかんの発作から、われを失い、全身から怒りや狂暴性を噴き出させる身体的なイメージを狂犬病やエボラウイルスから借用している。すでに怒りが感染者の内側で準備されていたことは、その発病の速度に明らかだ。感染後たった一〇秒から二〇秒での発現。感染者は不規則に、そして信じられない速度で走り、跳ね飛び、組み付き、よじ登り、強烈な殺人衝動をあらわにする。[★021]

フロリダ大学でSFや文学、映画を研究しているテリー・ハーポルドは、いつ、どこから襲われるとも知れない不安を具象化してゾンビは速くなり、暢気でいられなくなると、人々は生死に関わるような警戒状態に置かれた登場人物に共鳴すると述べている。先行きの見えない不安に戦《おのの》き、そして怒りを抱えた隣人の存在に怯え、さらに自らも怒りを潜在させているのは、まさにわたしたち自身だということである。[★022]

だから、鏡としてのゾンビは悪ではない。悪を映し出す鏡なのである。

たとえば、ロメロの映画には悪が存在しない。ゾンビ化をもたらす疫病は革命と似てすらいる。なぜなら、社会が破綻するということは、信頼できない権威者の失墜を、不平等な社会的秩序の崩壊を意味するからだ。社会の変容を望む、怒りを潜在させた人々、アフリカ系アメリカ人、マイノリティ、ホームレスなどといった人々。二〇二〇年、白人警官に八分四六秒にわたって首を絞められて一人の黒人男性が死亡した事件で再燃したブラック・ライヴズ・マター運動を思い起こせば十分だろう。しかも、それだけではない。オキュパイ・ウォールストリート（OWS：ウォールストリートを占拠せよ）運動で噴出した、一パーセントの富裕層に支配され搾取されていると感じる、九九パーセントの人々の怒りもそこにはある。鏡としてのゾンビが映し出しているのは、過去の歴史であり、同時に現在でもある、「暴虐的に不正な」人々の怪物性そのものなのだともいえる。支配者の暴虐性が庶民によって反復される。それが革命だ。ここに鏡のイメージが現れる。支配層の暴虐性が鏡に映されるようにゾンビとなった庶民によって反復され、社会という鏡そのものが割れる。[★023] その願望こそが、ゾンビ映画の眼目なのではないだろうか。

◉敏捷なゾンビのイメージが表現された『28日後…』
（Danny Boyle, *28 Days Later*, 2002）

わたしたちは「世界の終わり」を待っている。なぜなら、いまが終わらなければ、未来はないからだ。いまが変わる、つまり壊れることで、未来が変わる。

　ギリシア語で「アポカリュプシス」と表記される「黙示録」の語源は、「ベールを剝がす」という意味である。英語のレヴェレーション（Revelation）は、「暴露する」を意味するラテン語のレヴェラシオ（revelatio）が元になっている。いずれにせよ、未来の聖なる秩序についての、事実と詳細を伝える啓示が黙示録《アポカリプス》だった。けれども、ゾンビが世界を終わらせた後、そこには最後の審判はない。生き残った人たちには新しい世界のヴィジョンも見えなければ、方向性もまったく見えない。つまり、ゾンビ映画が描くのは完全なディストピアであり、その先にユートピアを思い描くことが不可能なニヒリズムの世界だということになる。★024

　思想家のフレドリック・ジェイムソンは、わたしたちが集合的未来を想像する能力をもたないがためにSFはディストピアになるのだという。文化研究家コンスタンス・ペンリーは、「わたしたちは未来のディストピアを想像できるが、未来を変え確かなものとするための集合的政治戦略を思い描けない」と述べている。いずれにせよ、とにかくわたしたちはいまの世界に満足してはいない。とはいえ、資本主義を超えたユートピア的な未来像を思い描くことはできない。それでも、世界を変えたいという欲望があまりにも強烈であるため、まずはディストピアでもよいからこの世界を終わらせたいと願っている。それがゾンビ映画に代表されるディストピアものとなって現れるということになるだろう。★025

けれども、これはほんとうにディストピアなのだろうか。ゾンビに支配された世界にユートピアはあり得ないのだろうか。

カナダのウォータールー大学でゲームの研究をしているエマ・ヴォッセンは『ウォーキング・デッド』(グラフィックノベル版：二〇〇三～二〇一九／テレビドラマ版：二〇一〇～)においては、黙示録《アポカリプス》的世界こそが逃避的なユートピアとして描かれていると述べている。

「ロバート・カークマン(引用者註：＝『ウォーキング・デッド』のコミック作家・脚本家)のテクストは黙示録《アポカリプス》的期待」のひとつの例であるとヴォッセンはいう。「現在の経済的葛藤のさなかでは、世界の終わりのあとでのみ可能と思われるソープオペラ的恩恵と逃避」がこの作品では描かれている。つまり、今日の多くの若者には結婚することも、家をもつことも、安定した職を得ることも、子どもをもつことも、借金をしないことも決して容易とはいえず、「日々の生活も困難な世界では、永続する関係性を築こうとするのは徒労」だという思いが強い。ところが、「黙示録《アポカリプス》の世界では恋に落ちたり、家庭を作ったりすることが可能」になるという。★026

『ウォーキング・デッド』は黙示録《アポカリプス》の世界にソープオペラを持ち込んだと揶揄されるが、むしろ二〇〇〇年以降に生まれたいわゆるジェネレーションZにとっては、世界が終わって初めて恋ができるということになる。この世代にとって、世界の終わりは恐怖ではなく希望であり、現在の世界が破壊されたディストピアこそが希望なのだ。★027

ドラマでは、元保安官代理のリック・グライムズに率いられた生存者たちが、資本主義が崩壊した世界、伝統的社会構造が崩れた世界、国家、州の保護、その他のあらゆるサービスが消滅した世界を、自らの力だけで生きていく。★028 そこでは、すべてが自己責任であり、すべてを自ら開拓していかねばならない。そう、それは新しいフロンティアなのだ。アメリカの永遠の理想であるフロンティアを彼らは再び生きる。武装した主人公たちは自分の主人となる。自分が自分の法であり、政府からも倫理からも自由になれる。

つまり、登場人物たちは世界が終わって初めて、いかに十全に「生きる」かを学ぶのである。資本主義社会では経済的弱者であった者、敗者であった者も、この世界ではまさに一からやり直すことが可能になる。かつての社会ではできなかった権力を得たり、恋をしたり、家族をもったりできる。すべては自分次第なのだ。かつての世界で自分を苛んでいた自己嫌悪や自己懐疑を克服し、なりたかった自分を生きることが出来るようになる。だから、登場人物の一人である元弁護士のアンドレアは、たとえ死と腐敗に囲まれ、贅沢品もなく、定住も出来なくても、黙示録《アポカリプス》的世界をそれまでの人生より満足できる、嘘のないものだと評価する。敬虔なキリスト教徒のキャロルは、「私たちには築けるのよ、新しい生活を」という。リックの息子カールは、ゲートに囲まれたコミュニティを、以前の生活と似すぎていると感じ、

「この場所が嫌いだよ、父さん。本物じゃないみたい」と口にする。[★029]

ゾンビ襲来時に生き延びるためのサバイバル・マニュアルである、作家マックス・ブルックスの『ゾンビサバイバルガイド』(二〇〇三、邦訳エンターブレイン刊)が全米でベストセラーになった背景にも、同様のフロンティア願望があったと考えられるだろう。ゾンビが「いまある世界」を壊してくれるおかげで、そこにはフロンティアが再出現する。フロンティアは無法の場所、なにものの権威も及ばない場所、自分だけが頼りの場所である。つまり、過去をすべて清算し、新しい自分となって再生できる場所、アメリカ史最大のロマンが再現される、というわけだ。「いまの世界」に不満をもつすべての人間にとって、ゾンビがもたらすディストピアは、実は待望久しいユートピアなのかもしれないのである。[★030]

●ディストピアでのみ可能となるソープオペラが展開された『ウォーキング・デッド』
▶グラフィックノベル版
(Robert Kirkman et al., *The Walking Dead*, 2003〜2019)
▶テレビドラマ版
(Frank Darabont et al., *The Walking Dead*, 2010〜)

黙示録《アポカリプス》以後のアメリカ社会では、手仕事の技術が重要となる。道具を作り、武器を作り、家を建て、野菜を育てねばならないからだ。そこでは、階級の差異が逆転する。かつての特権的なホワイトカラーが、新しい社会のお荷物となる。大工、職人、機械工、銃職人が重要人物となる。★031 また、ゾンビそのものは人種、肌の色、階級の境界線を超えた存在である。権力構造そのものを無化するわけだ。★032 同様に生き残った者らの間にも、人種、肌の色、階級の境界線はなくなっていく。必要なのは、そうした区分ではなく、生きていくための力や能力のシェアとなるからだ。こうして、新しい人間同士の混交や交流が当たり前になる。ゾンビ襲来は、社会の水平化をもたらす。★033

さらに、ここに「災害多幸症（disaster euphoria）」の要素が加味される。何十年にもわたって、心理学者や社会学者は、被災者の災害直後の状態が、全般的に適応的であるだけでなく、しばしば主体的でもあるということに気づいていた。一九八九年一〇月のカリフォルニア地震のとき、多くの被災者が日常生活の崩壊によって、没頭の感覚と、他者とのつながりの感覚をより強く感じたと報告した。それは、幸福より深く、とても前向きな感情であった。9・11の後にも生存者間に、この奇妙な喜びの感覚が現れた。このように「災害後の多幸感（post-disaster euphoria）」、そして、そこに一時的に産み出される「仲間がいる」という前向きな連帯としての「災害後のユートピア（post-disaster utopia）」は確かに存在する。★034

これに加えて、『ウォーキング・デッド』の世界では、災害そのものであるゾンビが持続的に存在し続ける。つまり、生存者たちは、いつ死ぬかわからない、いつ自分もゾンビになるかわからない恐怖のなかを生きている。翻って、その恐怖が、「まだ生きている」「自分はいま生きている」という感覚を強化する。そして、その「生きている」ことの確認の最高の儀式として性愛が描き出される構図になっている。★035

だから、『ウォーキング・デッド』の独身者たちは、異性愛的規範にためらいなく従う。なぜなら、カップルになることは、生き延びる技術だからである。★036 ジェネレーションZが、現実の世界では諦めざるを得なかったすべてが、黙示録《アポカリプス》の世界でのみ可能となる（という幻想がそこにある）。従来、生き延びるための共同体を優先し、カップル形成を拒絶してきたゾンビものにソープオペラを持ち込んだ『ウォーキング・デッド』の成功の秘密は、ここにあったのだろう。

持たざる者の想像世界においては、ディストピアこそがフロンティアであり、ユートピアとなるのである。

第2章

主体からの緊急避難

1……解放としてのゾンビ身体

その夜、ある本に出てきて気になったルチオ・フルチ監督の『ビヨンド』を観ました。タランティーノが絶賛したといわれている作品ですが、一見するととてもちゃちいです。八一年の作品で、『エイリアン』の一作目がすでに七九年に作られていることを考えると、どんだけお金なかったんだって感じの笑っちゃうような残虐描写でした。

ところが、これがほんとうに怖いというか不気味だったのです。今見慣れているどんな映画とも空気感が、流れている時間が違う。妙に長く同じ映像が固定されていたり、かと思うと急転直下で事態が展開したり、観ている側の心理的時間がゆさぶられるのです。さらに、眼球破壊への異様なこだわり、顔面溶解描写への異様なこだわりが、なぜか心に堪《こた》えるのです。さらにいえば、筋が不安定で一貫しない、物語の断片がギシギシときしみながらぶつかり合っているような破綻した展開。もちろん頭のなかで整理すれば一つの物語にできることはできるのですが、観ている時間のなかでは、その不条理感がとてもぞわぞわさせる。居心地がとても悪いのです。

昼に見た『エイリアン』の新作（『エイリアン・コヴェナント』）と比べると、いかに現代の物語が滑らかな有機的一貫性をもった物語を当たり前のものとしているか、あるいはそういうものしか許されないのかということがよくわかります。

つまり、今の映画や小説が、物語の外部をつくることを許されていない、破綻をもつことを許されていない、謎をもつことを許されていない不自由なものであるということが、体感として理解できました。
まだ身の内にえもいわれぬ違和感が、不気味な塊のようにわだかまっています。

これは、二〇一七年の秋にFacebookに書いた文章。ルチオ・フルチというイタリアの監督の作品に受けた衝撃は、いまでもわたしの身のうちに消しがたく残っている。その意味を、これから少し解きほぐすことができればと願っている。

▼別の快楽

グラスゴー大学で映画研究の博士号を取得したロバート・J・エドモンストーンは、ルチオ・フルチ監督の『サンゲリア』(一九七九、原題*Zombie*)を観たときの衝撃を語っている。この映画は、カリブの島で発生したゾンビ化を引き起こす奇病をめぐる物語である。この映画においてエドモンストーンが衝撃を受けたのは、その奇病を研究するメナード医師の妻ポーラがゾンビに襲われるシーンである。ポーラは、髪の毛をゾンビにつかまれる。そして、ゾンビが突き出した先の尖った木片が、ポーラの眼球に迫る。

ここで、エドモンストーンは、ハリウッドの映画文法に従った展開を期待した。「はい、大変ですね。後は想像しましょうね。ではここで場面転換！」というわけである。あるいは、ディゾルブ（現在の映像と、次の映像が一時的に重なって、次の映像へと切り替わる手法）が起こるだろうと予期した。つまり、「眼球と木片の遭遇場面は描かれない」ことを、当然の流れと考えた。ところが、予想は完全に覆され、木片はそのまま眼球に突き刺さった。しかも、場面転換どころか、これ見よがしにその残虐場面がクローズアップで映し出されたのである。

極端な暴力場面に、彼は強い衝撃を受けた。ルイス・ブニュエル監督の『アンダルシアの犬』（一九二九）以来の衝撃だったと彼は書いている。そしてエドモンストーンは気づいた。自分が不快感をもちつつも、魅せられていたことに。それは、彼がそれまで培ってきた映画に関する素養、ハリウッド的な映画に内在する慣習、観客としての期待、すべてが侵犯された瞬間だった。だから、彼はこう書いている。「その映画はメナード（夫人）の眼球だけではなく、私の目をも侵犯しようとしていた」と。★037

この体験から、彼は一般に「フィローネ（Filone）」と呼ばれる、五〇年代から七〇年代までにイタリアで量産された映画の研究を思い立つ。ちなみに、フィローネとは、イタリア語で鉱脈、流れを意味し、細長いバゲットパンのこともさす。

エドモンストーンによれば、フィローネ映画の特徴は、過剰な暴力である。しかも、これらの映画では、あからさまに暴力場面が強調されるために、その場面の印象が際立ってしまい、しばしば本来の物語の筋から逸脱してしまうことが多いという。多くの西部劇、犯罪ドラマ、スリラー、SFにおいて、登場人物たちは繰り返し撃たれ、磔にされ、頭皮を剝がれ、殴られ、鎖で鞭打たれ、火をつけられ、レイプされ、斬られる。しかも、そうした場面がむしろ優先事項であり、そのために物語の筋が不安定になる。ここには主流のジャンル映画とは大きく異なる手法があると、エドモンストーンは気づく。通常、過剰な暴力や見世物は、物語を「弱める」とされる。メインストリームの映画にとって重要な、映画的持続性を破壊してしまうからである。そのため、しばしば暴力過剰な映画はB級、C級の烙印を押され、トラッシュ・ムービーとしてさげすまれる。そんなフィローネの特徴を説明しようとして、エドモンストーンは、映画研究者クリスティン・トンプソンの「映画的過

●『サンゲリア』と『アンダルシアの犬』における眼球への侵犯イメージ
(Lucio Fulci, *Zombie*, 1979; Luis Buñuel, *Un Chien Andalou*, 1929)

剰（cinematic excess）」の概念や、トム・ガニングの「惹きつける映画（cinema of attractions）」の概念を引用する。いずれも、ある即時的快楽を与えたり、興味を惹きつける形式的要素が圧倒的であるために、映画が物語ろうとする動機を超えてしまうような状態を示す概念である。エドモンストーンは、フィローネ映画においては、「見世物と、映画の『物質的アイデンティティ』の暴露によって提示される、より即時的な快楽が重視されるために、物語的快楽は絶えず脇へとよけられる」と述べる。滑らかに流れるひとつの統一体である映画のなかでは、個々の映像は物語の筋に奉仕するものとしてあり、その特権性を主張することはない。オーケストラのなかの個々の楽器を想像してもらえばいいだろう。ところが、フィローネ映画においては、その統一性を突き破って、いくつかの場面が際立って突出してしまう。物語の流れが中断され、その場面があたかもひとつの物質であるかのように、目についてしまう。これが「物質的アイデンティティ」である。ちょうど、ジャズにおいて、突如サックスやトランペットがインプロヴィゼーションを開始して、それまでの曲の流れを破壊するのと似ていると考えればよいかもしれない。サックスが即興を始めると、それまで「曲」の一部として存在を主張しなかったひとつの楽器が物質として目の前に立ち現れてくる、それと同様の現象である。かくして、エドモンストーンはこう結論づける。「暴力的な映画は、メインストリームの映画がまだ知らない、別の快楽を提供する」[★038]と（フィローネ映画を愛してやまないクエンティン・タランティーノがハリウッドにもたらした衝撃のひとつは、この快楽をメインストリームの映画に持ち込んだ功績に帰せられるといってよいだろう）。

ルチオ・フルチは、まさにこのフィローネの系譜に連なる映画作家だといえる。ただし、そこをさらに超え出る何かを彼の映画は孕んでいるように思われる。アメリカの映画製作者であり、研究者でもあるウィーラー・ウィンストン・ディクソンは、「ルチオ・フルチのすべての映画は、物語を廃棄する奇妙な夢のようであり、過剰に暴力的である」と述べている。「一度物語の前提が定められると、映画の残りの部分は、いかなる秩序にも、理性にも従うことのない、無秩序で、つながりのない動機を欠いたように見える場面へと変容する」。ゾンビが病院をうろつき、始点も終点もわからない高速道路が海へとつながり、主人公たちが絵画のなかに囚われ、しかもそこにはなんの論理的必然性もない。かくしてフルチの映画は「覚めることのない夢遊病状態を作り出す」。そんな無軌道を通して、フルチは「規範的な社会価値の破壊」を目論んでいるとディクソンはいう。そして、その理由を、彼が若い頃に関わったマルクス主義の政治思想と関係があるのではないかと推測している。マルクス主義は、資本主義という規範的な社会的価値の破壊を志向するものだといえるからである。たとえば、彼の映画で執拗に描かれる眼球破壊について、フルチは次のように述べている。「眼球は最初に破壊すべきものです。なぜなら、あまりにもひどいものを見過ぎてきたからです」。けれども、これは果たして論理的な理由だろうか。「ひどいものを見過ぎた」から「眼球を破壊する」べきだという物言いには、明らかに論理性がない。あるいは、フルチの内側に、わたしたちの知らない独自の奇妙な論理世界があることを推測させるにとどまる。つまり、外側の視点から見ると、彼の描く世界には論理がなく、わたしたちはただひたすら混乱させら

れるばかりになる。★039

それでは、これからの議論の準備として、フルチの代表作とされる映画『ビヨンド』(一九八一)の大まかな筋を見ていこう。

一九二七年、ルイジアナのホテルで、背教者の画家シュワイクは鎖で鞭打たれ、磔にされて強酸を頭から浴びせかけられたあげく壁に埋め込まれる。彼の遺作は、死体で溢れた荒野にたたずむ一組の男女を描いた絵である。

同じ頃に若い女性エミリーは古代の預言書である『エイボンの書』を読んでおり、そこには地獄への七つの扉についての記載がある。

一九八一年、このホテルを遺産相続したライザ・メリルがニューヨークからやってくる。いまは盲目になり盲導犬を連れたエミリーが、彼女に即座に立ち去るように告げるが、ライザは聞き入れず、ホテルの改装を始める。地下で水漏れがあると呼ばれた配管工ジョーは、壁から伸び出した手に囚われ、眼球をえぐられて殺される。同じ頃、エミリーを訪ねた医師のジョン・マッケーブは、家が廃墟になっているのを知り、開かれたままの『エイボンの書』を読んで、ライザのホテルが七つの扉のうちのひとつだと知る。

シュワイクの部屋を掃除しようとしたメイドのマーサは、浴槽から現れた配管工ジョーに襲われ、壁から突き出た釘に頭を打ち付けられて殺される。シュワイクがエミリーの前に現れ、地獄に戻るようにいうがエミリーは拒絶する。すると、突如盲導犬が彼女の喉に嚙みつき、彼女を殺す。地獄の扉から現れたゾンビたちに追われたライザと、危機を告げに駆けつけた医師のマッケーブは地下に逃げ込むが、気づくと、自分たちがどことも知れない荒野、死体で溢れた荒野に迷い込んでいることに気づく。二人はシュワイクの絵のなかに囚われてしまったのだ。★040

というのが大まかなあらすじだが、映画を観ているさなかには、ここまではっきりと筋を思い描けない。観客は、訳のわからない混乱状態に陥れられる。すべてがつながりのない断片のように立ち現れるからだ。こうしてまとめてみると一貫したストーリーがあるように見えるし、後づけでなるほどそういう物語だったのかと理解できる。けれども、実際に観たときに体験というより、「体感」される世界はもっと錯乱し、暗中模索の不安に満ちたものであることを強調しておきたい。

▼情動化(affect)する映画

先に見たエドモンストーンの「その映画はメナード(夫人)の眼球だけではなく、私の目をも侵犯しようとしていた」という言葉を思い出すところから始めよう。エドモンストーンは、「映画的過剰」や「惹きつける映画」、あるいは「物質的アイデンティティ」の露出といった概念を用いて、その体験を説明しようとしていた。

けれども、それらの概念は映画の側の状態を指すばかりで、エドモンストーン自身の「目をも侵犯しようとしていた」状況をうまく捉えることはできていないように思われる。観る側のわたしたち自身の「体感」をもっとうまく表現する言葉はないのだろうか。

そこで呼び起こされるのが、アンリ・ベルグソン、ジル・ドゥルーズなどが取り上げてきた「情動（affection）」という概念である。辞書的な意味としての情動は、「喜び、悲しみ、怒り、恐れなどによって代表される感情群で、筋や腺の特徴的な複雑な活動を伴う。情動は、広義の感情の中で以下のような特色をもつ過程とされる。①環境刺激の知覚によって生じる。②比較的急速に引き起こされる一過性の過程である。③呼吸、循環、消化などの生理的諸機能に激しい変化が生じる。④接近、退避などの強い運動傾向を伴う。⑤行動の攪乱状態が生じる。（中略）情動には特有の体験、身体的表出および生理的変化の三つの側面がある。情動の体験には、ジェームズ＝ランゲ説が指摘するように、末梢効果器からの感覚のフィードバックが重要な役割を演じている。情動の身体的表出は表情と呼ばれ、人間では顔面の表情がよく発達している。生理的変化は全身の広範な器官で生じ、自律神経系および内分泌系の支配を受けている[★041]」となる。簡単にいえば、身体的生理的変容を伴うような感情現象と考えられるだろう。虫嫌いの人が虫を見た途端、全身に怖気が走り、身を縮こまらせて悲鳴をあげたり、好きな音楽がかかってテンションが上がり口角がゆるんだりといった日常的な現象が、わかりやすい例だ。映画やドラマを見て、笑いでへそがよじれそうになるとか、悲しみで涙が溢れるとか、恐怖で身がすくむといった体験を思い出してもらえばよい。そこではただの映像が、確実に身体に影響を与えているのがわかる。わたしたちは映像に対して日常的に身体的な反応を示しているのである。その極端な例が、ホラー映画とポルノ映像であるのはいうまでもないだろう。ホラーとポルノはどちらも、主として情動に作用する映像なのであり、おそらくはその身体性との深いつながりゆえに、メインストリームの映像と区別され、低く見られることが多かったのではないだろうか。

社会理論家のブライアン・マッスミは、情動化（affect）には二面性があるという（ここでは、現象全般を指す概念としてのものを情動、実際に作用を及ぼす行為的次元を情動化と使い分けることにする）。仮想のものが現実に参与し、現実が仮想に参与する。そして、それらが相互的に継起する。さらに情動化は、複数の感覚が互いに参与し合う「共感覚（synesthetic）」の側面ももつとする。かくして、「情動化は現実に存在するもの（それによって機能的に限定されたもの）に、つまりは情動を体現するものに根ざした仮想的な共感覚的観点である[★042]」と述べる。映像と生身の身体とが、抜き差し難く一体になり、そこに視覚、聴覚、嗅覚、触覚、味覚といったさまざまな感覚がないまぜになって参与する状態を思い浮かべてみて欲しい。たとえば、グルメ番組を見ているときの身体の状態などである。

エドモンストーンが、自分の眼球が侵犯されたと感じたとき、彼の身体は確実に映像の影響下にあった。つまり情動を揺さぶられ、身体ごと映像に取り込まれるような感覚を体験していたことになる。アングリア・ラスキン大学で大陸哲学を講じているパトリシア・マコーマックは、フルチの映画をこのような「情動（affection）」との関係において読み解こうとしている。彼女によれば、フルチの映画は「身体を解体してみせることで、意味のあるテクストとして映画を読もうとする観客に、快楽と不快による変容を引き起こして情動化（affect）する」という。これによって引き起こされる情動は、身体的体験となる。それは理性的な判断を超えた直接的な反応である。たとえば、盲いた白い目でライザを見つめるエミリーの、不気味な見えざるものの視線にさらされたとき、死んだのに蘇ってメイドのマーサを殺すジョーを見たとき、わたしたちはそこに「意味」を見いだすのではない。理性ではなんとも形容できない身体的な反応を身のうちに感じるはずなのだ。★043

だから、マコーマックはいう。フルチの映画は、物語の軸に沿っているというよりは、「外に向かって」破裂する映画なのだと。破裂することによって、観客に知的影響（influence）を与えるのではなく、「情動化（affect）」という直接的影響を与えるのだ、と。

かくして、その破裂にさらされたわたしたちの身体もまた破裂する。エドモンストーンの眼球が、木片の切っ先によって侵犯されたように。そのときわたしたちの身体はどのようなものに変容するのだろうか。ブライアン・マッスミによれば、情動には自律性がある。「情動は活力そのものや、相互作用に向けた潜在性をもった特定の身体に閉じこめられることがないほど自律的である」というのである。つまり、情動に駆られた身体は、通常のわたしたちの身体性をすら超え出て行く可能性を秘めているのである。★044 もっとわかりやすくいえば、情動に駆られた身体は、未決定で、決定不能な宙吊り状態へと変性する。そこでは、理解可能なものと理解不可能なものとの二項対立が無意味となり、わたしたちの身体は医学的・生理学的に記述される身体とはまったく別のものとなる。動物、機械、異なる性・年齢・人種の人間、昆虫、植物、あらゆるものへと向けて開かれた身体がそこには立ち現れることになる。★045

　たとえば、ロメロの『ドーン・オブ・ザ・デッド』で、ショッピングモールに逃げこんだＴＶ局員のフランシーンが、モールのガラス越しに外側にいるゾンビと見つめ合う「瞬間」を思い出そう。そのとき、わたしたちは何を見ているのだろう。この「瞬間」、わたしたちは「ゾンビと見つめ合っているフランシーン」を見ている。けれども、同時に、「フランシーンと同一化してゾンビを見ている」のではないだろうか。さらには、「ゾンビと同一化してフランシーンを見て」さえいるかもしれない。そのときわたしたちは確かに恐怖して

●観客に「情動化」をもたらす『ビヨンド』での盲いた白い目
（Lucio Fulci, *...E tu vivrai nel terrore! L'aldilà*（*The Beyond*）, 1981）

いる。そして、その恐怖は、自分が「ゾンビと見つめ合うフランシーン」となっているからこそ生じてくるものではないだろうか。さらに、「フランシーンを見ているゾンビ」となっているわたしたちは、「衝動」に駆られるだけの哀れなゾンビたちに共感してはいないだろうか？　そして、そんな二つの感情に分裂しながら、わたしたちは「ゾンビと見つめ合っているフランシーン」を見てもいる。第三者でありつつ、登場人物のそれぞれにもなっている。それが、情動化の実態である。[★046]

　マコーマックはこのことを指して、観客と観られているものとの間の溝は空間ではなく襞《ひだ》なのだという。互いが互いのなかに織り込まれているのだ、と。「(残虐シーンを売りにする)ゴア・フィルムの映像が、スクリーン上の肉体に亀裂を生み出すとき、観ている者の肉体にも亀裂を生み出す」のであり、その結果わたしたちは恐怖と快楽、欲望と不快の間に分裂する。[★047]身体の毀損を見せつける「ボディ・ホラー」と呼ばれるジャンルにおいては、観客が画面上の身体を模倣するといわれる。けれども、それは模倣ではなく、模倣的分裂なのである。だから、情動がもたらすのは、同一化ではない。非人種化され、非ジェンダー化され、歪んだ行動をするゾンビを観るとき、わたしたちの身体もまた、(元の身体を保ったままで)非人種化され、非ジェンダー化され、歪んだ行動を受け入れる状態になる。つまり、身体が多数化する。[★048]通常、「これがわたしの身体」だと思っているものを超え出たいくつもの身体に分裂していく。かくして、ホラーを観る体験は、わたしたちの自我の感覚を不確かにさせる。[★049]

　情動に感染したわたしたちは身体を開かされる。ゴア・フィルムが、スクリーン上の身体を解きほぐすとき、わたしたちの身体もまた解きほぐされる。スクリーンと身体は情動を介した共生関係となり、わたしたちの身体を変容させる。この「わたしたちの身体」とは、日常の社会のさまざまな決まり事やノルマに適合するように構築された身体である。朝起きて仕事に行き、対人関係をこなし、近所づきあいをし、家族関係を営むための身体である。実は、その身体もまた「作られたもの」であることが、この体験を通して露わになる。たとえば、ジェンダー規範に囚われて、身だしなみや化粧に気を使わねばならない女性、会社の要請に応えてネクタイとスーツを着なければならない男性の身体は、すでに社会的枠組みによって構築されているといえるだろう。わたしたちはそれを「当たり前」としているけれども、それはいわば「多数派（majoritarian）」の身体であり、そこへの同一化が要請される身体である。そして、ホラー映画はその多数派の身体を破壊してみせるわけだ。考えてみよう。ゾンビには、もはや性差もなければ、人種も、階級も存在しないということを。

たとえば、アメリカでマイノリティなエスニックグループに属する女性が、ゾンビ身体と情動的に同一化するとき、そこでは何が起こるだろうか。彼女は通常、多数派の白い肌や、男性性器というイデオロギー的身体から自分が閉め出される恐怖を感じているはずである。ところが、ゾンビ身体による情動化を受けている瞬間には、彼女の身体は複数化（たとえば、非人種化、非ジェンダー化、非通常行動化）し、そこではその日常的な恐怖は無意味となる。というより、受容可能なものを超え出た状態へと誘われることになる。それは、ゾンビ化についていえるだけではない。フルチの映画は、常に他者の肉体を破裂させる欲望に駆られているではないか。内部の肉が外部へと露出し、脳がこぼれ出し、眼球が卵白のように垂れ落ち、顔面が溶解し、皮膚が腐る。それを観ている観客の身体もまた、同様に破壊され、再構成される。それは、転写不能の、既存のどんな欲望とも結びつけられない変容を、観ている者に強いる。[★050]

ロメロの初期三部作（『ナイト・オブ・ザ・リビング・デッド』／『ドーン・オブ・ザ・デッド』／『デイ・オブ・ザ・デッド』）を分析した哲学者／文化批評家のスティーヴン・シャヴィロは、ゾンビが人間を食う光景を楽しむゾンビ映画は、人間が第一級の美的快楽として「自らの解体を体験できる」ものであるとし、模倣的にその光景に包み込まれることを通して、「自己解体というアブジェクション（おぞましさ）への、狡猾な、隠された、深く恥ずべき情動に身を委ねる」ことが可能になるのだと述べている。[★051] つまり、観客の側には、ゾンビたちに引き裂かれ、その集団に生きたままの肉を食べられたいという欲望が潜在しているのだという。なぜなら、ゾンビによる身体への侵犯は、通常は見えないものを見せてくれるからだ。内臓や大量の血液といった、通常は見えないもの、身体の隠された内部、日常生活においては謎めいた、そこへと至ることができない内部性が、生理的・身体的な情動化として提示され、そこへ参与することが可能になる。[★052] 内臓の開示は衝撃的なものであり、その映像は必然的にわたしたちを情動化する。そのとき、その映像は、物語を一時中断させる。物語は独立した特権化された情動の場となる。そして、映画とは時間－映像の寄せ集め、すなわちアッサンブラージュであることが露呈し、わたしたちは『ビヨンド（*The Beyond*）』という物語の外（beyond）へと誘われる。[★053]

快楽はイデオロギー的機能をもつと、伝統的なカルチュラル・スタディーズは主張してきた。快楽が、イデオロギーを覆い隠し、観客を共犯関係に陥れる、と。けれども、たとえば、メディア学者のジョン・フィスクが『テレビジョンカルチャー：ポピュラー文化の政治学』（一九八七、邦訳梓出版社刊）で指摘したように、生産者が文化商品の意味や価値を完全にコントロールするのは不可能である。なぜなら、消費者である観客は、そこに生産者が予期しなかったような意味や快楽を引き出す可能性があるからだ。フェミニズムの批評家たちも、快楽はもっと逆説的で複雑だと主張した。たとえば、ソープオペラの快楽はポピュラー・テクストのイデオロギー的な家父長制強化への抵抗のかたちとなりうるのだと述べた。★054 同様に、ホラー映画もまた、その快楽（あるいは不快の快）に、既存のイデオロギー構造を解体する過激な抵抗の力を内在させているのではないだろうか。

▼臓器の盆踊り

ロメロのゾンビは、青白い死者であり、人体をむさぼり食らう欲望にのみ支配された、意識を欠いた存在である。つまり、見かけも機能も一様であり、同じスペックをもった自動装置のようだといえる。襲われる側の人間についても、それほど執拗に描写されない。さすがは、大量生産大量消費の国というべきであろうか、そこにはマクドナルド的な規格化の意志すら感じられる。

これに対し、フルチの映画では、人体がこのような規格品のようには描かれない。ゾンビもその腐敗の度合いが多様であり、顔面の崩壊ぶりを競い合い、装飾のように蛆を湧かせたり、ミミズを眼球から溢れ出させたりしている。またその行動も、ただ人体を食らうだけではなく、内臓を引きずり出して食らうシーンが華やかな宴のように延々と描写される。また人間を襲って眼球に木片を突き刺したり、さらには水中でサメと戦ってみせたりする（サメの肉も噛みちぎる）。多様なのは、ゾンビだけではない。というより、むしろゾンビではない人間の側もまた負けじとばかり、その肉体を使って多様な変化技を繰り出してくる。たとえば、トーマス神父が地獄の門を開けたことで起こる怪異を描いた『地獄の門』（一九八〇）では、車のなかでいちゃついていたトミーとローズというカップルの前に首を吊ったトーマス神父が現れる。それを見たローズは、口から内臓を吐き出した後に、トミーの後頭部の頭蓋を素手で割って脳みそを握りつぶす。『ビヨンド』では、配管工である夫が死んだと聞いてやって来た妻の前で死体が脈打ち始める。驚いた妻は転倒し、そこに硫酸の入った薬瓶が落ちてきて、彼女の顔面を溶け崩れさせる。そして、盲目になったエミリーの目は真っ白に変色しており、それが奇妙な美しさを感じさせる。★055

　こうして列挙してみるだけでもわかるように、ロメロとフルチの映画では重きが置かれている場所がまったく違う。ロメロの映画では「死者が蘇って生者を襲う」という出来事と、それを巡る人間模様のストーリーがもっとも重要である。ゾンビや人間はその物語の構成要素として埋め込まれている（＝物語を壊すほどの違和感はない）。これに対し、フルチの映画では、「地獄の門が開いた」という前提だけがあって物語そのものはさほど重要ではない。むしろこの前提を口実とした、人体への思う存分な暴力や破壊の描写こそが映画の重要な見せ場となっているといえる。

それゆえ、フルチの映画に現れる身体は、ロメロの描いたようなロボット的なものではなく、過剰な、「肉身《にくみ》（flesh）」へと再構成された身体となる。通常の身体は、ジェンダーや人種をいやでも表現してしまうわけだが、ここでいう肉身は、もはやそういう通常の身体がもっているジェンダー、人種を読み込むことができるテクストではなくなっている。通常の身体をはみ出した、あるいは超えた、さまざまな再配置を経た身体（内臓を吐き出してしまったローズ、脳みそを絞り出されたトミー、顔が溶けてしまった配管工の妻、眼球が真っ白なエミリー、あるいはゾンビに体を開かれて内臓をむき出しにされた犠牲者の身体）をいう。[★056] ゾンビに食われている身体をジェンダーの視点で考えることに意味はない。食われている人体においては、女性的な胸や尻がもつ意味は、通常の文脈での性的役割を完全に失った、別のものとして意識される。規範的制度のなかに位置づけられている身体を、肉身へと変換することによって、身体の外部を想像するという革命をもたらしたのだともいえるだろう。[★057]

これは、アントナン・アルトーから、ドゥルーズ＝ガタリが借用して有名にした「器官なき身体」の状態であると、パトリシア・マコーマックは述べている。性器がジェンダーを、皮膚の色が人種を固定する解剖学的な制度、そしてそれぞれの性器があるべき性役割を指し示し、どの器官はどの快楽のために使われるのが正常であるかを指し示す、それぞれの器官の機能をめぐる制度。そうした制度によって組織化され編成された身体への抵抗のプロジェクトが器官なき身体である。資本主義は、絶えずわたししたちの生きた肉体が管理下にあることを要求する。たとえば、男女がペアを構成し、婚姻届けを出して夫婦となり、子どもを自分たちの戸籍に組み入れるという制度。「結婚」と呼ばれて祝福され、至極当たり前と思われているこの制度の背景には、先に述べたような、それぞれの器官（ここでは性器）の、解剖学的な制度と、その機能をめぐる制度が厳格に敷かれているのを再確認しておきたい。「正常な結婚」をする身体とは、厳密な管理を受け入れた身体なのである。こうした身体と真逆のものを提示するためには、ゲイ・ポルノの監督として知られているブルース・ラブルース監督の映画『LAゾンビ』（二〇一〇）を思い起こせば十分だろう。この作品には、サソリの針のようなものが付いた巨大なペニスで、被害者のアナルだけではなく、身体の傷口を貫く地球外ゾンビが登場する。ここには解剖学的な抵抗（サソリの針のようなもの、さらにはその精液は黒い）だけではなく、機能的な抵抗（対象が同性であり、挿入する場所が女性性器ではなくアナル、さらには身体の傷口＝原理的には全身のいたるところが挿入の対象となる）も兼ね備えている。★058 同じ監督の『オットー：オア・アップ・ウィズ・デッド・ピープル』（二〇〇八）では、ゲイ・ゾンビのマックスが恋人フリッツの胃に開いた穴にペニスを挿入して、不死を与える場面がある。消化器官であったものが、性的な穴に変換されるのである。また、ゾンビによる口唇的な肉の消費もまた、愛の行動だと解釈できるだろう。ここにも、器官の解剖学的、機能的な制度からの逸脱があることはいうまでもない。★059

逸脱する身体。器官が定められた役割から逸脱し、逃走し、倒錯すること。それは一方では恐怖であり、滑稽である。けれども、それは同時に解放でもあるのではないか。堅苦しく閉じ込められた、抑圧された身体が砕け散る瞬間を、わたしたちは見たがっているのではないか。なるほど、わたしたちは内臓が開かれ、食われる映像から目を背けるかもしれない。あるいは目を両手で覆うかもしれない。こんなものには共感などできないと感じるかもしれない。けれども、顔をそらしつつ、眼を少しずらして画面を見たくはならないだろうか。目を覆った指の隙間から、そっと画面をのぞき見しようとは思わないだろうか。ことほどさように、欲望とは曖昧なものなのである。恐ろしいことからは目を背けたい。だが、その衝動のなかには、絶えず「やはり見たい」という衝動が潜んでもいる。快楽とか暴力とか、欲望といった言葉の従来の定義が、これらの映像によって、逸脱する身体によって挑戦を受け、不快にさせられ惑わされ、そして揺さぶられる。[★060] フルチの映画はしばしばB級ホラーと呼ばれる。時代的予算的制約のせいで、その特殊メイクが極めてつたないものであるせいもある。けれども、フルチの映像は、確実にわたしたちに感染する。観ているうちに、わたしたちの身体は開かれ、器官が、ほら、自由気ままに踊りだす。解放された器官たちの盆踊りが始まる。

2……意味から碇《いかり》を上げる

▼サイボーグとゾンビ

一九八五年に刊行された一冊の本『蛇と虹：ハーバードの科学者による、ハイチにおけるヴードゥー、ゾンビ、魔術の秘密結社への驚くべき旅』（邦訳草思社刊）は一大センセーションを巻き起こした。当時、ハーバード大学で植物学と人類学を研究していた若き学究、ウェイド・デイヴィスの二年に及ぶハイチでの研究を元に書かれたものであった。

この本の一番の衝撃は、ゾンビ・パウダーについての記述であろう。植物の研究をしており毒物にも知見のあったデイヴィスは、ハイチのゾンビマスターからゾンビを作り出す魔法の粉の成分を聞き出したと主張した。その成分とはフグ毒のテトロドトキシンであり、パウダー全体に含まれるこのテトロドトキシンの量によって、蘇生が起こることがあるとした。また、仮死状態に陥った脳が酸欠による損傷を被るために、蘇生した人間は自発的意志を欠いているのだ、とデイヴィスは書いた。

> 最後の一点は重要だった。テトロドトキシン中毒にかかった人たちは六時間以内に危機に達する。もし犠牲者がそのあいだを乗り切れば、少なくともテトロドトキシンの影響からは完全な回復が期待できる。このことによって、犠牲者が一見死んだようになり、急ぎ埋葬され、棺桶の中で正気に返ったということが、少なくとも理論上はありうることになった。
>
> これらの結論が意味するところは、おどろくべきものだった。ここには全ゾンビ現象の具体的基礎——一見死んだような状態を薬理的に引き起こす力のある既知の毒を含む民間薬物——がある★061

さらに、デイヴィスは、このテトロドトキシンを含んだゾンビ・パウダーへの解毒剤も発見したと述べる。

調査の始めから、クレオール語で「ゾンビの胡瓜《きうり》」という暗示的な名を持ち、感覚と意識に激しい変化を生じさせるこの植物の役割を、わたしは捉えられずにきた。（中略）そしていまエラールが話してくれた新事実によってわたしは、もし真の解毒薬があるとすれば、それはゾンビの胡瓜であると信ずべき根拠を得たのだった★062

このゾンビの胡瓜の材料は、甘藷、サトウキビ・シロップ、そしてダツラ・ストラモニウム（シロバナチョウセンアサガオ）で、デイヴィスは、この最後のものが含有するアトロピンとスコポラミンが、テトロドトキシンの中和物質として働いているのだと推測した。

結論として、デイヴィスは、ゾンビ現象は、ゾンビ・パウダーと呼ばれるテトロドトキシンを含む薬物で仮死状態を引き起こし、「ゾンビの胡瓜」と呼ばれる中和物質でこれを解毒することとして薬理学的に説明可能だと考えた。

けれども、よく知られているように、このデイヴィスの著書はその後、学会で大きな批判にさらされる。批判の骨子は以下のようなものだ。①ボコ（bokor：ヴードゥーの司祭）によって処方されるとした薬の効力の治験が終わる前に博士論文を提出した、②治験は正式な手順で行われなかった、③主張されるような効果は見られなかった、④テトロドトキシンは一部のサンプルにしか含まれなかった、⑤このような薬物を実際に使用するのは不可能である。さらに、彼のヴードゥー観が歴史性を欠いたものであったこと、クレオール語を話せなかったために通訳に頼っており、秘密結社への接近も限定的なものであったこと、実際にゾンビ・パウダーが使われるところを見ていない、つまりゾンビ化を見てはいなかったことなどもデイヴィスにとっては不利な要素だった。[★063]

さらにいえばその著書が、人類学的論文、薬物学・毒物学的報告書、一人称による冒険物語の混合物であったことも、本の存在の位相を曖昧なものにした。いわば、作家カルロス・カスタネダの本と同様の扱いを受けたのである。[★064]

一九八三年にバンクーバーで開催された第一一回国際人類学民族科学学会において、デイヴィスはゾンビの実在を発表した。この発表は、「ハイチのゾンビに関する民俗生物学」というタイトルで「民俗学」誌に掲載された。このゾンビが「実在する」という主張は、学会を困惑させた。ヘルシンキ大学の社会学者であるデヴィッド・イングリスは、ちょうど一八世紀にカモノハシが既存の分類学の境界を壊したように、科学の再構築を促す行為だったと書いている。つまり、確立したアカデミズムへの挑戦と受け取られ、それゆえに激しい批判にさらされたのだった。イングリスは、デイヴィスが学界に対して犯した罪は、「確立された知の体系の枠組みを横断しようとした」ことだったという。通常はつながらない植民地の歴史と毒物学をつなぐ行為が、さまざまなタイプの学者を危機にさらした。つまりこれは、アカデミズムという確立された知の体系が、それを脅かすものに対し、どれだけ暴力的に反応するかを示した出来事であったわけ★065だ。

以上、『虹と蛇』の主張とそれへの攻撃について概観したが、本論において大事なのは、はたしてゾンビ・パウダーがほんとうに存在したのか、あるいはそのような化学物質によってゾンビが作られていたのかという事実関係ではない。むしろ、アメリカの科学界が、そうした可能性に興味をもち、気鋭の研究者を派遣するに至った動機こそが重要なのである。

実は、デイヴィスをハイチに派遣することを決めたのは、ネイサン・S・クラインという、ニューヨークのロックランド州立研究所長を務めていた精神薬理学者であった。この名前にピンと来た人がいるかもしれない。そう、彼こそは、六〇年代にアメリカがソ連と宇宙開発競争を繰り広げていた時代に、NASAから依頼された、有人宇宙飛行を実現させるための可能性を探るプロジェクトを、サイバネティクスの専門家であったマンフレッド・クラインズとともに請け負った人物であった。そして、宇宙空間に適応可能なように、人間の身体を化学的、サイバネティック的に拡張するという彼らのプロジェクトから生まれたのが「サイボーグ（cyborg = cybernetic organism）」の概念だった。

つまり、サイボーグの概念を生み出した人物であるクラインが、同時にゾンビにも着目していたところが興味深い部分なのである。クラインはサイボーグを研究していたころから、すでに三〇年にもわたってハイチのゾンビについても化学的視点から研究を進めており、ゾンビの実在を信じていたといわれている。[★066] パーティー会場でデイヴィスにハイチ行きを依頼したとき、クライン博士は、ハイチで話題になったナルシスという人物の話をする。ナルシスは一度死を宣告され、埋葬されたのに一八年後に戻ってきたという。二人はこんな会話を交わす。


「脳の損傷がゾンビをつくるとおっしゃるのですか?」

「そうじゃない。少なくとも直接的にはね。結局のところ、ナルシスは死を宣告された。それは何らかの物質によって説明がつくに違いない。われわれはそれが薬物だと考えているんだ」

彼らがわたしに何をもとめているかがやっとわかってきた。[★067]

ほとんど死と等しいような昏睡状態を作りだせる薬物の存在の可能性を、クラインはゾンビの背後に感じていた。それを、NASAにおいて、未来の宇宙旅行者のために応用することができるのではないか、と考えていた。

「麻酔はほんの手始めだ。NASAが一度、感覚と意識に変化を生じさせる薬物を宇宙計画に応用できないか、考えてみてくれと言ってきたことがある。彼らはけっしてそのことを認めはしないだろうが、しかし基本的に彼らの関心は、長期の惑星間飛行のあいだ気持ちの落ち着かない飛行士たちをどうやって一つのことに専念させ続けるかにあった。このゾンビの毒は、人工的冬眠状態の実験のために、すばらしいモデルになるかもしれない」★068

博士たちはゾンビの背後に化学を見ており、その化学物質を見つけに行ってくれる若い研究者を探していたのである。これが「ゾンビ・プロジェクト」であった。それは、サイボーグとゾンビ、宇宙とゾンビの出会いだった。サイボーグや宇宙探検という超未来的で超科学的なヴィジョンと、ゾンビという前近代的な民俗的存在が奇妙なかたちでつながった出来事だった。★069

それでは、サイボーグとゾンビの違いはどこにあるのだろうか？

サイボーグが秘めている潜在的な可能性についてフェミニズムの観点から論じたのが、第1章でも言及したダナ・ハラウェイの有名な「サイボーグ宣言」だった。そこでは、サイボーグは二項対立を解消する、あるいは差異を解消する存在として理想化されていた。たとえば、もし任意の身体パーツを好きなように機械や化学物質を供給する装置で置き換えられるのであれば、サイボーグとなることによって、人は男性／女性、主人／奴隷、主体／客体といったいくつもの境界を突破するハイブリッドになれる。

性器をなくせるし、性ホルモンも好きなように調節できる。あるいは、他の動物の臓器を移植したら、それは男女どころか、人間という定義すら揺るがす出来事になる。人間がロボットの能力を取り入れるなら、人間が主人でロボットが召使いという関係性も壊れてしまう。

あるいは、一〇年の裁判の後に、二〇〇五年に最終的に栄養管が取り除かれることになったアメリカ・フロリダ州のテリー・シャイボの安楽死の事件を思い出してみよう。意識のない状態で、回復不能のまま生命維持装置につながれたテリー・シャイボの安楽死を巡って、彼女の夫と、彼女の両親が争った事件である。ここでは、意識のない存在のまま生命だけが維持されているシャイボが生きているといえるのかどうかが争点となった。ある意味ではシャイボもまた、機械につながれたサイボーグだったわけだが、彼女が主体なのか客体なのかがわからなくなった。このようにサイボーグは、従来のさまざまな二項対立を超越していく可能性を秘めた存在として扱われてきた。そして、人は誰でも望めばサイボーグになることができるともいえ、それは選択して選べる存在の様態にもなりうるのだ。[★070]

では、ゾンビはどうだろうか。意識をもつ可能性がないゾンビは、いわば主体性ゼロの状態にある。それにもかかわらずゾンビは動く。意識をもたないのに動くのであり、ここにゾンビの謎が生じる。その動きはのろく、不随意でぎこちない。ゾンビを動かしているのは、「宙吊りにされた、満たされることのない欲望」への強迫性である。人を襲って食らっているときでさえ、それは目的を充足するための行動ではない。その意味で、その行動は無目的であり、たとえそれが「食人」という現象として起きていても、その内実を欠いている。だから、それは単に目的が欠如しているのではなく、「現象学的な喪失」なのだとスティーヴン・シャヴィロは述べている。ゾンビの側に立ってみると、起こっている現象そのものが、実際には空っぽで意味を欠いているからだ。[★071] つまりは、ゼロ度の食行動。

さらにいえば、ゾンビの声もまた「現象的な喪失」を伴っている。なぜなら、ゾンビの「あー」とか「うー」とかいううめき声は「ロゴスを欠いた非人間的なフォーネ」だからだと、美術教育学者タイソン・E・ルイスは述べている。ロゴスは言葉の意味、フォーネは音声だと考えてみて欲しい。ゾンビのうめき声は、なんの意味も表現していない。そこには、思考も、理性も、意志も含まれていない。現象としては発話していても、その発話行為そのものが、完全に内実を失っているのである。[★072] つまりは、ゼロ度の発話。

このようなゾンビの存在様態を、サラ・ジュリエット・ラウロとカレン・エンブリーは、共著である「ゾンビ宣言」のなかで否定的弁証法として捉えている。ゾンビは生きていて死んでいるという妥協不能の身体をもち、それは主体／客体という弁証法モデルが不十分なものであることを示すという。つまり、ゾンビは、わたしたちが当たり前だと思い込んでいる主体と客体という区別に基づいた支配的モデルを無効にしてしまう存在なのである。それは、反主体とでも呼ぶべき状態であり、そうなって初めて真のポストヒューマンたりえるのだと、共著者は考えている。

ゾンビは、主体と客体の分離を和解させる第三項ではない。そのようなものを提示することなく、ゾンビは解決不能の緊張状態を維持する。[★073] それは意味の手榴弾だと、アンドレア・オースティンは書いている。「人間」と「生きていること」のつながりを破壊し、「生存」と「成長」のつながりを破壊し、「記憶」と「過去」のつながりを破壊し、「感覚」と「身体性」のつながりを破壊するからである。[★074]

かくしてゾンビは、サイボーグを超えたポストヒューマンのイメージを教えてくれる存在となる。ゾンビはサイボーグ同様に、境界を破壊する理論的モデルとなることがわかった。しかし、それ以上に同時に生者であり死者、主体であり客体であるゾンビは、ポストヒューマンとしてのサイボーグには限界があることを示唆してくれる。

つまり、サイボーグ的なポストヒューマンにおいては、主体は失われていないということ。あくまでも、啓蒙主義によって確立された自由な人間主体という同一性は維持されている。人間という主体と、機械や化学物質、あるいは他の有機体といった客体とが、それまであった境界線を越えて新しいかたちで和解したのがサイボーグなのだといえる。

機械と人間身体が和解した「ロボコップ」や「ターミネーター」、化学物質と人間身体が和解した「キャプテン・アメリカ」、他の有機体と人間身体が和解した「スパイダーマン」のようなサイボーグヒーローが成立しうるのはそれゆえなのだ。

けれども、ゾンビはこの主体と客体との関係を再活性化させるのではなく、無化してしまう。サイボーグが、二項対立(either/or)を乗り越えて両立(both/and)を成功させた存在なのだとしたら、ゾンビはどちらでもない（neither/nor）とも両立（both/and）とも決しがたい「決定不能の境界」を体現している。[★075] 試みに、「ゾンビは生者でもなければ死者でもない」と口にしてみよう。あるいは「ゾンビは生者でもあり死者でもある」と。確かにどちらも正しいといえる。にもかかわらず、どちらも、ゾンビの存在の様態を正しく伝えているとはいいがたい。そんな生と死の二項を分けるという発想そのものの限界を、ゾンビは指し示しているとはいいえないだろうか？

生と死の二項対立を超えた状況を示唆するために、ロメロの『ランド・オブ・ザ・デッド』（二〇〇五）を引き合いに出す。アメリカのピッツバーグを舞台としたこの作品では、カウフマンという権力者が、三方を囲む川と、フェンスで守られた人間の街を牛耳っている。だが、ラストにおいて、ビッグ・ダディと呼ばれる、意識の萌芽のようなものを感じさせるゾンビに率いられたゾンビの群れが、この街を襲って人間たちを壊滅させる。主人公たち、生き残った人間は、別の場所へと去って行く。通常であれば、これは黙示録《アポカリプス》の物語と呼ばれるはずであるが、タイソン・E・ルイスは、むしろポスト・ヴァイタルな政治の始まりと呼ぶべきだと主張する。ゾンビは人間的な時間の終わり（世界の完全な終わり）と、生者と死者を分ける「階級闘争」が終わった後の、新しい世界の始まりを告げる。生者中心（vital）の世界が終わり、人間とゾンビとが、それぞれのやり方で共存していく、新しい時代（post-vital）が始まるという。[★076] そこでは、両者がかかわりあうことはない。

▼現代における唯一の神話

ゾンビのような生きているのに死んでいる状態には、ほかにどんなものがありうるのだろう。それを考えるために、ここで曾根中生監督の『天使のはらわた　赤い教室』（一九七九）を取り上げたい。石井隆の劇画にもとづくこの映画には限りなく深い負の引力がある。社会から堕ち切っていく負の意志とでも呼べるようなもの。その引力が、見る者を捕らえて放さない。

ポルノ雑誌の編集者村木（蟹江敬三）は、場末の温泉場で上映された一本のブルーフィルムに目を奪われる。教え子たちにレイプされる教育実習生を描いたもので、その女優（水原ゆう紀）にいわば取り憑かれる。どこかで見たことがあると感じていた村木は、偶然に彼女を見つけ出す。そして、そのブルーフィルムが作り物ではなく、事実だったと知る。しかも、その事件がきっかけで、彼女は教職への夢を絶たれ、その映画を見たという男に言い寄られては、それをネタに体を求められることを繰り返してきた。彼女の手にはリストカットの跡がある。彼女は、村木もそういう男性の一人だと思い、さっさとわたしを抱いて去ってと裸になる。けれども村木は、自分はそういうつもりであなたに近づいたのではない。明日の夜七時に待ち合わせをしてデートをして欲しいという。去り際に、彼女は自分は土屋名美だと名前を教える。

しかし、翌日、未成年の少女をモデルにした濡れ衣を着せられて村木は警察に連行されてしまう。名美は雨のなか、村木を待ち続けている。結局騙されたと思った名美は行きずりの男をホテルに引きずり込み、男が逃げ出すまで求め続ける。性欲の深い沼にずぶずぶと沈み込んでいく名美の姿は、恐ろしくも痛々しい。その目に宿る虚無は以前より深くなっている。

三年後に、村木は場末のバーで働く名美を見つける。すっかり身を持ち崩した名美に近づこうとする村木だが、用心棒のような男に暴行される。この男は、歌手を志しながらやはり身を持ち崩した男で、「俺はこんなところでくすぶっている男じゃないんだよ。そういってくれよ」といいながら、ただ名美の体でその鬱屈をごまかすことしかできない。名美はそんな男の鬱屈に寄生しているともいえる。男は抱いているつもりで、名美に引きずり込まれている。底知れぬ虚無の底へと。殴られて気を失っていた村木はよがり声で目を覚ます。覗くと、バーの地下室では、まな板ショーが行われており、名美は観客に三万円で身を売られる。名美の目が村木の目と合う瞬間があるが、その目にはなにも映ってはいない。

最後に、自分といっしょにここから逃げようと村木はいう。けれども、名美は「あなたがこっちにいらっしゃいよ」と誘う。村木は元来た世界へと引き返し、名美もまた自分の世界へと降りていく。うまく紹介できたかどうかは自信がないのだが、この映画における、名美の目の虚無ほど恐ろしいものはないということは強調しておきたい。

本来であれば、フェミニズム的な視点で分析すべき作品であるのかもしれないが、ここでは、この映画を資本主義の悲劇として捉えてみたいと思う。

「自分を大切にしなさい」「君の人生は君のものだ」「しょせん、人は一人なんだよ」といった言葉は、現代社会においてある種の常套句《クリシェ》であり、正しすぎる励まし言葉ともいえるだろう。その背後にあるのは、個人主義という強固な枠組みだ。個人を、個人としての意識のなかに孤立させることが、資本主義を支える重要な要素なのである。

友情、家族、チームワークなどという集団性が、常套句《クリシェ》のように強調されはするものの、実のところわたしたちはバラバラである。個としてあり、個として働き、個として消費し、個として死んでいく。社会学者マキシム・クロンブは『ゾンビの小哲学：ホラーを通していかに思考するか』（二〇一三、邦訳人文書院刊）において、ミシェル・フーコーが、次いでジョルジョ・アガンベンが用いた「生政治（bio-politics）」の概念を使ってこれを説明している。「フーコーによれば、一九世紀に西洋に出現したこの新たな政治的管理は、諸個人をなによりもまず身体とみなし、身体として生を管理することに配慮するものである」という★077。近代以降の世界は、人間を個別の身体として分立させ、そのなかに主体を閉じこめることをその存立基盤としているのである。

土屋名美は、この個としてあることへの強い要請のゆえに、堕ちて行ったのだとはいえないだろうか。教え子にレイプされ、さらにそれを映像に撮られて流されてしまう。そのことで、彼女は個人として「教師」を名乗ることが許されなくなる。彼女の側になんら非はないにもかかわらず、世間は彼女を汚れた存在とみなす（あるいは彼女が自ら教職への道を辞したのだとすれば、そのような世間の目を彼女自身が内化していたことになる）。レイプという行為自体が「個」への侵害であるわけだが、それをブルーフィルムに撮られ、売られるということはその侵害が永続化し、普遍化することを意味する。彼女には未来も居場所もなくなる。正体を偽って密かに「個」として生きていこうとしても、そのブルーフィルムを観た男たちが常に／すでにそこには存在するからである。彼らは彼女の「個」＝主体として在り続けたいという願い、すなわち他の人には知られずに働き、生活し続けたいという願望につけ込み、秘密を漏らされたくなかったら肉体を開けと要求する。「個」を守ろうとすればするほど、彼女の「個」は侵害され、傷つけられていく。かくして、彼女は「個」であることを諦め、放棄するに至る。そこに村木が現れる。彼は、彼女の映画を観たにもかかわらず、彼女の肉体を侵害しようとしない。代わりに、ちゃんと付き合いたいから、デートして欲しいと申し出る。つまり、彼女が放棄しかけていた「個」として彼女を扱おうとする。提示されたはかない希望に彼女はすがる。まだ自分にも「個」として在り続けられる希望が残されているのかもしれないと感じて、彼女は待つ。だが、村木は現れない。それが、決定的に彼女を壊す。彼女は「個」を放棄し、男たちの欲望に沿ったただの肉となる。そうなることで彼女は資本主義の枠外の存在となる。「個」の枠組みを奪われた、得体の知れない肉＝客体となる。

これに対して村木は、終始資本主義の枠から外に出られない。彼は、ただ「見る」だけである。ブルーフィルムのなかで名美を見、自分の前で裸になった名美に手を出すこともなくただ見る（そして目をそむける）、さらにはまな板ショーに出演し、三万円で売られて肉体を蹂躙される名美を覗き見る。貶められている職業（彼は名美に、自分がポルノ雑誌を作っているとは両親にいえず、絵本を作っていると嘘をついていると語る）とはいえ、彼は社長として収入を得ており、結婚して子どもがいる。もちろん、その状況に満たされていない、そこから抜け出したいと思っているからこそ、村木は名美に取り憑かれるわけだが、それでも結局彼は変われない。ラストで村木は、名美を自分の側に連れて行こうとする。が、逆に名美のほうから誘われると、無言のまま踵《きびす》を返して立ち去ることしかできない。村木にとって名美は、終始自分を「個」の枠組みから解放してくれる可能性であり続けるが、それは魅惑的であると同時に恐ろしい可能性でもある。世界のほうから有無をいわさず押し出された名美とは違い、村木は自発的にそこへ行くしかない。決断を迫られた村木は、最終的に自分を縛る「個」＝主体の制度の側へと帰っていく。

この「個」＝主体の呪縛から逃れるにはただの肉＝客体へと堕するしかないということ、さらにいえば、誰もが多かれ少なかれ、村木のように「個」＝主体の枷《かせ》から抜け出したいと願っていること、それがドゥルーズ－ガタリが、資本主義と死の衝動は切り離せないとする理由であろう。名美はまさに死の衝動に従った、あるいは従わざるをえなかった存在、資本主義における死を体現してみせた存在だったといえる。そして、それはまさにゾンビの位相なのである。ここに、ドゥルーズ－ガタリが「現代の唯一の神話はゾンビの神話である」★078と述べた理由があるのではないだろうか？

さらに、再びクロンブの説明を採用するならば、この対比は、ジョルジョ・アガンベンがいうところの「ゾーエー（zoe）」と「ビオス（bios）」として説明出来るだろう。それは古代ギリシアにおける二つの生命概念だ。「ゾーエー」とは『剝き出しの生』が『生きているすべての存在に共通の、生きている、という単なる事実』に由来するものである一方で、ビオスは『それぞれの個体や集団に特有の生きる形式、生き方』を描写するものである」とクロンブは書いている。「ゾーエーが、動物的、身体的な状態の生へと送り返されるとすれば、ビオスのほうは、政治的な生、都市における政治的な生に由来する」という。★079 ならば、名美は、ビオスの生での教師という職業から滑り落ち、自分が要求され、それにさらされてきた性的対象そのものに同化した身体、すなわちゾーエーの状態へと達したことになる。対する村木は、ゾーエーを覗き見ながらビオスにしがみつく存在である。そんな村木は、ゾンビ映画を窃視しているわたしたちの姿そのものと重なる。

資本主義に対抗する、あるいは資本主義から逃れるには、自我に引き金を引くしかないこと。主体／客体、わたし／あなたという差異化のシステムを壊すしかないこと。ポストヒューマンの真のラディカルさは、そこにおいて初めて出現可能になること。そのようなポストヒューマンの始まりは、同時に資本主義の終わりであること。そこではもはや「自分を大切にする」ことはできず、「君の人生は君のもの」ではなく、「しょせん、人は一人」でもありえない。個としての未来も希望も成長も何もかもがなくなってしまう。だから、それは近代的な思考の枠組みから見ればカオスであり、生成の終焉である。ゾンビがもたらすのは解決ではなく、浄化でもない。そこでは言葉すらもはや無効となる。だから、ゾンビはしゃべれないのだ。★080

▼享受できない勝利

それは享受することができない勝利である。

なぜなら個がなくなることは、差異がなくなることだからだ。ゾンビになることで、わたしたちは差異のない世界へと参入し、真のポストヒューマンとなる。けれども、意識＝差異化のシステムを失ったわたしたちは、もはやそれに気づきすらできないのである。それはいわばどちらでもない（neither/nor の）世界であり、そこには主体／客体という範疇はない。ゾンビとなることで資本主義は終わるが、わたしたちはその勝利を享受することは決してできないのだ。「精神」「自我」「個人」という聖域は、わたしを幽閉する資本主義の格子であり、主体性というのは、イデオロギー的な操作を可能にするためのフィクションでしかない。

ゾンビは、この主体性を奪う、つまり「わたし」を奪う。ゾンビが勝利する世界とは「わたし」のいない世界なのである。

資本主義が必然的に内包する死の衝動、個の滅却、すなわち自我の死の衝動に従えば、確かに資本主義から逃れられる。だが、それは途方もない世界、因果関係も成立せず、分類も不可能で、起源も参照物もない世界。意味から碇《いかり》を上げてしまった世界なのである。

ちょうど、フルチの『ビヨンド』で、襲ってくるゾンビたちから逃げた二人が、絵画のなかへと誘われてしまうのと似ている。彼らには二度と元の現実に戻って、自分たちを描いた絵画を見ることはできないのだから（見ることができるのは、村木のようにビオスに留まったわたしたちだけである。不可能な可能性に思いを馳せられるのは、わたしたちのような臆病な窃視者だけなのである）。

3……どちらでもあり、どちらでもない（both/neither）

アンドリュー・カリー監督の映画『ゾンビーノ』（二〇〇六、第3章で詳述）で、ゾンビをハウスメイドなどに利用している社会に暮らす少年ティミーは、ゾンビ管理会社の警備主任ボトム氏にこう問いかける。

「ゾンビは死んでいるの、生きているの？」ボトム氏はこう答える。

「こいつらの目的はひとつしかないんだ。人間の肉を食らうことだ」

これは、明らかなはぐらかしであり、ティミーの問いにまったく答えていない。けれども、ある意味でこれは正しい答えでもある。つまり、その問いには答えられない。なぜなら、それは答えられる問いではないことを示しているからだ。つまり、ティミーの発した質問は答えをもたない問いなのだ。それはたとえば、

「ウイルスは生きているの、死んでいるの？」

という問いとも似ているだろう。この問いに答えがないのは、つまりは「生」と「死」を分けるという前提がおかしいのではないか、という別の問いを生み出す。死と生の境目は、絶えず議論の対象となっ

てきた。たとえば、一八世紀イタリアの医師・物理学者であったルイージ・ガルヴァーニの生体電気の概念が思い浮かぶ。ガルヴァーニは、死んだ蛙の足に電気を通すと、筋肉が痙攣するのを発見し、電気が有機体に生命を与えると考えた。カエルだけでなく、生きた人間のまぶたも、電気を通すことで開いたとされる。このいわゆる生体電気の概念が、メアリー・シェリーの『フランケンシュタイン』の発想に結びついたのはよく知られているだろう。[★081]

あるいは、ヴィクトリア朝の時代には、昏睡状態や強硬症《カタレプシー》、麻酔状態などが死と判定され、埋葬後に息を吹き返すこともあり、早すぎる埋葬への恐怖が一般化していたという。ここにも生と死の境目の曖昧さが見てとれる。[★082]

ゾンビは、この答えのない問いそのものとして存在しているといえる。ゾンビは、さらに答えようのない問いをいくつも投げかける。

たとえば、ゾンビの体は、身体(body)なのか、あるいは肉(flesh)なのかという問い。殺された身体は肉となる。主体性を失ったとき、身体は肉となるのである。たとえば、前述したヴィクトリア朝時代の死者の身体は「身体と肉の間」の領域にある。それはまさにゾンビのいる場所でもあるがゆえに、これもまた答え得ぬ問いになる。[★083]

あるいはゾンビは主体なのか客体なのかという問いもありうるだろう。そもそも、テオドール・アドルノとマックス・ホルクハイマーの『啓蒙の弁証法』(一九四四、邦訳岩波文庫刊)での考え方によれば、主体と客体は単純には分離できないということになる。わたしたちは自分たちは自由だと勘違いさせられているだけであり、実際には資本主義の奴隷にすぎない。なぜなら、物神崇拝が客体に生命を帯びさせ、物象化が労働者を客体化してしまうからである。極端にわかりやすい例としては、「お金が人を支配する」という表現を考えてみればいいだろう。この文では、モノであるほうのお金が主語となり、本来主体であるはずの人が目的語となっている。人が労働の結果として得るものがお金であるはずなのに、労働の結果が主体であるはずの人を支配してしまうという逆転は、きわめて日常的なことであるはずだ。「金がすべてだ」と金にひれ伏す物神崇拝信徒はごまんといるし、逆に多額の負債を抱えたとき人は完全に自由を喪失する。★084 いずれにせよ、言葉を発することもなく、意志的な行動もできないはずだが、人を食う意志はもっているように見えるゾンビは、主体と客体の境界線を曖昧にしてしまう。

さらには、ゾンビは個体なのか群れなのかという問いもありうるだろう。単体のゾンビは空白の亜人間《デミヒューマン》であり、しかも（少なくとも『28日後…』以前は）さほどの脅威ではなく、むしろ弱くさえある。けれども、これが群れになったとき、それは力強いポストヒューマンとして立ち現れる。奴隷なのか反逆者なのかという問いにも答えが出ないことはすでに見たとおりである。

こうした答え得ない問いがなぜ存在してしまうのだろう。あるいは、どうしてわたしたちはそのような問いを発せずにはいられないのだろう。答えは簡単だ。つまりは、前提が間違っている。生と死、主体と客体、個と群れといった二項対立を前提とした思考法をわたしたちが当然の前提としているからだ。

つまり、これらの問いが答えをもたないのは、二項対立的な思考そのものに問題があるからなのだ。

二項対立的な思考法からすれば、ゾンビはそのどちらでもあり、どちらでもない（both/neither）存在だ。二つに分かれているのが当然であるはずの範疇のどちらにも属しており、同時にどちらにも属していない。

ウイルス、ポリープ、コウモリ、カモノハシ、食虫植物、さらにはコミックや映画に登場する境界をまたぐ存在（昆虫と人間を仲介するハエ男やスパイダーマン、魚類と人間を仲介する半魚人、植物と人間を仲介するトリフィド、機械と人間を仲介するサイボーグ等）。これらのものたちも、常に境界を揺るがせる存在として学会を揺るがせ、あるいはわたしたちの想像力を楽しませてきた。けれども、ゾンビはこれらの存在以上に不可解である。なぜなら、生と死という人間にとってもっともタブーとされる境界線にも足をかけているからだ。死をも取り込んでしまう能力において、ゾンビの境界侵犯性は際立つといえるだろう。

ここで、一枚の絵を参照したい。これは、サンフランシスコ在住のアーティスト、ジョージ・ファウの作品「風景（デイ・オブ・ザ・デッド、ストリート）」で、彼が描く「ゾンビスケープ」シリーズの一枚である。一見してわかるように、この絵は印象派の手法で描かれている。ゾンビ映画の一シーンを、点描の手法で再現してみせたものになっている。インターネットの記事によれば、ファウはこの手法を、二つの理由から選んだとされる。ひとつは、彼の父がアルフレッド・シスレーの印象主義や点描主義に情熱をもっていたことへのノスタルジアである。もうひとつは表現的な価値であり、「ぼやけたような質感を作り出す」絵筆の技術によって「ファウの油彩は、ゾンビがそうであるように背景と滲みあう」と評されている。[★085]また、サラ・ジュリエット・ラウロは、ファウは「認知の縁にある」人間形態を描き出すとし、彼は「生と死の両方にくずおれた身体」を描くために、印象派がなした環境への身体の拡散を採用したと述べている。ファウによってホラー映画の一場面が、風景画へと変えられるとき、「ぶれた点描技法のせいで、静止のなかに動きが、沈黙のなかにノイズがあるように思われる」。[★086]

この絵は、あることを思い出させてくれる。それは、環境論を背景としたフェミニズムの論客であるステイシー・アライモが唱える、「間-身体性(transcorporeality)」という概念である。この間-身体性の概念を、アライモは次のように説明している。

●ゾンビ映画の1シーンを描くジョージ・ファウの作品「風景(デイ・オブ・ザ・デッド, ストリート)」
(George Pfau, *Landscape (Day of the Dead, Street)*, 2012)

人間の身体を、常に人間の世界を超えた世界に編み込まれている、間-身体として想像することによって、人間を構成する物質が究極的に「環境」と切り離しえないものであることが明確になる。身体を横切って思考することは、しばしば不活性の空虚な空間、あるいは人間が利用すべき資源として想像されがちな環境が、実際はそれ自体の必要、主張、行動をもった肉体的存在の世界であるという認識への触媒となる。身体を通過していく動きを強調することによって、間-身体性はさまざまな身体的性質の間に交換やつながりがあることをあらわにする。★087

この概念に依拠しつつ、カンザス大学でメディア学・ジェンダー学を研究しているトレヴァー・グリゼルは、ゾンビは人間身体の間-身体性を、毒のあるかたちで具体化したものだと説明する。★088 アライモがいうように身体が独立した閉じたものではなく、浸透可能な実体であるとするならば、二項対立的な思考が陥った苦境からの救済が可能になるように思われる。なぜなら、それはいわば浸透膜のような存在だからである。そこは、主体と客体が入り交じり、生と死が入り交じり、身体と肉が入り交じり、個と群れが入り交じることが可能な場となるからだ。どちらでもあり、どちらでもない(both/neither)というゾンビの不可能なあり方を説明するのに、これ以上適切なモデルはないようにも思われる。

4……ゼットピア

▼死権力（necropower）

第2節で、ゾンビというポストヒューマンとなることで資本主義の桎梏《しっこく》から初めて自由になれるが、それは享受できない自由である、と書いた。そして第3節では、ゾンビの存在する位相が、あらゆる二項対立が溶解し、入り交じる不可能な浸透膜であることを書いた。

本節では、その場所から垣間見える新しい世界像を探ってみたいと思う。話をわかりやすくするために、少し飛躍するように見えるかもしれないが、ガイ・リッチー監督の映画『アラジン』（二〇一九）を取り上げて考えてみよう。この映画では、魔法のランプをこすった者は現れたジーニーという精霊に、三つの願いを叶えてもらうことができる。ジーニーはアラジンに、次のように愚痴をこぼす。

「俺を手に入れたやつは、たいてい自分がなにが欲しいかわかってる。ほとんどの場合それは、山ほどの金か権力なんだ」

つまり、たいていの者はジーニーに富か権力を求める。これは何を意味しているのだろうか？　なぜジーニーは無条件に、ランプを手にした者の、多くの場合物質的な要求である命令をかなえねばならないのだろうか。もうおわかりのことと思うが、魔法のランプとは奴隷制そのもののことを指しており、ジーニーとは、自らはランプに縛られたまま無報酬でそのランプを手にした者に奉仕することを運命づけられた奴隷だということになる。あらゆる物語に資本主義は潜在しているのであり、植民地主義、そして資本主義とそれはつながっているのである。

　つまり奴隷の側からすれば、異国の地で奴隷にされることは、魔法にかけられるのと等しい体験だったことになる。祖国から引き離され、モノのように売買され、対価もなく強いられる労働。それは、自分という存在が不自然なかたちで奪われているのを意味する。まるで死んだような状態で生かされているわけだ。そんなことが可能になるのは魔法の力によるとしか考えられない。魔法に囚われた状態にあるとすれば、それは催眠状態に近いともいえる。これは現実というよりは、夢に近い状態だと。そして、これが夢だとすれば、この夢から逃れる方法は、この夢のなかで死ぬことである。かくして、一八世紀末、ゾンビのルーツともいえるハイチで黒人奴隷が蜂起したハイチ革命における「死よ永遠なれ（Long Live Death）！」のスローガンが生み出される。死によって、生きる、生き返る。死こそが魔法を解く手段となる。「植民地サトウキビ・プランテーション」（＝魔法のランプ）という夢に自分を閉じこめている魔法から逃れるためには、このプランテーションを破壊するしかなく、その破壊のさなかで死ぬことはつまりは、**魔法＝夢**から覚めて生きることと等しい。★089

このことをグリゼルは、ポストコロニアル理論家アキーレ・ムベンベの「死権力（necropower）」の概念と結びつけて「死権力の状況下では、抵抗と自殺、犠牲と贖罪、殉死と自由の境界線が曖昧になる」と論じている。

死権力は、ミシェル・フーコーの「生権力（bio-power）」の概念を補完するものと位置づけられるだろう。生権力は、生命を守ることを重視する権力である。医療ケアや公衆衛生、運動の奨励によって人々を健康に保ち、学校や軍隊によって規律化していく力を指す。つまり「計算された生の管理」であり、他方では「すべての国民を死にさらす力」でもある。ナチズムの脅威、核の脅威、環境汚染の脅威などが、それに当たる。つまり、脅威から守り、守るがゆえに従えと命ずる権力だといっても良いかもしれない。

伊藤計劃のSF『ハーモニー』（早川書房、二〇〇八）は、このフーコーの生権力論を下敷きにした作品である。「中国やアフリカの奥地からは核による突然変異の影響か、未知のウイルスがたくさん流れ出た。それら健康への急迫なる危機を前にして、世界は政府を単位とする資本主義的消費社会から、構成員の健康を第一に気遣う生府《ヴァイガメント》を基本単位とした、医療福祉社会へ移行したのだ」とされる世界が描かれる。社会の構成員は、公共身体《パブリック・ボディ》の持ち主とされ、「あなたはこの世界にとって欠くべからざるリソースであることを常に意識」するよう求められる。人々の身体には「恒常的体内監視システム（WatchMe）」というナノマシンが組み込まれており、常時健康状態がチェックされ、異常があれば即座に修復される。この身体の奥の奥まで監視される社会を、主人公は「調和《ハーモニー》という名の蟻地獄」と呼ぶ。

同様の世界観で描かれたのが、本広克行総監督のアニメ『PSYCHO-PASS　サイコパス』（二〇一二）で、こちらでは身体の管理に加えて、精神までもが監視される社会が描かれている。この社会では、市民の精神状態を解析して数値化する「包括的障害福祉支援」装置シビュラシステムによって、精神の状態が常に測定される。犯罪係数と呼ばれる数値が高くなりすぎた者は、ドミネーターと呼ばれる銃によって鎮圧される（度合いに応じて麻痺、あるいは処刑）。身体のみならず、精神までもが数値化され、「健康」という閾値のなかに囲い込まれる社会である。一般市民を守ることが、同時に不穏な要素を排除することと表裏一体となっているのが、こうした生権力の特徴といえる。

これに対し、かつてフランスの植民地であったアフリカのカメルーン出身のアキーレ・ムベンベが提起したのが、この生権力を補完する形の死権力の概念であった。奴隷制や植民地主義、あるいはパレスチナや南アフリカで起こっていることは、「訓治のシステム」である生権力の概念では十分に説明できないとして、ムベンベは死が究極の支配の行為となるような死の領域の存在を提示した。

死を通して人を支配する死権力を描いたものとしてわかりやすい例は、高見広春の原作と深作欣二の映画によって話題となった『バトル・ロワイアル』（原作小説：一九九九／映画：二〇〇〇）であろう。「大東亜共和国」において、一九四七年から実行されている制度「戦闘実験第六十八番プログラム」は、全国の中学から、ランダムに三年生のクラスをひとつ選び出す。選ばれたクラスのメンバーは全員が隔離されたエリアに集められ、互いに殺しあうことを強いられる。生き残った一人だけが、生涯の生活を保障されることになる。ここでは、死権力が三段階で働いている。最初は、誰が選ばれるかわからないため、中学三年生になった全国の子どもたちが、死の恐怖にさらされる。そして、運悪く選ばれてしまったら、盗聴器内蔵の首輪をはめられてしまう。首輪は遠隔操作できる起爆装置でもあるため、逃亡も抵抗も不可能となる。全員が死を背負わされる、これが第二段階である。そして、第三段階は自分が生き残るために、クラスメートを殺さねばならないという条件である。かくして、三重の死に支配された子どもたちは、生きるためにあがく。これが、生権力同様、訓治のシステムであることは映画版でより明確にされる。なぜならこのプログラムが、権力に従順な子どもたちを作り出すための、新世紀教育改革法によるものであると謳われるからである。

あるいは、間瀬元朗のコミック『イキガミ』(小学館、二〇〇五〜)を思い出してみよう。この作品で描かれるのは、「国家繁栄維持法」が敷かれた日本である。この社会では、「逝紙(イキガミ)」が配達された国民には二四時間以内に死が訪れる。国民全員が小学校入学時に接種されるワクチンのなかに、〇・一パーセントの割合で一八歳から二四歳の間に死をもたらすナノカプセルが含まれている設定である。そして、自分が該当者であることをイキガミによって知らされるのは、死亡推定時刻のたった二四時間前なのである。いつ自分に死が訪れるかわからないという意識を常に明確にもたせることで、逆に「生きている」ことに感謝させるように仕向けるための制度とされている。ここでも、生命を守ることによってではなく、死によって生命を意識させるかたちで、国民の訓治が行われているといえる。

ついでにいえば、先述の『PSYCHO-PASS　サイコパス』で犯罪者と直接闘うことを強いられる（＝生命の危険を冒すことを強いられる）のは、執行官と呼ばれる刑事である。彼らは実は高い犯罪係数をもつ潜在犯と呼ばれる人たちであり、彼ら自身が犯罪者と化す可能性があるとされている。だから、監視官と呼ばれる指揮官らによって監視の対象とされ、行動も制限されている。つまり、常に死にさらされている状態の者らを、死の危険のある現場に送り込むシステムなのであり、ある意味で使い捨ての人材なのだともいえる。彼らもまた、死権力の側に身をおいた存在なのだと解釈できるだろう。

こうした、死の恐怖による支配は、奴隷制や植民地においては常にあったものだし、イスラエルの圧倒的な軍事力に虐げられるパレスチナでも、南アフリカでも強く意識されるものであることはいうまでもないだろう。二〇二二年に勃発した、ロシアによるウクライナ侵攻にも同様の構図を見て取ることができるかもしれない。

たとえば、これは二〇〇二年にパレスチナ自治区の街ナーブルスをイスラエル国防軍（IDF）が襲撃して占領したときの出来事である。アイーシャというパレスチナの女性はそのときのことをこんなふうに語っている。

> 想像してみてください。リビングルームに気持ちよく座っていたって。そこは夕食後に家族でテレビを見る部屋ですよ。……そしたら突然、轟音とともに壁が消え、部屋が塵や壁のかけらでい

っぱいになり、壁から次々と兵隊たちが命令を口にしながら現れたって。敵に追いかけられていたのか、家を占領しに来たのか、どこかへ行く途中にわたしたちの家があっただけなのか、何もわかりません。子どもたちは泣きわめきパニックになっています。顔を黒く塗り、サブマシンガンをあちこちに向け、背中のバックパックからアンテナを突き出させた一二人の見慣れない巨大昆虫のような兵隊たちが、壁を破って現れたのを見て、四歳、六歳、八歳の子どもたちがどんな恐怖を感じたか想像できるでしょう★090

現れた兵隊たちは、次いで別の壁を破って、隣の家へと消えていった。ここでは何が起こっていたのだろう。

このとき、ナーブルスには千人のパレスチナ人抵抗ゲリラがいて、街のあらゆる出入り口に石油樽にセメントを詰めたものでバリケードを築き、塹壕を掘って待ち構えていた。けれどもイスラエル軍は思わぬ所から現れた。

軍部は、「逆転幾何学（inverse geometry）」「生体内侵入（infestation）」などと命名された作戦を取っていたのである。道路や庭といった都市を構成する要素、ドアや窓といった家を構成する「伝統的な空間的境界や論理」に従うことなく、建築や都市の文法を再構成することを選んだ。彼らはこの街の特徴であった家と家をつなぐ仕切り壁を破壊して移動したのである。ナーブルスの家屋の半分以上が、全方位から壁、床、天井を破って現れたイスラエル軍の通路となった。このようにして、家屋を食らって進むシロアリのごとく「壁を破壊して」意想外の所から現れた敵軍によって、この街は占領された。★091

イスラエル軍の将校たちは、この作戦をドゥルーズ＝ガタリ、ギー・ドゥボールなどの思想家たちの理論を背景に案出していった。指揮官のシモン・ナヴェーは、「（ドゥルーズ＝ガタリの）『千のプラトー』（一九八〇、邦訳河出書房新社刊）のなかのいくつかの概念が、わたしたちの手段となった……わたしたちが他の方法では説明できなかった、現代的状況を説明できるようにしてくれた。（中略）もっとも重要だったのは、彼らが『滑らかな』空間と『線状の』空間の概念を示してくれたことだった……それは『戦争機械』の組織的概念を［反映したものだった（引用者による追記部分）］。（中略）わたしたちは境界線に影響されない機能的空間を生み出すことを試みたのだ」と語っている。★092

ここにあるのは、イスラエルとパレスチナとの間の、単なる軍事力における圧倒的な差異だけではない。戦略思考においても、（おそらく当の哲学者たちが予期もしなかったであろう方向に）現代哲学まで応用してしまう知性的な余裕においても、想像を超えた差異があることがわかる。

この極端な力の差は、まさに植民地やアパルトヘイトに見られる力学関係と平行したものといえるだろう。死をもたらす力が、一方的に握られているという事実である。ムベンベがパレスチナの状況を死権力の例に加えた背景には、このような現実がある。自爆テロという捨て身の抵抗は、このような力の差を反映したものだということ。生殺与奪の権利、つまり死をもたらす力によって支配する力に抗するには、自ら死を選ぶしかないということ。9・11にまでつながる自爆テロの起源はここにあるのが、よく納得されるのではないだろうか。

これがグリゼルがいうところの、奴隷制下では、自殺が主体的行為となることの意味なのである。剝き出しの死にさらされる脅威によって生が管理され支配された者たちが、最後の手段として編み出したのが、その死を受け入れることを抵抗の手段へと変えることだったのである。

▼来るべき共同体

ジョージ・A・ロメロの『ランド・オブ・ザ・デッド』には、奇妙なゾンビたちが登場する。改めて大まかなあらすじをたどってみよう。世界がゾンビで覆われてしまった時代、三方を川で囲まれたピッツバーグの街には高層ビルとスラムがある。実質上街を牛耳っているのはカウフマンという男である。彼は自分に逆らった者をゾンビの餌食とするような男であり、生殺与奪の権力を握った絶対的存在として街に君臨している。彼はスラムの住民を傭兵として雇い、ゾンビたちの街へと送り出して、食料や必要な物資の調達をさせている。傭兵隊長のライリーは、街のゾンビたちの異変に気がつく。ビッグ・ダディと呼ばれるゾンビに率いられて、反乱を起こしたのである。街を囲むフェンスを破り、川をわたってゾンビたちが押し寄せる。ゾンビたちは銃などの武器まで使いこなすようになり、街は破壊される。カウフマンも、ゾンビと化したかつての手下に噛まれたうえ、爆発で死んでしまう。ゾンビたちは街を去り、ライリーたちもまた別の方向へと去って行く――。

一般的には、この映画で新しい部分は、ゾンビが「学習能力」をもったように見えるところだとされる。けれども、もっと注目すべきなのは、ラストで生き残った人間たちとゾンビたちが、それぞれ違った方向へと歩み去るという部分ではないだろうか。

ライリーたちスラムの人間は、逆らえば死という状況下でカウフマンに使われていた。つまり、カウフマンの死権力の下で生かされていた存在、いつ死んでもおかしくない状況下で生きていた存在である。そして、そんなライリーたち傭兵が闘うことを強いられ、殺すことを強いられていたのがゾンビたちなのであった。つまり、ライリーたちは生きているのに死んでいるような状態にあるのであり、ゾンビたちは死んでいるのに生きている。[★093] この両者が出会う場所をタイソン・E・ルイスは「辺獄(limbo)」のイメージでとらえようとする。なぜなら、辺獄とはまさに二分法に納まらないものを収容する場所であり、地獄にも天国にもつながりうる中間点、あるいは浸透膜だからである。

映画『ゾンビーノ』の主人公ティミーの父は、死んだ後ゾンビとなって自分が蘇ることを怖れていた。だから、自分が死んだら、蘇らないように頭をはねて欲しいと遺言した。だが、ティミーと母のヘレンは、その遺言に従わず、死んだ父をゾンビとして蘇らせる。生前口うるさく支配的だった父は、従順で理想的な存在として家庭に回帰する。ティミーとヘレンにとっては、死よりも、「死者として生きる」ほうが価値が高い。たとえ、奴隷となっても、死よりはましだというのが、二人の考え方なのである。[★094]

これはまさに新しい発想で、生者と死者が共存する新しい可能性への扉を開く選択だといえる。それは、ただ単に資本主義の法や支配を超えた社会というだけではない。そこには同時に、もはや主体性を基本としないポスト・アイデンティティの社会、生者が中心ではないポスト・ヴァイタルな社会、生と死の両方の文化が共存するマルチ・カルチュラルな社会がイメージされる。それは、排除された者たちによる来るべき共同体であり、主体性がもたらしたディストピアを克服するものとなる。[★095]

この世界を、タイソン・E・ルイスは「ゼットピア（ztopia）」と命名する。それは、社会的な生であるビオスの時間が終わった後にやってくる、あらゆる区別が失われた世界である。過去、現在、未来といった区別もそこには存在せず、時間が終わった後に残された時間といえる。時間がなくなるのは、時間を感じる主体がいなくなるからである。意識や主体がなくなった、非主体化の政治学が、そこには出来する。主体性の歴史のなかでは、剝き出しの生として受動的な実存を余儀なくされていたゾンビたちが、生命中心ではない新しい社会の主役となる。主体の死と、生物学的な死という二つの死の間に、生ける死者という再生者が現れる。それは生命以後の誕生であり、彼らは民主主義も知らなければ、剝き出しの生という単なる生存の位相も知らない。[★096]

それでも、奇妙なことにわたしたちは「ゾンビが襲ってくる」「ゾンビに嚙まれた」といった表現を使う。そこでは、主体も生命ももたないはずのゾンビが主語の位置に納まっている。ここからは、人間そっくりの姿をしたゾンビがわたしたちの言語体系を揺るがすことが見て取れる。これに関して、カリフォルニア大学バークレー校でジェンダーと女性学を講じているメル・チェンは「有生性（animacy）」という概念をもとに興味深い思索を展開している。

ずいぶん前になるが、作家デイヴ・ペルザーの『IT（それ）と呼ばれた子』（一九九五、邦訳青山出版社刊）という本がベストセラーになったことがあった。児童虐待を扱った作品で、このタイトルは本来主体をもった生命体であるはずの子どもが、IT（それ）と呼ばれて主体性も生命ももたないモノ扱いされたことを示している。「有生性」とは、名詞や代名詞が、意識や主体性、あるいは意志といった生物としての性質をもつことを指す。だから、子どもをITと呼ぶのは、子どもを「有生物」として扱うのではなく、「無生物」として扱うことを意味している。この考え方から行けば、確かに動きはするのだが、意識をもたないゾンビが動作主になるのは奇妙に思われる。「有生性」の概念は、わたしたちの言語や思考が、意識をもち、動くモノを中心として組み立てられていることを示している。

ここから、メル・チェンは、非人間の動物や、非生命のモノが「生政治」の対象となっていたら、思考様式はどう変わっただろうかと問いかける。先に述べたように生政治は、ミシェル・フーコーが提唱した、生命の保護が支配と一体になっている政治様式だが、そこから生命を取り除き、感覚がなく、動かず、死んだような生を取り入れたら、わたしたちの文化はどう変わるだろうかと問いかけているわけだ。★097 すでに、「ゾンビが襲ってくる」という表現が、無意識のうちにその新しい思考様式を導入してはいる。少なくともゾンビには「襲っている」意識も、「襲おう」という意志もない、さらには「襲いたい」という欲望すらない。だから、ゾンビはわたしたちが想定するような行為者ではなく、本来主語にはなりえない存在なのである（あるいは、わたしたちの言語が不十分なために、そのような「誤った」用法を使うしか、表現のしようがないのだともいえる。それはわたしたちがまだ、非生命の者が中心となった社会を想像しえないからなのである）。

『ランド・オブ・ザ・デッド』の世界では、物語が終わった後に、現在の言語体系や思考様式では描写のしようがない新しい時間が訪れる。それは、主体ある生者たちの世界ではない。主体のない、生者でもない者たちの世界である。それは歴史の後の時間である。けれども、世界が終わるわけではない。歴史が止まった、あるいは歴史の連続性がもはやない世界、わたしたちの目から見れば永遠の停止と見える時間がやってくる。★098 そこには、資本主義社会がもたらすような格差はなく、戦争もないだろう。人間の主体性が結果するディストピアとは遠く離れた世界がそこには広がるはずである。死を媒介とした新しい社会性（necrosociality）にもとづく、来るべき共同体が広がるはずである。『ランド・オブ・ザ・デッド』では、ライリーたち生き残った人間たちは、ゾンビと闘うことなく街を去る。しばらくの間は、死者たちの共同体と、生者たちの共同体の二つの社会が共存していく可能性が示唆されている。だからこそ、そこは「辺獄」でなければならないのだ。それは、どちらか一つを選ぶという判断をしない社会だ。

ゼットピア。それは、予期することは可能なものの、それについてわたしたちの言語体系では描写できない世界といえる。なぜなら、それは死後の生を得た者にしか体験できない世界だからである。

第3章

資本主義からの緊急避難

1……反専有の魔術

▼マイアミ・ゾンビ事件

マイアミ・ゾンビ事件をご存じだろうか？

二〇一二年五月二六日、車体からハイチの旗を翻して走っていた、紫色のシボレー・カプリスがフリーウェイの路上で故障した。運転していたのは、当時洗車場で働いていたルディ・ユージーン。彼は、ペットボトルのミネラルウォーターを飲むと、一冊の聖書を手に車を乗り捨てた。

フリーウェイを歩きながら、ルディは、車から持ち出した聖書を読んだ。読みながら、ところどころ破いては捨てた。それと同時に自分の服も次々と脱いでいった。やがて彼は、下着や靴下まで脱いで全裸となった。そのままさらに聖書を破り捨てながら歩き続けた。およそ四・八キロ先の路上で、彼の視界に入ってきたのは、脇道に横になって日光浴していた男性の姿だった。その男性、すなわち六五歳のロナルド・ポッポにルディは襲いかかった。

犯行の一部始終は現場付近に設置されていた防犯カメラに映されていた。ルディは、ポッポの顔に噛みつき、鼻、頰と額の一部の肉、そして左目を次々と噛みちぎった。駆けつけた警官が発砲しても彼は被害者から離れようとせず、最終的に射殺された。

実際にはルディは被害者の顔を噛みちぎっただけで、咀嚼してはいなかったということが検死の結果明らかになった。だから、正確にはそれはゾンビ的食人ではなかった。けれども、ことの一部始終を捉えた防犯カメラの映像がYouTubeを通じて流出した結果、マイアミ・ゾンビ事件として広く知られることになった。ルディがヴードゥーの島ハイチからの移民の子どもであったこと、そして自分の車にハイチの旗を掲げるという行為に見られるように、その出自を誇りとしていたこと。そうしたディテールもまた、ゾンビというイメージを後押ししたのは疑いようがないところだろう。

この事件について、トレヴァー・グリゼルは、「誰かを味覚の対象とし、歯を他人の肉に食い込ませ、皮膚を噛み切るのに必要な力を加えることは、妥当性の一線を越えて、他者をあまりにも知りすぎること」だといい、「その行為を見たり記録したりするのはさらに禁じられるべき」であると述べる[★099]。つまり、人体を食品と同列におくことは、許されざるタブーなのだ。タブーであるから、YouTubeにあげられた映像を見るのもまた避けるべきだということになるだろう。

けれども、このエピソードにはひとつ気になる部分がある。すなわち聖書の存在だ。ルディは子ども時代にベテル福音バプテスト教会に家族と通っていた。また、事件当日も犯行に及ぶ直前まで聖書を読みながら歩いていた。しかも、人肉を噛みちぎる行為の予兆のようにして、そのページを引き裂いては捨てていた。

となると、このルディの（疑似）食人行為に、キリスト教の聖餐のイメージが重なって来はしないだろうか。というのも、ここにおいて、不浄なものと聖なるもの、ゾンビとイエス・キリスト、食べる者と食べられる者とが併置されることになるからである。

キリスト教において重要な意味をもつ聖餐もまた、グリゼルが指摘した人体と食品を同列におく「許されざるタブー」を隠喩的に示す、同様の（疑似）食人行為だ。キーン大学で宗教学を講じているマックス・ソーントンは、宗教学者グレアム・ウォードが「これはわたしの肉です（This is my body）」の「は（is）」は存在論的スキャンダルであると指摘したことに触れ、パンと肉体の同一化が最初のスキャンダルであると述べている（ちなみに日本語やフランス語、スペイン語、ポルトガル語でいうパンは、「生きる糧」を意味するラテン語のパニス［panis］を語源とする。つまり、パンとは食物全般を意味していたということになる）。そして、神の聖なる身体を消化器官に取り込むことが第二のスキャンダル、いやトラウマですらあるとする。さらに、身体の飢えを満たすという意味で食事とセックスはつながると述べる。聖餐における「結合（union）」「肉（flesh）」「身体（body）」といった用語には疑いようもなく性的なニュアンスが含まれているという。かくして、信者たちは、キリストの肉であるパンと、キリストの血であるワイン（すなわち「生きる糧」であるすべての食品）を取り込み、「イエスの身体である教会」（パウロ）と肉体的に、そして性的に同一化する。しかもこの擬似的食人行為である聖餐は、性的結合よりも強烈に生命を与える儀式として、キリスト教の中心に位置づけられているのである。★100

実はここにこそ、キリスト教のラディカルな知が表明されている。強い性的なニュアンスをともなった食人という深い侵犯。そんな恐ろしい行為を通して初めて聖なるものに至ることができる。社会の約束であるタブーを侵犯して初めて、神と合一化できるということが仄めかされているのではないか。ほんとうに知るには、深い侵犯が欠かせない。他者の肉を食べ、自我と他者の境界を解消し、他者を完全に内化し、自分の一部にすることによって初めて神のエネルギーをわが身に帯びることができるというわけだ。

社会とは、約束事の集積である。さまざまな約束を皆が守ることで秩序が維持されている。破ってはならない約束事のなかでも、もっとも触れてはならないのがタブーであり、その究極のものが「誰かを味覚の対象とし、歯を他人の肉に食い込ませ、皮膚を噛み切るのに必要な力を加える」食人であるだろう。だが、そもそもどうして究極のタブーとされているのか。

逆説めくけれども、実は人体は食品になりえるからというのがその答えである。作家のマーガレット・ヴィッサーが『ディナーの儀式』（一九九一）で述べたように、「誰もが心の奥底では人間が食品になりえるということを知っている」からこそ、あえて禁じる必要があったのである。[★101] そして禁じることによって、人肉は特別のものとなった。通常の食品とは異なる位相の「手の届かない」食品となった。つまり、特別な価値をもつ食品となったのである。歴史学者フェリペ・フェルナンデス゠アルメストの『食べる人類誌：火の発見からファーストフードの蔓延まで』（二〇〇一、邦訳早川書房刊）によれば、いわゆる「未開」民族においても、異常とされる人肉食事件においても、人肉は（魔術的な力や尋常ではない活力など）特別な意味をもつものとして食べられた。[★102]もし人肉がスーパーで牛肉や豚肉と並んでパック詰めされて売られていたら、こんなことは起こらなかったはずである。つまり、食べられるものを食べるなと禁じたことで人肉は特殊な力を付与されたわけである。そして、キリスト教の根底にも、古代の共感的魔術的思考の系譜につながるこのようなタブーがある。それゆえ、そのタブーを侵犯することで活力や魔力がもたらされるという儀式性が象徴的に隠されていたということになる。

▼茫然自失という智恵

キリスト教の場合はあくまで象徴的なニュアンスで、そのラディカルな侵犯性が示されていたわけだが、現実世界でこのタブーを犯すのは容易ではない。つまり、正常な意識が働いている状態では、人肉を食べるというのは不可能な行為なのである。

ルディの場合は、思い通りにならない人生（結婚生活も事件の四年前に破綻していた）が路上での車の故障というかたちで抜き差しならない現実として突きつけられ、そこから逃れるために聖書の象徴的活力に身を委ねるに至ったのだと解釈できるだろう。

それでは、そのルディに重ね合わされたゾンビはどうだろうか？

ウェズリアン大学のアフロ・アメリカン研究者であるエリザベス・マカリスターは、「ロメロの天才的なところは、ゾンビを、茫然自失でありつつ人食いである存在として描いたことだ」と述べている。つまり、ゾンビにはいわゆる意識がないがゆえに、タブーを平然と犯すことができる。[103] 逆にいえば、ゾンビは人を食らうために、茫然自失の存在とならざるをえなかったのだ。茫然自失だから、ゾンビにはテーブルマナーもない。道徳性、法、構造を欠いた「完全な混沌」となることで、ゾンビは初めて礼儀正しい社会の規則のすべてを破る存在となれたわけである。[104]

茫然自失が可能とするタブーの侵犯である人肉食、すなわち「歯を他人の肉に食い込ませ、皮膚を噛み切るのに必要な力を加える」[105]のは口という器官である。口こそが、ゾンビではない者が、ゾンビから影響を受ける物理的な境界となる。ゾンビの口は、性器以上に親密な身体的接触を可能とする。口で噛みきり、咀嚼することによってゾンビは他者との身体的接続を果たす。つまり「他者を知りすぎる」。アクセスできないと考えられているものに、かつてない親密さで強引に交わる。噛まれた者は、自分がゾンビになるという怖れに支配され、新しい存在の様態へと移行する。[106] この親密な交わりによって、ゾンビのなかにあったものが感染する。度を超えた親密さが、変容を強いる。

キリスト教の場合は、その関係性が逆になる。食べるのが信者のほうだからである。イエスの肉を食べイエスの血を飲むことで教会の一部へと変質する。イエスは、その肉と血を「食べられる」という深い侵犯を通して信者に感染するのだから。

食べることが変容をもたらすというのは、日常的に体験できることだろう。日本文化に身を浸すために、日本食を積極的に取り入れた学者ドナルド・キーンの例を出すまでもない。米食に慣れた者が、外国に暮らして毎日パンと肉を食べる生活をするうちに、自分が何か別の存在になったような感覚を抱くに至るのはよくあることだ。筋肉を増やしたいものはプロテインを飲み、痩せたい者は米食をやめてオートミールに切り替えたりする。成功すればそれは、肉体の変容をもたらす。お酒を飲めば、酔っ払って常にはない精神状態に移行するし、消化の悪い食事を摂れば、胃が重くなって気分が滅入る。古い食品や腐った食品を食べれば、てきめんにお腹をこわし、日常生活すら脅かされ、最悪の場合は死にすら至る。

また、この現代社会においてCMや広告やパッケージに操られるわたしたちは、いわば口唇期の幼児のような位相に置かれているともいえる。笑顔でハンバーガーにかじりつくCMを見てファストフード店へ、ビールをおいしそうに飲む広告を見てコンビニへと誘われる。フライパンの上ではねるソーセージを見ればソーセージが食べたくなり、ラーメン特集の記事を読めばラーメンを欲してしまう。実はここにもまた「変容」への希求が根底にある。つまり、それらの食品を摂り入れることで、あたかも「幸福」や「満足」の状態へと自分が変容できるかのように錯覚してしまうのだ。即時的な満足を求める口唇期的固着の状態へと消費者を囲い込むのが、現代の資本主義の手法であり、そこでは市民は「口を持った財布」として再定義されるとマーク・デリーは述べている。★107

ジークムント・フロイトは、性衝動に攻撃性が残存しているのは、食人的欲望の遺産であると述べている。性発達の段階において、幼児期の口唇期は「食人的」であり、欲望の崩壊と同一化につながる消化と切り離せない。つまり、この時期の幼児にとっての性的な目的は対象との合体だというのである。[★108]つまり、現代人は、口唇期の段階にまで貶められ、退化させられ、提示された「商品」の消化を通して、企業によって付与された「満足」や「幸福」との合体を求めてやまない幼児だということになる。

そのようにして欲望の赴くままに自動的に行動するように飼い慣らされた幼児的市民のイメージを、ゾンビとして表象したのがジョージ・A・ロメロの『ドーン・オブ・ザ・デッド』であることは、明らかだろう。死んで理性を失ってなお、というより理性を失ったからこそなおさら生前に「幸福」や「満足」を得ていたショッピングモールへと集まってくるゾンビたちは、まさに「口を持った財布」のなれの果てだといえる。しかも、それはある意味では、いままさに嬉々としてショッピングモールへと赴きつつあるわたしたち自身のことなのだともいえる。

▼脳を食べること

脳を好むという設定がゾンビものに付け加えられたのは、ダン・オバノン監督の映画『バタリアン』（一九八五）以降だとされている。

なぜ脳を食べるのか？　その答えは、ジョナサン・レヴィン監督の『ウォーム・ボディーズ』（二〇一三）やロブ・トーマス製作総指揮のテレビ・シリーズ『iゾンビ』（二〇一五〜）などを見ればよくわかる。『ウォーム・ボディーズ』の主人公、ゾンビのRの脳裏には一時的に映像や感情が溢れ出す。つまり、ゾンビたちは脳を食べ、他者の記憶のなかへと侵入していき、それを簒奪する。[★109] つまり、食べることによって「他者を知りすぎる」わけだ。Rは、青年ペリーを襲い、脳を少しずつ食べる。それに伴って、ペリーの記憶のなかにあった子ども時代、元彼女のジュリーに初めて会ったときのことや、恋愛感情が深まった時期、父の死、そして自分がRに殺されたときのことが再現されていく。そして、Rは自分が食べたペリーの感情を自分のものとし、ジュリーへの恋愛感情をも引き継いだゾンビとなるわけだ。[★110]

同様に『iゾンビ』の主人公リヴもまた、ゾンビに引っかかれてゾンビ化するが、検視官という職業の強みを利用して、遺体の脳を食べることができる。脳を食べ続ける限り、彼女は理性を失うことはなく人間としての自我を維持できる。しかし、それだけではない。同時に他者の脳を食べるたびにリヴの人格は変容する。つまり、食べた脳の持ち主の記憶や性格のすべてを、やはりリヴも引き継ぐ。ゆえに殺人の被害者の脳を食べることによって、犯人逮捕の協力者となるというこの作品のプロットが成立する。ここでも、食人という侵犯的行為は、「他者を知りすぎる」レベルにまで達している。

人体とは「可食（edible）」なものであること、誰もがそれを知っていながらタブーとして覆い隠していること、そのことが人肉に特別な意味や力を与えてしまうこと。そうしたタブーによって封じ込められた力を利用したのがキリスト教であり、その特別な意味をときには破壊し、時には別の形で引き出すのがゾンビという存在であること。つまり、ゾンビの口には想像以上のラディカリズムが潜んでいるのが、明らかになったといえるだろう。

しかし、これはゾンビのラディカリズムの序の「口」に過ぎない。これから、ゾンビという「不可能な存在」の仮定によってもたらされる、ラディカルな変革の不／可能性をさらに探っていきたいと思う。

▼革命を宿すゾンビ

奴隷反乱への不安を慰撫する物語が必要とされていた。

ハイチから初めてゾンビ物語が伝えられたとき、アメリカがこれを歓迎して受け入れたのはそれゆえだった。なぜなら、それは黒人が力を得る物語ではなく、黒人をきわめて従順に服従させる技法《テクネー》をめぐる物語だったからだ。

けれども、アメリカ社会においてゾンビ物語のもつ意味は次第に変容していく。一九六八年にフランスのパリで五月革命と呼ばれる大衆蜂起が起こった。これ以降、学生を主体とした、大衆による秩序の転覆の気運が広がった。「政治の季節」の到来だった。翌年、ジョージ・A・ロメロの『ナイト・オブ・ザ・リビング・デッド』が公開された時点で、まだこの張り詰めた緊張が続いていた。ロメロの映画の初上映は、ドライブインシアターの二本立て興業というかたちでなされた。もう一本の作品はハーバート・J・ビーバーマン監督の『奴隷たち』（一九六九）だった。タイトルが示すように、それは植民地で起こった反乱と逃亡についての物語だった。この作品と二本立てだったことが、『ナイト〜』もまた同様に奴隷の反乱の物語であることを観客に示唆していた。

ここには特有のねじれがあった。従順な奴隷が、反乱する奴隷へと変質する裏腹な存在であること、相反する二つのことを同時に体現し、指し示せる希有な存在であること。隷従しつつ逆らうもの。それがゾンビなのだから。

サラ・ジュリエット・ラウロは、ゾンビは国家、文化の境界を越えて移入される神話であると述べている。征服者たちは、資源の採掘や簒奪、そして資本への変換が当然であるかのごとくに振る舞い、それを補強する物語を流布する。けれども、強制労働を強いられる側であるゾンビの神話は独自の生命をもち、そのような支配の物語と対立するに至る。ラウロはこれを被植民者と植民者の間の弁証法的交換と呼んでいる。そもそも、ゾンビそのものが自然の秩序や、人間の死すべき運命に抵抗する存在であるのだから、そのような力を帯びているのは当然だともいえる。ゾンビが存在することそのものが、すでにして反逆なのだから。別の言い方をするならば、資本主義というイデオロギーは、啓蒙的理性に由来する二項対立によって補強されている。生／死、生命／非生命、主体／客体、人間／動物、そして自己／他者といった分類である。しかし、ゾンビはこれらすべての二項対立に抗い[★111]、これを無効化することによって、資本主義イデオロギーの存立基盤そのものを脅かす存在となるのである。

▼弱さと強さ

弱くて強い。これもまたゾンビの奇妙な性質のひとつだ。

たとえば、映画『ゾンビーノ』に登場するゾンビは首輪をつけられたおとなしいハウスメイドとして描かれている。彼らはゾムコンと呼ばれる企業が販売する商品である。この首輪は「家畜化用首輪（domestication collars）」と名づけられており、ゾンビの人肉への欲望を抑制する働きをする。結果として、ゾンビたちは従順な存在となり、一種のペットとして家庭で奉仕することになる。原題の「ファイドー（*Fido*）」というのが、しばしば飼い犬につけられる名前であることが、首輪を付けられたゾンビの存在の位相をよく示している。主人公ティミー・ロビンソン家にも、ついにハウスメイドとしてゾンビがやってくる。母親ヘレンが、いまやステータスシンボルとなったゾンビの導入を強く主張したためである。学校ではいじめられっ子であるティミーは、ゾンビを「ファイドー」と名づけ、ペットと主人のそれに相当する愛情関係を築く。実際ファイドーは、ティミーやヘレンに愛情めいた感情を示しさえする。★112

先に見たように、二〇世紀初頭のアメリカでゾンビ物語が歓迎されたのは、そこで描かれるゾンビたちが、南北戦争前、すなわち奴隷解放前のアフリカ系アメリカ人奴隷の典型的な特徴を示しているとみなされたからである。知性を欠き、子どもの心をもつゾンビは、南北戦争前の黒人についての偏見に満ちた描写を思い起こさせた。当時、黒人は痛みにも無感覚であるとさえ思われていた。つまりは、生ける死者と似たものとして捉えられていたことになる。★113 そうやって非人間化することによって、アフリカ系アメリカ人を合法的に商品化出来たのである。

けれども、この優しさ、従順さ、使い勝手の良さはすべて、見せかけのものに過ぎない。なぜならファイドーがおとなしいのは、首輪による封じ込めのせいで、この封じ込めがあって初めて商品化も可能となる。潜在的には、ファイドーにも人肉を貪る、手の付けられない凶暴な野獣の要素が秘められている。ゲーム/映画の『バイオハザード』シリーズに登場する企業、アンブレラ社は、逆にこの危険な部分を遺伝子改変で補強して超戦士という商品を作り出す。ゾンビの弱さも強さも、商品化の動機づけになりうることになる。いずれにせよ共通しているのは、彼らを道具とみなす思考であり、それは帝国主義下での植民地での奴隷労働から、資本主義下での労働搾取まで、一貫して持続しているものだといえる。

ここにゾンビが西洋の想像力を捉えて放さない鍵がある。そう、彼らは無力であり同時に力がある。奴隷でありつつ、常に奴隷反乱の可能性を秘めている。常に境界的な存在なのだ。[★114] ラウロはこれを、二項対立を昇華する第三項をもたない「ゾンビの弁証法」と呼んでいる。ゾンビは「解決」「和解」を知らぬまま常に揺れ動いている。植民地の奴隷と、反乱奴隷との間を。力を剥奪された空っぽのゾンビと、力強いゾンビの間を。それは最終的に自らの創造者を殺すフランケンシュタインの怪物の姿とも重なる。[★115]

▼奴隷の斧《マシェット》が反乱の武器に

ここで第2章で少し言及した、黒人奴隷たちが逆転、反乱を成し遂げた象徴的な出来事をより詳しく見てみよう。それが「ハイチ革命」である。この革命によって、人類史上初めて黒人奴隷たちが、白人支配者を追放した。一七九一年から一八〇四年まで盟主国フランスとの一三年にわたる戦いの後、ハイチは最初の黒人共和国として自治を獲得したのである。

フランスは、カリブ諸島の宗主国のひとつであった。そのフランス人がカリブについて書いた文献で、最初にゾンビという言葉を用いたのは作家ピエール＝コルネイユ・ブレスボワだ。彼は、一六九七年にこのZombiについて記述した。しかし、それは、身体をもたないさまざまな霊という意味で用いられていた。その後一七七二年に著された聖職者で植物学者のジャン＝バプチスタ・ラバトの本にはゾンビの名前は登場せず、まだこの概念が普及していなかったことがうかがわれる。一七

◉黒人奴隷の反乱が連鎖を産み、ハイチ革命が成し遂げられた（作者不詳、19世紀初頭）

九七年には作家M・L・E・モロー・ド・サン゠メリーがゾンビを「霊、蘇ったもの」として記述している。人間の姿をした実体としてゾンビが記述されることになるのは、ようやく一八〇九年になってからである。博物学者のM・E・デクルティルの著書『博物学者の旅』（一八〇九）に、兵役から戻った若者が自分の母の貧しい暮らしを見て「こんな年取ったゾンビは俺の母じゃない」と母を押しのけたという逸話が書き留められた。文献のなかで、肉体をもった存在としてゾンビという言葉が使われたのはこのときが初めてであった。つまり、今日わたしたちが知っている意味でのゾンビのイメージは、対外的には一八〇四年四月のハイチ独立宣言後に成立したものだということになる。★116

ハイチ革命は、一七九一年に、ボワ・カイマン（ワニの森）でのヴードゥー儀式後に起こった反乱から始まった。この儀式では、生け贄として捧げられた黒豚の血によって、プランテーションにおける反乱の誓いがなされた。奴隷戦士たちには、豚の剛毛が与えられた。彼らは、これを持っていることで銃弾を受けても死ななくなると信じていた。ヴードゥー教が戦士たちに与えたこの不死身のイメージが後のゾンビのそれへとつながっていく。★117

この奴隷反乱は連鎖を産み、近隣のプランテーションで奴隷たちが監督者や所有者を殺し、財産を焼いた。これが独立への戦いの契機となった。この戦いに登場する、不死身のイメージをまとった神話的戦士の一人にジャン・ゾンビがいる。ジャン・ゾンビは赤髪で野性的な目をした恐ろしい顔のムラート（ラテンアメリカでの白人と黒人の混血）で、白人たちを残虐に殺していった。

ジャンが殺戮に用いたのは、奴隷たちがサトウキビを収穫するのに使っていた斧《マシェット》であった。その背景には、捨てられたものを集めたり、壊れたかけらを集めることで世界を新しく作るという職人技術の伝統があった。ジャンもまた奴隷の道具であったものを拾い直し、新しいもの、すなわち武器へと転じたのである。同様の「拾い上げられたもの《オブジェ・トゥルヴェ》」性は、ジャン自身にも当てはまる。遺棄された存在であり、死すべき運命にあった奴隷が、英雄となり、不死の伝説となったのだから。「もっとも力強い無関心、無名性、喪失」の象徴であった奴隷が、「力、持続する栄光、抑圧者への勝利」を意味するものとなったのだから。そこには斧《マシェット》と武器、奴隷と英雄といったように、「予期しない複合」があり、「両義性がもたらす驚異」がある。ジャンと結びついたことで、生ける死者の物語は、反逆の潜在力をもった不死身の力強さを含むに至った。★118

　奴隷たちが掲げた革命のスローガンは、「死よ永遠なれ(Long Live Death)!」であった。それは、白人側からすれば矛盾した物言いでしかなく、戸惑いをもたらすものだった。しかし、反乱する奴隷の側からすれば、それはきわめて自然な表現だった。モノ、すなわち死者同然の生命のない道具(Death)として扱われた奴隷たちが、生きる権利を要求する(Long Live)ということを、それは意味していた。服従の現実と、能動的反抗の意志がねじれたかたちでないまぜになった複雑なスローガンだった。★119

　自分たちを死者として表象した彼らは戦いにおける死を怖れなかった。なぜなら、モノとして扱われ、すでに死んだも同然だったからである。「俺たちには母も子もない。とすれば死がいったいなんだというんだ」。彼らはそんなふうに声をあげた。奴隷には家族がなかった。それどころではない。自分すら所有できていなかったのだから、最初から失うものがなかったのだ。[★120] すでに、あらかじめ死者だから、死を怖れる必要がなかったのである。そして、死を怖れず戦うことで、死が生へと転じる奇妙なねじれが起こったのだ。

同様に、奴隷の境遇を象徴していたモノ(Death)たちもまた反抗の象徴(Live)へと逆転を起こした。なぜなら、彼らはそれまでサトウキビを刈るのに使っていた斧《マシェット》で奴隷主やプランテーションの管理者の首をはねたのだから。[★121] 死にながら生きていた彼らはまさにゾンビだった。ハイチ革命後に成立したゾンビの神話では、ゾンビは生薬由来の薬物であるゾンビ・パウダーによって作られるものだった。そんな生ける死者を作り出す技術《テクネー》もまた逆転的に使われた。つまり、人間を奴隷=ゾンビに変えるのに使われたゾンビ・パウダーの逆転形として、白人マスターを殺すために毒物が用いられたのだ。実際、革命時の白人マスターたちは、それまで当たり前に提供されていた奴隷たちが作る食事を怖れた。毒が入っている可能性が否定できなかったからである。[★122] 自分たちの生命を育むはずの「日々の糧」(Live)が反逆を起こして、自分たちに死をもたらすもの(Death)へと転じたのである。

しかし、革命の思想的背景となったヴードゥー教は、すなわちゾンビの神話を含んだ土俗宗教は、白人マスターによって禁じられていたはずではないか。然り、そして否。これもまた、当たり前の日常のなかに予想外のかたちをとって堂々と存続していた。ヴードゥー寺院の多くは教会を装っていたからである。白人マスターにはキリスト教の教会としか見えないものが、ヴードゥー教の崇拝に使われていた。教会の内部に並べられていたものもまたキリスト教の聖人に見せかけた、ヴードゥーの神々であった。したたかな奴隷たちは、イエス・キリストを、ヴードゥー教の男性司祭ウンガン（houngan）として崇拝したのである。白人マスターたちが押しつけ、信仰を強制した宗教までもが、いつの間にか裏返され、換骨奪胎されてまったく見知らぬものへと変質を遂げていた。[★123] 抹殺されたはずのヴードゥー教（Death）が、キリスト教会の内部に息づいていたわけだ（Live）。

資本主義の観点から見るならば、アフリカから奴隷という「商品」として輸入された黒人奴隷が、砂糖やインディゴという「商品」を収穫するために奮っていたその斧《マシェット》で、白人マスターの首を収穫したということになる。「商品」製造のための行為が、白人マスターそのものに向けられた。自らが強いていた行為によって、「商品」として扱われることの意味を白人マスターたちは体験させられた。「商品化」（Death）の意味を、身をもって知らされたのである。それは「商品」を基盤とした経済システムそのものが刈り取られたことを象徴しているともいえる。「商品」経済が産み出した「商品」が、「商品」経済そのものを破壊する。そんな内破の構造がここには見られるのではないだろうか。

かくして革命は成就し、一八〇四年一月一日にハイチ独立宣言が出される。この宣言には「独立か死か」といった謳い文句が掲げられた。独立と死が等価なものとして扱われたのには、奴隷は（人間としては）死んでいるのと同義であるとの意味が込められているからだ。一七八九年七月三〇日に、フランス領イスパニョーラ島で、前出のM・L・E・モロー・ド・サン＝メリーは「自由でない者は生きているとはいえない」と語った。自由のために戦って息絶えることは、「蘇って」アフリカに戻ることと考えられた。かつて自分たちを抑圧していた死の恐怖が、逆に力を付与する契機となった。だから、彼らは死を怖れなかった。死が「生」を「自由」を約束するものとなったからだ。象徴的にはハイチ革命は死を克服して、不死を獲得したのだということもできるだろう。★124

ハイチ革命における、隷属と革命、従属と力、敗北と勝利、個と集団を表す生ける死者のイメージ、さらには白人を暴力的に殺して回った不死の戦士のイメージ、そうしたものが強制労働と人格否定の歴史を再現すると同時に解体する、反転するメタファーとして、肉体をもったゾンビの姿で表象されるに至った。比較文学者エドワード・サイードは、独立した、非政治的な文化的原理と見えるものが、実際にはしばしば帝国主義的イデオロギーや植民地的実践の下劣な歴史に依拠していると述べているが、まさに、下劣な大衆文化の一要素にすぎないとみなされることの多いゾンビは、ハイチ革命などの奴隷反乱による帝国主義や植民地主義への報復行為の表象として、あるいはその遺産として産み出されたのだといえるだろう。★125

▼啓蒙主義とゾンビ

それでは、このハイチの独立戦争は、外から、とりわけ西洋的な視点からはどのように見えたのだろうか？　すでに述べてきたように、この戦いにおいてハイチの思想的バックボーンとなったのは、ヴードゥー教であった。ヴードゥー教はすでに一八世紀末のハイチにおいて、田舎の奴隷たちの中心的宗教となっていた。しかし、白人マスターの目をごまかすために公的な宗教であったローマ・カトリックの衣裳をまとっていたことはすでに見たとおりである。[★126]

革命に先立って反乱を起こした伝説的奴隷の一人に、フランソワ・マカンダルがいる。彼は、アフリカからカリブ海のフランス領サン＝ドマングに奴隷として連れて来られた。しかし、マカンダルは逃亡し、マルーンと呼ばれる逃亡奴隷たちの軍団に入り、指導者となった。彼は、超自然の力を行使できると主張しており、とりわけ薬草に深い知識をもっていた。その力を用いて、白人領主たちや、彼らが所有していた家畜を毒殺した。白人たちは、マカンダルが島のすべての白人を殺そうとしていると怖れた。やがて捕まった彼は、一七五八年に焚刑に処されたが、最初の焚刑では、縛《いまし》めを解いて逃げ出した。二度目の焚刑でついにとどめを刺された。マカンダルは、その後に始まった独立戦争の象徴的人物となったが、その際には魔術と薬草を使いこなすヴードゥー教のウンガンとしてのイメージが大きな役割を果たしていた。[★127]

革命のさなかに活躍したのは、先に見たジャン・ゾンビ以外にも、たとえばサン＝ドマングの奴隷革命について書かれたギュスターヴ・ダルーの『スールーク皇帝と彼の帝国』（一八三四）に描かれているハイヤシンスがいた。彼は奴隷革命で活躍したウンガンの一人であり、農具の武器を携え、馬の毛で作った護符を持っていた。その護符を皆の前で振ってお守りの呪いをかけ、「進め怖れるな。大砲から出てくるのは水だ」と叫んだ。[★128]

革命後の共和国で初代大統領となったアンリ・クリストフもまた、牛の尻尾のようなドローグと呼ばれる強力な護符を持っていた。これを持っていると、弾丸が当たらないと信じられた。[★129]

このように、革命戦争を支えていたのは、実のところヴードゥー教に由来する、きわめて非合理な信念であった。しかし、その結果成し遂げられた革命は、西洋世界に衝撃を与えた。

注意すべきは、このハイチでの反乱の始まりが一七九一年、すなわちフランス革命の二年後であったことである。信心深く、熱狂的で、満たされないとされていた黒い人々の群れが、より「合理的な」はずの白人たちを駆逐し、フランスは植民地のひとつを失った。かくして誕生した初の「黒人共和国」という社会‐政治的に異例の事態は、ヨーロッパや北アメリカにおいて、人種差別的な恐怖感を刺激した。彼らはこの共和国をヴードゥーによって退廃させられた地獄として表象した。[★130]

けれども、同時にそれは一部の西洋人を魅惑する出来事でもあった。なぜなら、ここには自由の理想があったからで、その意味ではこれはフランス啓蒙主義の理想の実現に他ならなかったからである。デヴィッド・イングリスは、ヘーゲルの奴隷と主人の弁証法の概念は、ハイチの社会的状況の明白な理論化であると述べている。[★131]強制的に移住させられた奴隷の植民地が国家となること。それは、後にゾンビと呼ばれる生ける死者たちの神話の歴史が、輝きを帯びた瞬間であり、カリブの民間伝承が、大陸哲学

に衝撃を与えた稀有な瞬間であったといえるだろう。[★132]

▼弁証法を挫折させるゾンビ

けれども、ことはそれほど単純ではない。革命後ハイチ＝ゾンビ黒人共和国は一八〇四年から一九一五年まで一〇〇年以上続いた。一見するとこれは黒人による自治国が成功した物語と見える。しかし、独立を勝ち取ったものの、国内は分裂状態となり、暴虐な専制君主が現れたりして秩序が乱れた。そこには理想的な「共和国」は存在しえなかった。やがて、その混乱につけ込まれ、一九一五年に、今度はかつてのフランスに変わって、アメリカによって再度占領されることになってしまう。

ゾンビのイメージはやはり服従と抵抗の間で揺れ動くのをやめない。いや、できないのだ。生きながら死んでいるという矛盾した状態にあるゾンビは、奴隷と反乱奴隷とを分けるのがいかに困難であるかを示唆している。ラウロは、ゾンビの抵抗は常に服従という仮面の下で、それとはわからない戦いとして進行しているという。それゆえ、ゾンビには常に「けれども」「しかし」「それにもかかわらず」といった逆説の接続詞がつきまとう。前述のように、ゾンビの弁証法はだから、主人／奴隷という二項対立とはならない。奴隷／反乱‐奴隷という自己言及的で、不可能な二項対立となる。つまり、奴隷状態からの反乱のうちにも、常に奴隷の状態が潜在しているという解きえない弁証法なのであり、それがゾンビを完全なる抵抗者として読もうとする試みを常に（そして、あらかじめ）挫折させる（させている）[★133]。確かにハイチ革命は世界で唯一成功した奴隷革命であった。だから、二〇世紀以降のゾンビの群れには、確かに怒れる暴徒の影が潜んでいる。奴隷であると同時に、革命と結びつけられたハイチのゾンビたちは、いまでもなお、復活し続けることによって、完全には成功しなかった革命の身振りを空しく反復し続けているのだともいえるだろう。[★134] 革命に至らない革命、けれども元の状態に留めおきはしないという意志。常に失敗、敗北とないまぜになった勝利、終わらない服従のなかの不服従。その不服従のなかにあらかじめ内包されたさらなる服従。その空しい反復はどこかゾンビのものというより、わたしたち市民と呼ばれる存在のありようと奇妙にオーバーラップしてはいないだろうか。具体例を挙げることは避けるが、学生運動から、さまざまな社会運動まで、現在の多様な異議申し立てや抵抗運動のなかにも、あらかじめ敗北が、そしてその敗北がつねにすでにまた次なる抵抗の芽を宿しているのかもしれない。そのような可能性について考えることも、ゾンビは要求しているようにも思われる。

▼反専有の魔術としてのゾンビ

この数カ月の間、彼（引用者註：＝エミール・ジョナサン）は、侵略軍に対しては、彼らをゾンビに変える特殊な粉末で対抗する。そして、神が自分たちの味方についているがゆえに、国際社会からの侵略軍を追い出す特別な力を与えられていると警告し続けてきた。[★135]

これは「マイアミ・ヘラルド」紙に載せられた短い記事である。同じ頃（一九九四年四月二一日）、「シカゴ・トリビューン」紙に宗教ジャーナリストのマイケル・ハースリーが書いた記事にも次のようなくだりがある。

ハイチ軍によって暫定的大統領として擁立されたエミール・ジョナサンは、アメリカの侵略に対抗するメンバーにヴードゥーの精霊を加えた。民兵組織の指導者エマヌエル・コンスタンは、彼のハイチ進歩と前進戦線（FRAPH：Front for the Advancement and Progress of Haiti）は銃、毒矢、そしてヴードゥーの力を含む武器で侵略者と戦うと誓った。★136

ここで言及されているエミール・ジョナサンは一九九一年に軍事クーデターでハイチの権力を掌握した人物である。これに対し、アメリカ合衆国大統領に就任したばかりだったビル・クリントンは、民主主義を取り戻すという名目の下、ハイチに軍隊を派遣した。このとき、エミールはクリントンに対し、アメリカ軍がハイチに上陸したら、目には見えない三名のゾンビを含むヴードゥーの攻撃を受けるだろう、そして空軍の攻撃はヴードゥーの力によって防がれるだろう、さらにクリントン自身にもヴードゥーの呪いが降りかかるだろうと語った。★137

カリブや中南米の宗教を中心とした研究をしているフランク・デグールは論文「わたしたちは、あなたたちの恐怖を映し出す鏡である」のなかで、ハイチ出身のミュージシャンであるコウジェイのミュージックビデオ「ナップ・タン・ヨ」を取り上げている。そこには、武器を持ったドミニカ人、ゾンビ化をもたらすパウダーを持ったハイチ人がおり、別のひとりがそのパウダーでゾンビとなる。コウジェイは「お前たちを待っている」と歌うが、それはアメリカ軍がハイチに進駐したのではなく、自分たちがお前たちを招きいれたのだ。もし、自分たちが招きいれなければ、お前たちは来られなかった。なぜなら自分たちにはヴードゥーの力があるからだ、との意味だという。政治的圧力を受けているハイチ、ドミニカ、ジャマイカが一体となってアメリカによるハイチ人虐殺を批判する内容の歌なのである。★138

お気付きのように、一八世紀末から一九世紀初頭にかけてのハイチ独立革命の記憶が、ここでは意図的に反復されている。すでに見た通り、この革命はヴードゥーの魔力によって賦活され、ヴードゥーがもたらす超自然の力への信念によって勝利を奪い取った戦いだったからである。また、アメリカ占領下にあった時代には、最初にハイチに来たアメリカの将校たちは、ゾンビ化されてサトウキビを生産するプランテーションで働いていたという物語がハイチ人の間で繰り返し語られたという。ここにも、民衆のなかに、ゾンビというものが、革命の記憶と結びついた反専有の魔術として受け継がれていたことが読み取れる。同様に、ハイチにあったディジセル（DIGICEL）という格安携帯電話会社が、政治的な不安定さを理由に中国移転をした一九九四年、アメリカではこの年だけ野球メジャーリーグのワールドシリーズが開催されなかった。実はディジセルがかつては野球の公式球を作る会社であったことから、これもまたハイチを見捨てた企業に対するヴードゥーの呪いのせいであるという噂が流布した。[139]

これらの意味を少し考えてみよう。ハイチ人にとっては、現実に変容をもたらす力であったヴードゥーだが、時代を経るにつれて、そのイメージは戯画化されていく。一八八四年にイギリス人のスペンサー・セント・ジョンが、『ハイチ、あるいは黒人共和国』という旅行記を刊行したのを皮切りに、一九一五年から三四年までのアメリカ合衆国による占領期には、「ブラック・バグダッド」「人食いのいとこたち」などのダイムノヴェルのプロットとしてヴードゥーが用いられた。また一九二九年に刊行されたウィリアム・シーブルックの『魔法の島』が、祝祭的な儀式の描写を通して、ヴードゥー教のイメージを大衆化した。ヴードゥーは、非合理で、遅れたハイチ文化の象徴として利用され、アメリカによる占領を倫理的、政治的に肯定するのにも貢献した。こうしたことから、デヴィッド・イングリスは、ヴードゥーは、世界でもっとも戯画化された宗教であると述べている。[140]

だが、アメリカ大衆文化の素材として取り込まれたヴードゥー教、そしてその典型的なイメージとしてのゾンビは、それだけでは終わらなかった。すでに見たように、ゾンビは常に、服従しながら抵抗し、抵抗しながら服従する存在だからである。たとえば、最初に映画化された『ホワイト・ゾンビ』（一九三二）では、確かに支配の正当化の材料としてヴードゥーが使われている。ハイチの白人プランテーション所有者であるボーモントは、客人の妻マドレーンに横恋慕する。マドレーンをわが物としたいと考えたボーモントは、ヴードゥーの呪術師ルジャンドルに、マドレーンに呪いをかけて、自分の意のままになるゾンビに変えるよう依頼する。しかし、ルジャンドルは裏切って、マドレーンのみならず、ボーモントまでゾンビに変えてしまう。すでにルジャンドルは、ハイチの聖職者、内務大臣、警察署長などの権力者も支配下に置いている。けれども、映画のラストでルジャンドルもボーモントも死を迎える。ここでは、ヴードゥーによる反逆が、許されざる罪として裁かれる。支配者である西洋世界に抵抗した者は、死をもって罰せられるということが示されている。★141

けれども、すでに見たようにジョージ・A・ロメロの『ナイト・オブ・ザ・リビング・デッド』(一九六八)に始まる、新しいゾンビたちは、『ドーン・オブ・ザ・デッド』(一九七八)、『デイ・オブ・ザ・デッド』(一九八五、邦題『死霊のえじき』)と時代を進むごとに西洋世界をより幅広く侵略していくことになる。また、一九七四年のポール・マスランスキー監督による『シュガーヒル』では、クラブ・ハイチというナイトクラブを横取りしようとする白人に恋人を殺された黒人主人公シュガーヒルが、ゾンビの力で復讐を果たす。★142 つまり、ヴードゥーと、それにまつわるゾンビの神話は、戯画化されることで巧みにアメリカ社会に入り込み、アメリカの大衆文化の内側から、当初それに与えられていた「服従の必然」のイデオロギーをいつの間にか、「反乱の必然」へと書き換えてしまったわけである。ハイチの人々は、「否定された知識」であるヴードゥーを、植民者や抑圧者に影響を与える力の源へと変換した。蔑称として自分たちに刻印された、未開の宗教ヴードゥーと、その非合理な産物であるゾンビとを、自らの集合的アイデンティティの拠り所へと変換し、抵抗運動の拠り所としたのである。ゾンビは、ハイチの文化的遺産となった。それを裏づけるように、二〇世紀後半の文学や民話では、ゾンビは力を得ることの象徴として描き直される。

否定されること、貶められること(=服従、隷従)を通して、ヴードゥーは卑俗な大衆文化としてアメリカ社会に入り込み、やがてその文化の内側から、アメリカ文化そのものを食い破るに至った。かくして、取り込まれることによって取り込む、食われることによって食うという反専有の魔術としてのヴードゥー、そしてゾンビは、革命期に次ぐ第二世代の神話となった。★143 そもそも長い口承の歴史を通してさまざまに変容しながら受け継がれてきたヴードゥーやゾンビの神話は、文書ではっきりと跡づけられない。その曖昧さ、あるいは変容可能性ゆえに、過去、あるいは現在を書き換える技術となりえたのだともいえるだろう。★144

2……資本主義が／とゾンビ

▼奴隷制のシステムが象徴するもの

ある朝、黒人たちの部族のひとつであるコロンビアの族長ティ・ジョセフが後ろによろよろ歩くボロを来た人々を連れてやって来た。彼らの目はうつろで、意識もなく歩いているように見えた。登録するために並ばせたときも、牛のようにうつろな目をしており、名前を問われても答えなかった。

ジョセフは、この者たちはドミニカとの国境に近い、道すらない地域モーン・オ・ディアブルの傾斜地からやってきた無知蒙昧な人々であり、平地のクレオール語を解さないのだと語った。さらに、大きな工場の騒音や煙に驚いているのだと説明した。彼らはジョセフの指示に従って畑でよく働いた。工場の騒音や鉄道の立てる音から遠ければ遠いほど、彼らにとってはよいということだった。

まったくそのとおりだった。というのも、彼らは生きた人間ではなく、ジョセフとその妻のクロイアンスが、墓地での平和な眠りから、太陽の下で奴隷労働をさせるために引きずり出した哀れなゾンビたちだったからだ。

（ウィリアム・シーブルック『魔法の島』★145）

すでに見たように、ハイチのゾンビがアメリカの想像力に入り込むきっかけとなったのは、ウィリアム・シーブルックの『魔法の島』（一九二九）を通してだった。そこで気になるのは、前述の場面でシーブルックが描写しているのが、「サトウキビ畑で働く死者たち」であったことである。これは一九一二年に創業したアメリカのサトウキビ会社ハスコ（HASCO）のプランテーションでの出来事とされている。シーブルックは、ハスコをナビスコやデルコやスコーニーと並ぶアメリカの商社であると紹介しており、砂糖を扱うグローバルな企業であったことがうかがわれる。

とすれば、ゾンビに関するアメリカの関心は当初から、グローバル資本主義とつながっていたことになる。

シーブルックはさらに、続くくだりでハスコがゾンビの製造そのものに関わっていた可能性すら示唆している。

つまり、アメリカに紹介された当初から、ゾンビは近代資本主義、グローバルな商取引、産業技術などと密接に関連していたといえる。ここから見えてくるのは、植民地の奴隷と、企業の労働者とが、同

●ウィリアム・シーブルック『魔法の島』の挿絵のイメージもアメリカ人の想像力に入り込んだ（William Seabrook, *The Magic Island*, 1929）

じ構図のなかにあるという事実である。実際、非人間化された奴隷と、機械的身振りの反復に還元された工場労働者とは当初からつながっていた。上述の引用にも工場や鉄道の騒音の記述があることからわかるように、サトウキビは収穫後すぐに精製する必要があったため、サトウキビ・プランテーションと精製工場とは切り離せないものだった。[★146]

映画産業が取り込もうとするゾンビ神話がそもそも植民地主義「について」のものだったわけだから、二〇世紀、二一世紀のゾンビ映画が資本主義「について」のものになるのは必然の帰結であろう。非人間化、飢え、拷問を通した支配であった植民地主義が、近代的な資本主義の出発点だったということ。逆にいえば、形を変えていまでも環太平洋奴隷貿易は残存しているのである。[★147]

たとえば、ジョージ・A・ロメロが産み出した「生ける死者」のイメージもまた、人間をモノに変えてしまう環太平洋奴隷貿易の魔術を再現してみせたものだといえるだろう。そこではやはり、植民地の奴隷制と、帝国主義の遺産としての資本主義の同質性が、暗示されている。[★148]

映画『ゾンビーノ』で、ゾムコン社に捕らわれて工場に送られたゾンビのファイドーは食人欲求を抑制する首輪をつけられ、従順な労働者として働かされる。皮肉なことに、ファイドーがその工場で製造に携わるのは、自分たちを家畜化、ペット化する当の首輪そのものなのである。自らを抑圧するものを自ら作り出すゾンビ。それは支配階級を楽しませるために死を賭した同士討ちを強いられた奴隷たちの姿であり、奴隷を管理する担当者を奴隷のなかから選ぶことで、あらかじめ怒りの矛先を堂々巡りの回路に封印した奴隷制のシステムとも重なる。搾取される者らは、徹底的に搾取されるのであり、自分たちを搾取するシステムを自ら補強することを要求されるのである。★149

▼食人資本主義

H・G・ウェルズの処女作『タイムマシン』（一八九五）の主人公である時間旅行者は、自らが作り出したタイムマシンによって未来社会に到達する。彼は、そこで出会った身体的に虚弱で頭の弱い種族イーロイが、地下に住み非人間的な姿に変形した種族モーロックの餌として養殖されている事実を知って驚愕する。なぜなら、彼の推測によれば、イーロイとは中産階級の慣れの果て（退化形）であり、モーロックは労働者階級が変形したもの（退化、あるいは進化形）だからである。ここには、イギリス

●［上］『ナイト・オブ・ザ・リビング・デッド』の「生ける死者」のイメージ
（George A. Romero, *Night of the Living Dead*, 1968）
●［右］『ゾンビーノ』のファイドーが工場で製造するのは、自らの行動を抑圧する首輪だった
（Andrew Currie, *Fido*, 2006）

という階級社会に特有の不安が明確なかたちで描き出されていた。

ひとつには、自分たち中産階級が、労働者階級の労働を搾取して生きている、つまり象徴的な意味において、労働者を「食い物にして」安寧な生活を送っているという罪悪感。そして、もうひとつは、いずれこの罪のツケを払わねばならない日が来るという怖れである。すなわち、マルクスが予言したような「革命」がいつか起こるのではないか。いまは虐げられている労働者たちが蜂起し、この支配関係が逆転してしまうのではないかという怖れである。このことを、ウェルズは当時支配的な影響力をもっていた進化論に照らし合わせて考えた（ダーウィンの『種の起源』は一八五九年、マルクスの『資本論』は一八六七年に刊行されている。これらの書物は、学生時代のウェルズに大きな影響を与えていた）。安寧な生活ゆえに適者生存の機会を失い「進化」を忘れた中産階級はどんどん退化するのではないか。他方で、厳しい環境に常に置かれている労働者階級は、適者生存の原理に従って独特な進化を続けていくのではないか。そんな不安である。そして、数十万年後の未来において、ついに関係は逆転し、中産階級は労働者階級によって家畜化され、文字通り「食い物にされる」対象となるというわけである。

ここには逆説的に、資本主義が「人を食う」システムであることが明示されている。

エリザベス・マカリスターは、ゾンビの物語は資本主義と食人主義との重なり合いを強調するという。ゾンビの物語は、奴隷時代の植民者と、現代のハイチにおける資本主義者による人間の心身の消費という食人性を想起させ、再現するイメージなのだ。なぜなら、資本主義的生産の基本的な仕組みは、他者のエネルギーを消費することだからだ。他者のエネルギーを別のモノ、すなわち商品に変形し価値を与えるのが資本主義の魔術なのである[★150]。

だから、ハイチの霊能者が行う、人間をゾンビに変える魔術的な儀式は、資本主義が他者を商品化して消費の対象としていることを象徴的に再現したものといえる。植民地時代から現代まで連綿と続いている、アメリカス（＝南北アメリカ）における暴力的で非人間的な資本主義の実践そのものを、ゾンビマスターによるゾンビ製造儀式は表現している[★151]。

マルクスは、資本を吸血鬼に喩えた。「資本は、ただ生きた労働の吸収によってのみ、吸血鬼のように活気づき、またそれを多く吸収すればするほど、ますます活気づく、死んだ労働である[★152]」。資本は、生きた労働を食らうことでのみ生き続けられる。それ以前にもマルクスは『ルイ・ボナパルトのブリュメール十八日』において、「ブルジョワ秩序は、今世紀のはじめ新しく生まれた分割地に國家を番兵としておき［勝利の］月桂冠をもってこれのこやしとしたが、いまやそれは、これの心臓の血と脳髄をすすり、これを資本の錬金術の爐になげこむ吸血鬼となった[★153]」と書いている。同じことをカリブの島々は、ゾンビを用いて表現したのだといえるだろう。マルクスが使った物神《フェティッシュ》、モノ化、疎外された労働などをより具体的に体現していたのがゾンビなのである[★154]。

第2章でドゥルーズ＝ガタリが「現代の唯一の神話はゾンビの神話である」と述べた[★155]ことに触れたが、これは一九七二年の『アンチ・オイディプス』（邦訳河出書房新社刊）での言葉である。これについてスティーヴン・シャヴィロは、死のなかの生であるゾンビが、資本主義の内的論理のアレゴリーとなっているからだと説明している。死んだ労働による生きた労働の搾取、工場や社会空間の組織化による徹底した管理がもたらす逃げ場の喪失、CMなどを通して常に本来の自分のものではない欲望へと駆り立てられているという感覚。そうした状況下で資本主義社会に生きる人間は、ほんとうの生を生きていない。シミュレーションのような生を生きさせられているという意味である。★156

この点をもう少し細かく見ていく。

死んだ労働とは、わかりやすくいえば設備や資材への投資のことである。工場には機械があり、材料がある。経営者はこれらの機械や材料をそろえるわけだが、ではその資本はどこからくるのか。それは、その前にあった機械や材料を使って、労働者が働いて産み出した製品を販売したことで得られたものだ。つまり、労働者の働きで産み出された商品から、経営者は資本を得てさらなる機械や材料を用意できる。だから、工場にある機械や材料を産み出したのは、労働者たちの労働力、すなわち「生きた労働」そのものだが、機械や材料は、そのままでは商品を生み出すことはできない。だから、「生きた労働」の成果でありつつ、それ自体としては何も産み出さないものが「死んだ労働」になる。そして、経営者は常に新しい機械を導入したり、整備したり、材料を購入するために、「生きた労働」を必要とする。つまり、工場においては、「死んだ労働」を維持し続けるために「生きた労働」が利用される。労働者は自分のためにではなく、会社のため、さらにいえばさらなる機材の補充や整備、材料の購入のために働き続けることを要求される。本来「生きた労働」が、「死んだ労働」を産み出したはずが、逆に「死んだ労働」が「生きた労働」を必要とし、そこからエネルギーを吸い取るようになる。これが、「死んだ労働」による「生きた労働」の搾取である。

工場の都合に合わせて出社時間が定められ、それに合わせて労働者は生活時間を規制される。朝早く起床し、通勤電車に乗り、定められた工場の規則のなかで行動し、機械の要求する労働をこなし、与えられた短い時間で休息を取り、定められた退社時間が来るまで、「自分のため」ではなく「会社の資本の増大のため」に労働を強いられる。生きている時間のうちのかなりの部分を、「会社の都合」で、「会社に合わせて」奪い取られる。これもまた「生きた労働」が、システムという「死んだ労働」に従属させられている状態を表している。

それは、たとえば自分で自分の家を建てる行為とは大きく異なる。自分で「①設計図を考え」、自分で「②材料を購入、あるいは取得し」、自分で建築作業という「③労働を行う」。その際の労働はすべて自分のためのものである。①から③まですべてが、自分の主体的意志で選択され、実践される「生きた労働」となる。ところが、会社に勤めると、①、②は、自分が提供した「生きた労働」を利用して会社によってまかなわれるものとなり、③もさらに次の①②を再補充するために会社によって使われることになる。どこにも「自分のため」という部分がなくなってしまう。これが労働からの疎外である。

『モダン・タイムス』で、チャップリンは工場のベルトコンベアの流れ作業を行う作業員を演じている。

用途不明の四角い板がベルトコンベアの上を次々と流れてくる。その板の上にある二つのネジをボルトで締めるのが彼の仕事である。つまり、彼には自分がなんのためにその仕事を行っているのかもわからない。そして、ブザーが鳴るまでは生理的な欲求のためにトイレに行くことすら出来ず、機械に張り付いていなければならない。さらに、工場長の命令でベルトコンベアの流れが速くなると、それに合わせて作業速度を上げねばならない。やがて、本来は仕事の手段であったボルトを締める仕草そのものが、彼に取り憑いてしまう。機械が要求する身振りが、体に染みついてしまい、なんでも目につくもののネジを締めずにはいられなくなる。ここにおいて、彼は人間ではなく、機械に従属する部品となってしまう。機械が要求する身振りを反復する、機械の従属物に成り下がってしまうのである。「死んだ労働」である機械が、彼の「生きた労働」を完全に支配してしまったわけだ。目につく物すべてのネジ（と見えるもの）を締めずにいられなくなった彼は、異常を来したとみなされ、精神病院に送られることになる。

ここで起こっていることは、組織や生産計画による人間性の疎外である。いつまでにどれだけの製品を作らねばならない、そのためには今日これだけの製品を作る必要がある、といった生産過程の計画が労働者を制御する。なんのためにそれが作られるのか分からないまま、さらには自分たちが作ったものがどんなものであるかも知らないままであることも多い。自分たちが収穫したバナナを食べられないフィリピンのプランテーションの労働者や、自分たちが育てたエビを食べられないインドネシアのエビ養殖者たちを思い浮かべてみよう。自分は使うことのないiPhoneの部品を作る中国の工場労働者、自分は着ることのないブランド物やジーンズやファストファッションを縫うインドの織工のことでもよい。多くの労働者は自分たちが作った製品から遠ざけられているのである。ウィンザー大学の社会学者ロンジョン・ポール・ダッタとラテンアメリカ政治を研究しているカールトン大学のローラ・マクドナルドは、このように可変資本である「生きた労働」が、不変資本である装置によって消費される現象について、「魂が取り出され、『死んだ肉』のみが残される」と描写している。わたしたちもよく口にするではないか、「今日は、仕事で死ぬほど疲れた」とか「このままじゃ、仕事に殺される」とか。ダッタとマクドナルドは、同じことをさらに、社会学者エミール・デュルケームに依拠して次のようにいい直す。「消費資本主義」においては、「生命を得る」のを可能にする集合的表象は、交換価値の論理に従属させられる、と。つまり、わたしたちの魂が商品化され、生命が購買可能なものとなるのだというのである。★157

生産業からサービス産業や情報産業に労働の主流が移っても、この構図は変わらない。たとえば、「感情労働」という近年提唱された概念について考えてみよう。かつてマクドナルドは「スマイル0円」というキャッチフレーズを掲げたことがあったが、ファストフードやコンビニの従業員は、完全にマニュアル化された言動だけでなく、客への微笑みかけを要求されたりもする。どんなにつらいときでも悲しいときでも、微笑み、親しみやすさ、親切さ、やさしさといった感情の表現が求められる。笑顔を浮かべ、愛想よく振る舞い、チームプレイを重んじ、「企業のために」自分の感情表現力を行使して労働を行っていかねばならない。考えてみれば、これらはかつては仕事の後の社会生活のスキルではなかったか?

家族や友人や近隣の人たちとの共同性や社会性を重んじ、表情や声、態度で感情を交わしあうのは、労働の外の時間においてだったはずである。よりよく「生きる」ためのスキルであったものまでもが、いまや商品に付加価値を与えるための「労働的」要素として取り込まれている。[★158] いい換えるならば、「生きた労働」だけではなく、「生きること」そのものが「死んだ労働」、あるいは資本に取り込まれているのである。感情労働による精神的消耗の結果、突然、虚無感のどん底に沈んでしまう燃え尽き症候群、いわゆるバーンアウトが示しているのは、資本主義が「肉」だけでなく「魂」まで食らい尽くすということではないだろうか。

資本主義社会で生きることは、実は生きながら殺されていることと同意なのだとしたら、ここにゾンビのイメージが重なってくるのは必然だといえるだろう。

▼消費に消費される

ゾンビの表情について考えてみよう。ゾンビには感情がないとされている。けれども、ゾンビの表情は絶えず変化しているのではなかっただろうか。その顔は絶えざる腐敗によって崩れていく。マーク・デリーは、この腐り爛れて崩れていくゾンビの顔を、狂った消費主義に対する複雑な感情を表現するものと捉えてみせた。[★159] 複雑な感情とは、何か。そこには解きえない快楽、欲望、服従、無力、そして虚無がない交ぜになっているように思われる。

バーバラ・クルーガーは、モノクロ写真に、赤字に白色のフォントのフレーズをあしらったワード・アート、すなわち言葉を用いたアートの作家として知られている。彼女の代表作のひとつは、「我買う、ゆえに我あり（I shop, therefore I am）」と書かれたショッピングバッグである。クルーガーは、有名なデカルトの箴言《しんげん》を、資本主義社会にふさわしいキャッチコピーに変えて見せた。ここには消費社会の本質が捉えられているといえるだろう。どんな家に住んで、どんな車に乗って（あるいはどんな手段で移動して）、どんな服を着て、どんな本を読んで、どんな音楽を聴いて、どんな物を食べているか。それがいまやわたしたちが誰であるか、どんな人間であるかの定義になっている。わたしたちの似姿は、ほぼそれら「購入したモノ」の集積によって作られているといっても過言ではない。「ぼくはファッションに興味がある」「わ

◉ショッピングバッグの絵柄に使われたバーバラ·クルーガーの作品
（Barbara Kruger, *I shop therefore I am*, 1987）

たしはグルメが趣味」「髪型を変えたの」「あの子にプレゼントをしようと思う」――今やそうした自己表現のすべてにモノやサービスの購入が関与する。金銭と交換に何かを手に入れることが、生きることや、自分であることを表現したり確認したりする重要な手段となっているのだ。その点をまず再確認しておこう。

そのうえでよく引き合いに出される、ロメロの『ドーン・オブ・ザ・デッド』について考えてみよう。この映画のなかで三人の登場人物は、死んで意識を失っているにもかかわらずショッピングモールに集まってくるゾンビたちをめぐって次のような会話を交わす。

フランシーン：あいつらはまだここ（＝ショッピングモール）にいるわ。
スティーヴン：ぼくたちについてきてるんだ。ぼくたちがまだここにいるって知ってるんだよ。
ピーター：彼らは場所についてきてるんだよ。なぜかはわかってないけど、ただ覚えてるんだ。ここに来たいってことを覚えてるんだよ（Remember that they want to be in here.）。
フランシーン：どういう意味？
ピーター：あいつらはぼくらなんだ。それだけのことだよ（They're us, that's all.）。

この会話から読み取れるのは、モールに行くことが、食べることと同じくらい生まれつきの習性になってしまっているという事実だ。「消費すること」と「生きること」とが密接につながっている[★160]。ゾンビたちは、意識をもたないのに、ショーウインドウの間をさまよい、エスカレーターに乗り、ショッピングカートを押したりしていたのだから。だが、その姿は、どこかわたしたちの日常生活と重なる。わたしたちも、実は意味もなくショッピングモールをさまよっているのだ。テレビで山芋が便秘に効くと紹介されれば翌日山芋が売り切れ、米油が美容によいといわれれば米油が品切れになる。マスクが必要となれば、すでに十分あってもさらに買い求め、トイレットペーパーが品薄になるとデマが流れれば買い漁る。そんなわたしたちのどこが理性的人間なのか、どれだけ意識をもって行動しているといえるのか、そのことを少し考えてみれば、「あいつらはぼくらなんだ」とい

◉ショッピングモールに集まってくる『ドーン・オブ・ザ・デッド』のゾンビたち
(George A. Romero, *Dawn of the Dead*, 1978)

うピーターの言葉が、決して的外れではないのが理解できるだろう。タイソン・E・ルイスは、生ける死者であるゾンビと、死んだように生きている消費者との境界線は曖昧であり、ゾンビと消費者は同じコインの表裏をなしているという。コインの名前は「生ける死者」である。生ける死者と買い物中毒者の境目はかくも曖昧なのである。[★161]実際、映画のなかではモールのマネキンとゾンビとが併置される場面がある。消費を促進するためのマネキンと、促進された消費の権化であるゾンビとは、どちらも皮肉なかたちで、人間の置かれている状況の似姿《シミュラクラ》として存在しているといえるだろう。

ゾンビが消費欲求を象徴するのは、ショッピングモールに集まることによってのみではない。人肉を食べることも消費欲求の表現だ。とはいえ、それは「必要」に駆られての行為ではない。彼らの消化器官は死んでおり、すでに死者であるゾンビには当然ながら生命維持の必要もなければ、成長もありえないからだ。つまり、ゾンビによる人肉食は、反生産的で、強迫的な反復行為なのであり、これもまた消費の身振りでしかない。マネキンのように中身は空っぽなのだ。これはアメリカ中産階級の意味のない消費欲求の暗喩であると、スティーヴン・シャヴィロは述べている。[★162]

けれども、このことの意味はさらに敷衍できるように思われる。スターリング大学のジェンダー研究者であるダレン・エリオット゠スミスは、奴隷であったゾンビたちに、この強迫性を与えることで、ロメロはゾンビの意味を逆転したのだという。先に見たように、資本主義は食人的である。人間の生きた労働を食らい、搾取することで維持、成長する。身も心も食われ続けた人間たちは、潜在的に主体性を回復したいという願望を抱く。だから、もはや資本主義の手が届かない死者となった後に、ゾンビたちは食らいつくすという資本主義の衝動を自ら体現することで主体性を回復しようとしているのだ。[★163]

そして、この資本主義への復讐は生者にも感染する。噛まれた人もまたゾンビとなるからである。つまり、消費することで、さらなる消費者が作り出される。ゾンビは空虚な消費を行いながら、同時にその空虚な消費を再生産していることになる。

ではなぜ、一度死ななければ、資本主義への報復は不可能なのだろうか。ジャン・ボードリヤールは、わたしたちは実用的な使用価値のためにモノを買うのではないという。他の「商品記号」との比較の結果生じる交換価値ゆえにモノを買うのだと。たとえば、同じ質、あるいは性能をもった二つの商品があったとしよう。使用価値の側面から見れば、この二つの商品には差異がない。しかし、わたしたちはそのうちどちらかを選択して購入する。その際の判断基準は「商品記号」によってもたらされる交換価値である。つまり、一方が無名の企業によるさえない名前とキャッチコピーとパッケージデザインの製品で、他方が大企業によるイカしたキャッチコピーとパッケージデザインの商品であったとしたら、わたしたちがどちらを買うかは自明だといえるだろう。この場合、わたしたちは商品そのものではなく、「商品記号」を消費している。ボードリヤールは、「商品記号」を消費するとき、わたしたちの社会生活が産み出したモノは資本に囚われているという。わたしたちは使用価値に触れることが出来なくなっており、企業が送り出すCMや広告やコピーやパッケージデザインといった記号のみを消費する存在となっている。つまり、資本主義が産み出したバーチャルな空間の住民なのであり、本来の生を生きているとはいえないというのだ。[★164]

これに対しゾンビはどうだろう。ゾンビはもはや広告の示唆には影響されない。彼らの目的は驚くほど単一で、生者の肉の消費のみであり、しかもそれは制御不能である。このことについて、ウォータールー大学のジェンダー研究者であるサーシャ・コウカーラは、絶えざる成長、消費、拡張に対する病的必要に駆られた資本主義経済において、ゾンビは合理性と節約の理想を捨て、疑問を抱くことなく消費する大量消費の隠喩であると述べている。[★165] 同じことを、スティーヴン・シャヴィロは、次のようにより適切に表現している。それは隠喩などではなく、実際に資本主義の要請に忠実な行為なのだと。シャヴィロは、ゾンビたちは「現代の広告が、自己の目的のために取り入れ、偏向し、搾取しようとしている力そのものによって、直接的かつ無条件的につねに操られている」と述べる。資本主義社会が要請し、誘導し、引き出そうとしている果てしのない消費欲求、あるいは絶えず増大する蓄積欲求こそが、ゾンビの人肉への飽くなき欲望の原動力となっているというのである。それゆえ、ゾンビはその人肉への抑制の効かない欲望によって、「資本主義の論理の果て、あるいはゼロ度」を過剰に表現していることになる。[★166] 空虚な記号を空虚に消費する(させる)資本主義の身振りそのものを体現しているのが、ゾンビなのだ。

▼スパーロックのホーリー・チキン

モーガン・スパーロック監督の『スーパーサイズ・ミー』(二〇〇四)は、自らが一カ月にわたって一日三食、ファストフードを食べ続ける生活を追ったドキュメンタリー映画で、大きな話題を呼んだ。第二作目の『スーパーサイズ・ミー2 ホーリー・チキン』(二〇一九)は、第一作以上に刺激的な作品となっている。スパーロックは、かつて自分が攻撃したファストフード店を自ら開店しようと計画する。その計画そのものがすでに皮肉であり、自己言及的なわけだが、内容はさらに諧謔《かいぎゃく》に満ちている。第一作を見た人々は、スパーロックが作る店なら「ナチュラルな」ファストフードを提供してくれるはずだと期待するだろう。そこで、スパーロックはその期待を「利用する」。チキンサンドの店を作ることを決めるが、放し飼いの在来種の鶏、いわゆる地鶏を手に入れるのではなく、いまや一般的になっている品種改良を繰り返され、成長率が数倍に引き上げられたブロイラーをそのまま採用する。かつてのブロイラーの数倍の速度で肥満化するこのブロイラーは、まだ雛の時期に肥満化、肥大化し、特に大きな胸肉をもつに至る。その肢は、急激に増加した体重を支えきれず、股関節に障害を生じたり、文字通り折れたりする。ほとんど歩くことも出来ず、すぐに座り込んでしまう。さらに、体重の急激な増加に心臓が絶えきれず、心筋梗塞を起こして急死する個体が増える。生産者は「死んだ鶏が出るということは、順調に育っているという証拠だ」とうそぶく。ブロイラーは窓もない暗い倉庫に閉じ込められているが、「放し飼い」の認証を得るには、屋外に出られるスペースを申し訳程度に設けさえすれば良い。そんないい加減な規定を利用して、スパーロックは鶏舎の外に小さなスペースを設ける。暗い場所になじんだブロイラーは、その屋外を怖れて近づかないが、それでも「放し飼い」の認証は得られる。また、焼き目のあるグリルドチキンがアメリカ人には好まれるので、スパーロックは着色料で人工的な焼き目を描く。

かくして彼のファストフード店は無事、「放し飼い」「成長ホルモン剤なし」「人道的な飼育」「１００％自然由来」のクリスピーチキンサンドを売りにして開店する。けれども、その店内には、そんな謳い文句とは裏腹な事実が細かに書き綴られている。来店した客は、「騙されている」自分たちについて学ばされながら、そのサンドを食する。ここには、これまで見てきた資本主義の姿、いわゆる使用価値ではなく、交換価値、すなわちイメージを購入させるシステムの現実が浮き彫りにされている。「ホーリー・チキン（聖なる鶏肉）」という店名そのものが、販売されている鶏肉のイメージが「作られた」ものであることを皮肉っているといえる。

それだけでも興味深い作品なのだが、ここではスパーロックの映画で淡々と描写される、ホーリー・チキン店内の壁に掲げられた事実のひとつに着目してみよう。

それは、負債の問題である。アメリカのブロイラー産業界はタイソンとピルグリムズ・プライドを筆頭としたビッグ・チキンと呼ばれる四つの巨大企業によって支配されている。これらの企業は、「トーナメント・システム」によって傘下の契約生産者のランクづけを行う。高いランクの評価を受けた生産者のブロイラーは高値で買ってもらえる。しかし、このランクづけは実は公正なものではなく、いかようにも恣意的に変更できる。しかも、それぞれの生産者の元に送り届けるそもそもの雛鳥のランクを細工することで、好きなように結果の操作が可能な仕組みになっている。一見公正を装ったこのランクづけシステムを利用して、ビッグ・チキンは、生産者にいろいろな器具や資材を購入させる。断ればランクが下げられる。結果、すべての生産者が、ビッグ・チキンに対してなんらかの負債を抱える状況ができあがる。負債を負わせるのは、生産者を支配し、従わせるためである。

負債を抱えた者は「道具」となる。主体的な行動の自由を奪われ、債権者への奉仕を求められるからだ。働いても働いても、借金を返済するだけで精一杯になる。つまり借金を負うのと同時に、負債者は未来を失う。あるいは未来＝生きる時間を売り渡してしまったことになる。とすれば、それ以後は死んだように生きるしかない。その意味で、度を越した負債は人をゾンビに変えるといってもいいだろう。

ことはこのような事例だけの問題ではない。クレジットカードの登場によって、一般人もみな負債者に変えられてしまうのが現代社会だからだ。何かを購入する（＝消費活動を行う）ことによって薔薇色の未来が待っていると、あらゆる広告が、CMが誘いかける。それは、笑顔に溢れた記号的な未来、不在の未来だ。この幻を買い求めようとして、人々は消費する。けれども、手元の資金が尽きたらこの活動は止まってしまう。そこで現れるのが、付け払いのシステム、クレジットカードのシステムである。「だいじょうぶ、お金は貸すよ。後でちょっと利子を付けて返してくれればいいから」とそのシステムはささやきかけ、「ほら、見てごらん。ここでお金をちょっと借りれば、あの未来が手に入るんだよ」とそそのかす。かくして、「時期を逃さず買っておこう」と思うに至った人たちは、幻の未来を購入し、自分の未来を売り渡す。規制緩和され、グローバル化された資本主義市場がもたらしたのは自由な消費活動だとされるが、それは実際には「負債の民主化」[★167]だった。つまり、誰も彼もが負債を負い、あらかじめ未来を失ったゾンビとなってしまったわけである。

▼聖なる時間と時計的時間

デュルケームによると、原始的な時間は平板なものではなかった。時間は循環的であり、そのなかに祭りや儀式のような例外的消費のための聖なる時間が取り置かれた、つまり、ハレとケというめりはりのあるものだった。[★168]また、歴史家ジャック・ル・ゴフによると、中世では商人の時間と教会の時間があり、特に後者は「神にのみ属し、利益の対象とならない時間」だったとする。だから、利子を付けて金を貸すという行為は未来への侵犯であり、神への冒瀆だった。[★169]

これに対して、前者は商人たちが経済活動のために産み出した時間を平板化する時計的時間であった。資本を蓄積し、投資を行って資金を増大させていく資本主義的生産様式には、この時計的な時間が不可欠だった。その結果、大多数の人は、生きるため、そして社会的存在で在り続けるために現金収入が必要となり、他の人のために働くことを余儀なくされる「労働者」となった。そして時計的時間との関係で見るならば、「労働者」[★170]とは、未来の現金収入のために、現在の時間を売り渡す存在であり、未来の目的に従属する存在なのである。

つまり、資本主義に「未来」を挿入することで引き起こされるのがゾンビ化なのである。マルクス風にいえば、資本とは時間なのだ。労働者、さらには負債者となった労働者は「未来」という、これから生きる時間をあらかじめ喪失したゾンビである。時間が時計に沿って進む限り、その喪失は終わらない。ロメロ以降、ゾンビ映画の多くはウイルス感染の結果としてゾンビを描いている。そこに登場するゾンビは、緩慢に他者を消費し、新たな分身を生産するだけである。それは、まさに生きる時間をあらかじめ奪われた労働者や負債者の状態を表しているといえるだろう。意味のない消費が、意味のない消費者をさらに産み出し続ける。その終わりのない連鎖がそこにはある。敏捷なゾンビが登場する映画『28日後…』が新しいといっても、怒りに駆られたゾンビたちが行う行為は、その終わりのない連鎖を加速しただけのことに過ぎない。★171

▼敗北のなかの内破

このように、ゾンビはすでに敗北している。あらかじめ敗北、隷従を運命づけられた存在なのだ。けれども、同じくすでに見たように、同時にゾンビは抵抗する存在でもあった。しかもそれは、あらかじめ敗北を内包した抵抗、しかしながら、それにもかかわらず行われる抵抗である。死んでいるのに生きているという矛盾を抱えたゾンビは、そもそも死に抵抗する性質をもっている。だから、ゾンビたちは、死んだシステムに対しても抵抗を試みずにはおかない。

それはいかにして可能なのか？

それをこれから少し考えてみよう。

アメリカで最初のゾンビブームが起きたのは、シーブルックの著作が出た一九二九年をきっかけとし、映画『ホワイト・ゾンビ』が公開された三二年以降であった。いうまでもなくこの時期は、一九二九年一〇月に始まる大恐慌と軌を一にしている。無料で配給されるスープの列に失業者たちが並んでいるまさにそのとき、彼らに似た姿の怪物たちが現れた。[★172] 恐慌による人々の経済的ゾンビ化を体現していたのが、このキャラクターだったわけである。ラジオやホラー雑誌をゾンビが席捲した。資本主義体制による労働者の搾取と虐待、そして大不況期初期における政府による貧民の遺棄が、ゾンビ奴隷のイメージと重ね合わされていたのは明らかだろう。[★173]

大恐慌のイメージは繰り返される。それからおよそ五〇年の時を経た一九八五年に公開されたジョージ・A・ロメロの『デイ・オブ・ザ・デッド』の冒頭では、大量のドル札が風で吹き飛ばされるシーンが挿入される。さらに二〇〇二年公開のダニー・ボイル監督による『28日後…』のロンドンでは、余剰資本によって購入されるダブルデッカー・バスが横倒しになって、交通や人々の流れが終わったことを印象づけ、散らばった二〇ポンド紙幣が、貨幣循環の終わりを告げる。[★174] そうした終末をもたらすものが、資本主義下の労働者たちが変質したゾンビの群れであることが、その後の展開で明らかになる。

現実に、これに似た状況が出来《しゅったい》したのは、二〇〇八年のリーマンショックとそれに伴う不況だっただろう。在野のジェンダー研究者／編集者として活躍しているキャシー・ハンナバックは、文化批評家ヘンリー・ジルーのコメントを参照しつつ、リーマンショックをゾンビ資本主義の帰結であると述べる。「競争を新しい社会的闘争とみなし、政治の延長としての戦争を祝福し、個人や集団を単なる余剰で処分可能なゾンビへの餌とみなす容赦ない社会的ダーウィニズムを合法化する新世界秩序」が、このような恐慌をもたらすに至ったのだという[★175]。これは、ゾンビ資本主義が内破した瞬間だったともいえるだろう。けれども、ここで社会が決定的に変わったわけでも、資本主義社会が終わったわけでもない。つまり、資本主義というシステムは終わらないのである。いかに壊れようとも、すぐに修復してしまう。なぜなら、それはすでに死んだシステムであり、ゾンビであるからだ。

●1931年、シカゴのスープキッチンに並ぶ失業者たち
（National Archives and Records Administration）

リーマンショックをテーマにしたアダム・マッケイ監督の映画『マネー・ショート　華麗なる大逆転』（二〇一五）を見れば、このさなかにも、予測し、逆手に取って大儲けした人たちがいたことがわかる。つまり、死にかけたとしても資本主義は決して死なないのであり、あらゆる危機が、常に新たな儲けのチャンスに転換されてしまうのだ。災害資本主義という概念があることからわかるように、資本主義は自らの危機すら、嬉々として儲けのチャンスに変えてしまうシステムなのである。死の危機すらチャンスとなる。批評家マーク・フィッシャーがフレドリック・ジェイムソンとスラヴォイ・ジジェクのものとされる言葉「資本主義の終わりより、世界の終わりを想像するほうがたやすい」[★176]を掲げたのは、それゆえだろう。当然のことだ。死んだのに生きているものが死ぬことはないからである。

死んでいるのに生きているゾンビ、それが資本主義なのだとしたら、生者が立ち向かっても食われてしまうだけだろう。アドルノは、経済的な力の前では、個人は完全に無化されるという。アドルノ－ホルクハイマーによれば、「個人」という概念そのものが、より有効な支配を確固たるものとするために作り出されたフィクションなのである。「個人」として社会に対して孤立させることで、支配がより容易になるからである。当たり前とされている市民社会の前提そのものが、支配のための物語なのだとすれば、社会的存在として生きている限り抵抗はつねに／すでに不可能なわけである。

とすれば、ゾンビに食われないのはゾンビだけだ。ラウロとエンブリーは、ゾンビの最大の特徴は「個人」性を脱却してしまうことであるという。資本主義が「個人」を抑圧して成り立っているのだとしたら、

「個人」ではなくなってしまったトランスヒューマンの新しい形であるゾンビにこそ、システムの破壊が可能になると彼女らは期待する。[177] そもそも、なぜわたしたちはゾンビ映画を見るのか。なぜゾンビが人を食らう映像を喜んで見るのだろうか。スティーヴン・シャヴィロは、人肉食の宴を見るとき、我々は反射的満足を得ているという。それは、ニーチェがいうところの、ルサンチマン的な復讐の満足である。「個人」という枠組みを超克した自分が、自分を虐待した力強い他者を抹消する喜びがそこにはある。[178] そして、この無秩序なゾンビ、「個人」を超克したトランスヒューマンたちは群れをなす。群れをなして、無秩序に人を襲う。噛まれた者はまたこの群れに参入し、群れが増大していく。それは計画性を欠いた、非合理的で無秩序な増大だが、それゆえに「計画性」や「秩序」を重んじる資本主義社会にとっては脅威になる。そして、多くのゾンビ映画に見られるように最終的に、この無秩序が資本主義社会の秩序をねじ伏せ、世界はゾンビの世界へと変容していく。とすれば、ゾンビの群れの行動は、無秩序から新しい秩序を産み出す「自己組織化された反資本主義」なのだといえる。[179] かつてハイチで、与えられた生産の道具を武器へと転換して奴隷たちが蜂起したとき、彼らは自分たちを「すでに死んでいる者」として表象し、それゆえに死を怖れなかった。つまり、個を滅却したゾンビの状態を獲得することによって、支配のシステムを破壊できたといえるだろう。[180]

だが、ハイチの革命の結果もたらされた黒人共和国は永続せず、再び帝国主義の支配下に置かれる。ゾンビ映画がもたらす快楽も、上映時間の間のみ持続する物語に過ぎず、映画館を出た途端、わたしたち観客はもとの「個人」に戻ってしまう。そもそも、映画そのものが商品なのであり、映画を見るためにわたしたちはチケットを購入する消費行動を取らねばならない。つまり、システムの転覆というアナーキー、ゾンビというポストヒューマンは、フィクションなのであり、あらかじめ否定された可能性でしかない。そして、そのフィクションすら、わたしたちは資本主義に貢献する消費行動を通してしか垣間見ることを許されていないわけである。

ラウロは、「資本主義の世界では、抵抗そのものがメカニズムの一部として組み込まれる」★181と述べている。それでも、ゾンビ映画がある世界とない世界では、明らかな違いがあるのではないか。なぜならゾンビの表象を楽しむこと自体が抵抗の行為だからである。その抵抗は現実には不可能であり、あらかじめ敗北している。とはいえ、抵抗のヴィジョンを提供してくれるという意味において、ゾンビの神話はわたしたちにとって重要なものであり続ける。資本主義の真の姿を鏡として照らし出し、すでに／つねに死んでいるがゆえに「個人」ではなく、資本主義の支配を受けない存在であるがゆえに。

3……二〇〇〇年代のゾンビ

▼ネオリベ・ゾンビ

ゾンビとなんの関係があるのかと首をかしげられるかもしれないが、ネオリベラリズムについて考えていたら、二〇一九年に日本テレビ系列の深夜番組として放送されたドラマ『俺の話は長い』（金子茂樹脚本、中島悟演出）のことが頭に浮かんだ。リアルタイムでは観ていなかったが、huluで暇つぶしに一話観たらはまってしまった。

コーヒー好きだった主人公・岸辺満（生田斗真）は、大学を中退してコーヒー店を始めるも失敗し、それ以後喫茶店を営む母・房枝（原田美枝子）の家でニート的な寄生生活を六年にわたって続けている。そこに、家の建て替えのために短期間、姉・秋葉綾子（小池栄子）、光司（安田顕）夫婦が戻ってくるところから物語が始まる。

姉・綾子は、大企業の女性管理職として男子顔負けの働きを見せるキャリアウーマンである。対照的に再婚相手の光司は、元ミュージシャンで、社会人生活に常に息苦しさを感じている存在として描かれている。中学生の娘・春海（清原果耶）の恋愛問題や、ぎくしゃくした父娘関係の問題も伏線として出てくるが、ここではそれは重要ではない。

主たる対立は、資本主義社会に順応した「正しい」姉と、落伍した「間違った」「恥ずかしい」弟やその予備軍である自分の夫との間にある。父の死後、母は一人で喫茶店を切り盛りして満を養っている。金持ちの家の犬の散歩や、不動産会社のアマチュア野球チームのアンパイアなどの短期バイトで得た小銭と、母からくすねた金でなんとか生きている満は、家族の目にも、視聴者の目にも明らかな敗者として映る。

満の対抗策は、屁理屈である。どんな攻撃を受けても、ソフィスト的な詭弁を弄して煙に巻き、立場の逆転を図る。彼の武器はまさに言葉なのだ。たとえば、喫茶店の常連客（本田力）が、満と同じように大学中退で再就職してきた後輩の渡利（間宮祥太郎）を連れてくる場面で、満は渡利を「中退の無駄遣い」だとからかう。「完全に、ドロップアウトに失敗してるよね。同じ中退として恥ずかしいから、あんまりいわないでもらえるかな」と続け、「きみのやろうとしていることは、動物園のライオンに檻から出て自分で獲物取ってこいっていってるようなもんだよ」という。意味が分からない渡利に、満はこう説明する。

「動物園のライオンは戦ってないように見えて、野性のライオンより戦ってんの。客に笑われて指差されながら毎日夢と孤独の狭間で戦ってんだよ！」

明らかな詭弁である。けれども、感化された渡利が、「俺、今日で会社辞めます」といい出し、逆に満が宥めるという展開になる。

この動物園のライオンというのが、満そのものを指しているのは明白だろう。ここでも、豚やリスではなくさりげなくライオンに自分を喩えているところに、自分の潜在力を密かに高く見積もってみせる満の自負、あるいは裏返しの不安を見て取ることができる。いずれにせよ、母親の家という「動物園の檻」

のなかにいる満は、毎日「客」としての家族に「笑われ指差され」ていると自覚している。それでも「毎日夢と孤独の狭間で戦って」るんだと自分の本心を告げる。

ここには、ネオリベラリズムのイデオロギーが顕在化しているのではないだろうか。——まずは「自立した個人」として、資本主義社会に「労働者」として参画し、定められた労働をこなし、与えられた給与で「消費活動」をしなさい。さらに可能であれば「結婚」という制度にも「異性愛者」として参与し、「労働力の再生産」を行いなさい。そうした、社会を回すための「合理的」行動をして初めて、あなたは「一人前」として、あるいは「人間」として認められるのです。——それが、親や家族、学校、社会、物語などあらゆるレベルの人間関係を通して常に発せられているメッセージだ。だから、それは知らず知らずのうちに、「当たり前」のように、すべての個人に内化されたものとなる。この社会では、職を失ったとき、それを一番不安に感じ、責めるのは、まず自分自身である。その傷にさらに「社会の声」、すなわちネオリベラリズムのイデオロギーそのものを体現した姉が、声を荒げて塩をすり込んでくる。

このドラマが視聴者に受け、第三八回・向田邦子賞を受賞したのは、満の置かれた境遇に、誰もが共感する部分があったからだろう。誰もが、自分を内側から縛り付けているネオリベラリズムのイデオロギーの抑圧を感じ、そこから自由になることを希求しているのである。

このドラマの後半、満は経済的な勝者である女性経営者（倉科カナ）に奉仕するヒモ的な存在として生きようとするが、その申し出は却下されてしまう。ネオリベラリズムを強く生きる彼女には、そこから外れようとする彼の生き方を許容できないからだ。最終的に彼は、運良く勝ち取った議員秘書の職に就くことを選択し、ネオリベラリズムの世界に参与する。檻から出て自分で獲物を取りに行く。つまり、ドロップアウトに失敗し、中退の無駄遣いをすることになってしまうわけだ。だから、これは反ネオリベラリズムを掲げた若者が、最終的にその支配的イデオロギーに屈していく敗北の物語といえる。

▼内化されたネオリベラリズム

そして、これと同じ軌跡を描くのが作家アイザック・マリオン著『ウォーム・ボディーズ　ゾンビRの物語』（二〇一〇、邦訳小学館文庫刊）であり、その映画化作品（二〇一三）である。映画版ではよくわからない部分もあるが、小説版を読むと、この作品に登場するゾンビたちは、ちょっと一般に考えられているゾンビとは違うことに気づくはずだ。なぜなら、この小説はこんなふうに始まるのだから。

　ぼくは死んでいるんだ。でもそう悪くないよ。もう慣れたしね。まともな自己紹介ができなくて申し訳ないけど、ぼくにはもう名前がない。ゾンビはみんなそうなんだ。名前を車のキーのようになくして、記念日のように忘れてしまう。★182

Rと名乗るゾンビの主人公は、いかにもアメリカ文学的な洒脱なジョークを使いこなしている。うーとかあーとか唸ることしか出来ないはずのゾンビに、村上春樹ばりのジョークのセンスが与えられているわけだ。少し先には、「ぼくたちは服装についてジョークを言いあったり、あれこれ推測するのが好きだ」というくだりまであったりする。★183 そう、このゾンビは意識してジョークを口にしているのである。

なによりの驚きは、主人公が自分をRと名乗ること。彼は自分が自分であるとの意識をもって語っているのだ。つまりこの物語全体がゾンビによる一人称の語りである点に注目したい。「語る」ということは、そこに「語る主体」あるいは自我があることになる。しかも、巧みなジョークを使いこなせるほど卓越した言語能力のある自我の持ち主なのだ。自我を喪失した存在がゾンビなのだとしたら、これは明らかに語義矛盾になる。けれども、これこそが実は(一九八五年のダン・オバノン監督の映画『バタリアン』などの先例はあるとはいえ)二〇〇〇年代のゾンビにおいて顕著になってくる新しい特徴なのである。つまり、「人間」との境目がより曖昧になったゾンビ像だ。主人公Rは実際に話すことも出来る。最大四音までならつかえることなく一気に話せ、住居にしている廃墟となった「空港のゾンビの中ではかなり饒舌なほうだ」と自慢しさえしている。★184 ロメロの『ランド・オブ・ザ・デッド』(二〇〇五)でゾンビの反乱軍を率いるビッグ・ダディ、『ゾンビーノ』(二〇〇六)の父性や愛情を示すファイドー、『iゾンビ』(二〇一五〜)の語り、恋をし、遺体の脳を食べて捜査するリヴなど、少し思い出すだけでもその増殖ぶりは明らかだろう(ただし、それがすべてでないことは付言しておく必要がある。あくまで、これはひとつの傾向であってすべてではない)。

とはいえ、多くの場合その主体は極めて曖昧なものである。なぜなら(『iゾンビ』のリヴを例外としてだが)

彼らには記憶が欠けているからだ。過去の人生は、「手や足を失った者の幻肢感にも似た、おぼろげに残る印象でしかない」と、これまた「幻肢」などという卓抜な比喩を用いて、主人公Rは説明している。

けれども、ここには実は大きな問題が横たわっている。

前節で見たゾンビのポストヒューマンな特徴は、「個人」を超越し、「主体」を喪失していることだった。それゆえに、資本主義社会に取り込めない脅威となりえたのではなかったか？

キャシー・ハンナバックは、ネオリベラル資本主義の中心的な論理は、社会的サービスや、人間にとって基本的に必要なものを私物化することだと述べている。つまり、公共のものをなくしてしまうのがネオリベラリズムの基本方針なのである。公共事業の民営化、公共の広場からホームレスを追放する排除系アート（アート作品に見せかけて、ホームレスが寝たり、テントを張ったりできないようにするベンチやインスタレーションのような〝公共〟事業）などがそれを象徴している。この動きに隠されたメッセージは、自立した、健全で強い個人だけが生存可能だというものである。すべての人間が「個人」あるいは「主体」単位に還元され、それぞれが自らの野心で自分を守らねばならない世界、それがネオリベラリズムの世界だ。近年よく耳にする「自己責任」という言葉ほど、この傾向をよく示すものはないだろう。この発想のもとでは、「人並み」のことができないとされがちな、あるいはそういう立場に追い込まれがちな障がい者、貧者、LGBTQ、移民、女性は、あらかじめハンデを負わされている。★185 それゆえ、グローバル資本主義に挑戦するためには、「主体と客体を区別する『アイデンティティ』の幻想の鎖を捨てる必要がある」。つまり、人間を「個人」や「主体」という単位に還元する作業をやめねばならないのだが、「もし主体が黙示録《アポカリプス》を生き延びるなら」、つまり黙示録《アポカリプス》の後でもそうした単位が残されるのなら「資本主義も生き延びる」ことになる。★186すなわち資本主義と「個人」主義、「主体」主義とは一体のものなのである。『俺の話は長い』の主人公・満が、最終的に「個人」として「主体」として社会に参画することがハッピーエンドとされる演出は、そのようなネオリベラリズムの要請に沿ったものだった。

とすれば、二〇〇〇年代のゾンビたちは、設定として、すでに／あらかじめ牙を抜かれている。資本主義の脅威にはならない、エンタメの一要素、いわばエンタメ労働者として位置づけられるのである。

実際、Rの行為はすべてがネオリベラリズム的動機によって活力を与えられている。Rは狩りをする。仲間とともに人間を襲ってその肉を食らう。その意味でRは怪物である。Rが特に好むのは人間の脳である。なぜなら、脳を食らうと、その当人の記憶が暫時自分のなかに蘇るからだ。「脳だ。脳を食べると、三十秒ほどのあいだ、記憶を持てる。断片的な映像、香水の香り、音楽、人生」。★187Rは自分が失った記憶を、他者の記憶で代理的に埋め合わせ、「人間的」な感覚を味わうことに淫している。そんな彼が、ある日の襲撃で口にするのが、ペリーという青年の脳である。一五歳のペリーの記憶に初めて一人の女性が現れる。

「やあ」

「なあに？」

「転校してきたばかりなんだ」

「知ってるわ」

「ぼくはペリー」

彼女が笑みを浮かべる。「わたし、ジュリー」★188

脳を食べるにつれ、二人が恋仲になっていく過程がRのなかにインプットされていく。その後、ジュリーを見つけだしたRは、彼女の全身に死者の血を塗りつける。生者の匂いを消してゾンビに偽装させるためだ。そして、空港に捨て置かれた、もう飛ぶことはないボーイング747の機体のなかにある自分の居場所に連れ帰る。ここには一種のクィアネス、つまり同性愛的要素が潜在しているとサーシャ・コウカーラは述べる。なぜなら、男性ゾンビであるRは、同じく男性であるペリーを食らい、その欲望や願いと一体化するからである。けれども、それらは異性愛的なものである。二人の男性がクィアな関係性で共闘しながら、ジュリーへの恋愛を維持、成就させようとする奇妙な物語がここから始まる。実際、Rは内化されたペリーとしばしば対話する。絶望し厭世的な気分から死を望んでいたペリー（彼は死ぬ前に「この世界は嘘にまみれている。覆い隠せないほど醜い」と述懐している★189）は、Rが自分を食ったことを許しており、いまは二人で一人だと語る（「いまさらあんたを嫌うことはできない。だってもうぼくらは一体なんだから」★190）。彼は、自分の人生をRの内部で再現する。

「きみがやってるのか、ペリー」ぼくは虚空にささやきかける。「自分の人生を再現してるのか」

しーっ。ペリーが言う。ムードを壊すなよ。これを終わらせる必要があるんだ。[★191]

脳内のフラッシュバックとして、ペリーは自分の記憶をRに引き継ぐ。ジュリーとの思い出もRに引き継ぎ、彼女をよろしくと頼む。

「彼女はすべてを捧げてくれたのに、それをむげにした。今度はあんたの番だ。彼女を守ってくれ、R。あれで見た目よりずっと弱いんだ[★192]」

ここには、ホモ・ソーシャルという以上の一体化がある。性交以上に過激な肉体侵犯、すなわち食人を通して二人の男性がひとつになるのだから。実際、後にジュリーは、ペリーとRが似ていると指摘する（「あなたって、ちょっとペリーを思い出させるわ」「（中略）なんだか、ペリーの若いころと同じような雰囲気があるっていうか[★193]」）。Rは人食いの怪物であることに加えて、この同性愛的関係性をペリーとの間で構築することでさらに、ネオリベラリズムの規範的人間の範疇から外れた存在となってしまう。

だが、ネオリベラリズムの規範を内化した存在であるRは諦めない。彼の逆襲はここから始まる。「正常性」そして「達成」という、彼の内側にあるネオリベラリズムの呪文が、Rを駆り立てて止まない。そのために必要なのは変化し、適応することだ。

実はジュリーに出会う前から、Rはその萌芽を垣間見せていた。出会った女性ゾンビとかりそめの結婚をし、親のない子どもゾンビたちを自分たちの子どもにし、擬似的家庭を構築するまねごとをしたりしていたからだ。そのころの彼はまだ、なぜ自分がそんなことをするかわかっていなかった。ただそうなるのが「自然なこと」だというネオリベラリズムの教義に盲目的に従っていたのである。

むろん、決定的だったのはペリーから「正常」な白人男性の記憶を引き継いだことだ。それは、「正常」な恋愛を中心としたものだった。とすれば、それを成就すれば、Rは「正常」な存在となれる。Rは、一度は自分を捨ててスタジアムの人間の集落へと帰還してしまったジュリーを訪ねていく決意をする。そのために、友人のゾンビMほか数名のゾンビたちが協力してくれる。幸いRはゾンビでありながら、ほとんど腐敗が進んでおらず、人間と見えなくもない姿をしている。つまり、最初から「正常」性への敷居が低い怪物であり、境界線上に位置していた。どうしても「正常」性の判断には視覚的要素がからんでくる。言語能力がそもそも他のゾンビより優れており、人間に近い見た目をもち、そして、後に明らかになるようになかなかハンサムである（「R、あなたセクシーよ！」ノラが叫ぶ。「ねえジュリー、彼をちょっと貸してくれない？　一晩だけでいいから」[★194]と、街へ連れ出すためにRの身づくろいを整えたジュリーの友人ノラが感心する場面を思い出そう）など、Rは実は最初から特権的な位置にいるゾンビだったことがわかる。

もてるものすべてを、自分の成功のために利用するのがネオリベラリズムの信条であるとすれば、こうした言語能力や容姿も、利用可能な資源になる。さらにRは、目的達成のためなら仲間のゾンビたちの犠牲にもさほど良心の呵責を感じない。対ゾンビ用の要塞と化しているスタジアムに入り込むために、Rはゾンビたちから追いかけられている人間のふりをする。そして、このとき数名の仲間が、頭を撃たれて死んでしまう。ゾンビだからもともと死んでいるのだが、この物語的には、頭を撃たれることで最終的な死が訪れる（物語のなかでは「完全な死者」と描写される。その意味では、彼らはゾンビとはいえ、完全には死んでいない。後半、ジュリーの友人のノラは、その状態を病気に喩える。「あなたはゾンビよ。病気なの（後略）」[★195]。ゾンビという名の病気にすぎないのだから、それは治りうるという伏線がここで張られる）。この物語には、自分のために仲間を「完全な死者」にしてしまったことをRが後悔する場面はない。というより、彼はそれを思い出しすらしない。仲間の命すら、自分の目的のための道具にしてしまえる「合理的行動」もまた、ネオリベラリズムのイデオロギーの作用だといえるだろう。ネオリベラリズムにおいては、合理的であることは「正常」であることとほぼ同義であるからだ。[★196]

彼の変化への欲求は、最終的には周りを変える。ジュリーとの恋愛関係が進行するにつれて、Rは人肉食への欲求を失っていく。言語能力は飛躍的に向上する。上手に喋れるようになり、そして文字まで読めるようになっていく。彼は自分は人間だと主張する。

ぼくはすまなさそうに首を振ったが、〝人間〟という言葉に内心ぐさりときた。その区別は好きじゃない。ジュリーは生きていて、ぼくは死んでいる。でも、どっちも人間だ。[★197]

死んでいても人間なんだという、強引な主張へと至るR。そしてついに彼は笑顔まで取り戻す。そんなRの変化は、ジュリーを変える。

「だけど一番いかれてるなって思うのはね。ときどき、あなたがゾンビだって信じられなくなること。ときどき、特殊メークしてるだけなんじゃないかって思うの。だってあなたの笑った顔ったら……ほんと、信じられない」[★198]

さらに、Rの変化は、Mを初めとする他のゾンビたちをより人間的に変える（ゾンビ仲間だったMがいう。「変わってる。おれたちの仲間、おおぜい……変わってる。Rみたいに」。そして、ここでも病気の治癒の隠喩が使われる。「疫病がなおってるっていうことなの？」うなずいた。「ぼくら、なお……してる」[★199]）。原作にはないが、映画版ではさらにゾンビに強い憎しみを抱いている人間軍のリーダーであるジュリーの父親までも変えてしまう。そしてついに、ジュリーとのキスをきっかけとして死んでいたはずの心臓に鼓動が蘇り、Rは人間となる。

「あなた、血が出てる！」

（中略）

ジュリーがぼくの胸に、カンフーでもするみたいに強く手を押しつける。ジュリーのてのひらに押されて、感じた。体の奥深くで動くものを。鼓動を。

「R！」ジュリーの声はほとんど裏返っている。「あなた……生きてる！」★200

病気が治るように、死が治る。かくしてRは、白人中産階級ストレートの男性として、みごとに人間社会に復帰する。ジュリーはジュリエット、Rはロメオを暗示している。これは、生から死へと移行することによってひとつになったかつての二人が、逆に死から生へと移行することでひとつになる物語として設定されているわけだ。ジュリーもまた、死んだように生きているだけだった人生から、Rの力によって生き返るのだから。

一見無関係に見える『俺の話は長い』という日本のテレビドラマと、ゾンビ物語『ウォーム・ボディーズ』。この二つの物語が実は同一の軌跡、あるいはイデオロギーの作用を描いていることが明らかになったのではないだろうか。両者とも、規範から外れていた者が、自らの内側にマインドセットとして取り込まれていたネオリベラリズムのイデオロギーに従って、規範の内側へと帰っていく物語だからである。

換言すれば、二〇〇〇年代においては、ゾンビまでもが資本主義に取り込まれ、ネオリベラリズムのイデオロギーに取り込まれる設定になってしまうのだ。それもまた時代の流れで、人間的なゾンビがある意味でつまらないのはそのせいだろう。ゾンビになってもポストヒューマンたり得ず、人間的なイデオロギーのままに留まっているとすれば、それは抵抗の側面を捨てた隷属のゾンビでしかない。資本主義のイデオロギーに取り込まれたままのRの努力はなんと虚しいことか。

▼奪われる／奪う

保守系紙「ニューヨーク・オブザーバー」の記者ドゥルー・グラントは、二〇一一年のオキュパイ・ウォールストリート運動において、ゾンビの扮装をしてよろめき歩く抗議者がズコッティ・パークに現れたことを取り上げ、この運動そのものを「ゾンビの侵略（zombie invasion）」と描写した。「心を失った企業労働者の視覚的表現として始まったもの（＝ゾンビの扮装）が、このオキュパイ・ウォールストリート運動全体の仕組みを露わにするものとなった」★201とし、保守系の記事らしく、ここでは運動の参加者たちこそが、心を失った順応主義者、すなわちゾンビなのだと揶揄する内容になっている。否定的論調ではあるが、少なくとも、ここでも、資本主義体制に抗議する集団がゾンビと同一視されているのは確かである。

グラント記者は、この記事において、ロメロの映画や、『ボディ・スナッチャー／恐怖の街』といったアメリカ映画におけるゾンビ的な存在を例として挙げている。つまり、ゾンビ、あるいはゾンビ的な文化表象がアメリカ文化の産物であることを前提としている。けれども、ゾンビの蜂起を装ったこの運動の背後には、むしろヴードゥーの教えに導かれて、ハイチ革命において宗主国であるフランスに立ち向かった、奴隷たちの姿がほのかにオーバーラップしているとはいえないだろうか。つまり、こう問いかけたいのだ。ほんとうにゾンビは、アメリカ文化によってハイチから奪い取られたのか。そして、アメリカ的なものとして書き直されたのだろうか、と。

なるほど、ゾンビはハイチからアメリカへと移植された。それは確かである。しかし、それ以前

●2011年、オキュパイ・ウォールストリート運動でのゾンビたち
(photo by David Shankbone)

に、そもそもゾンビの神話が誕生した背景には、植民地主義があったことをまずは思い出しておこう。身体に対する文字通りの奴隷化、植民地化、ハイチという国家そのものの専有・占領、そうした抑圧の構造がまずあった。生きている人間を生命のないモノ、あるいは生産機械のように扱う抑圧の歴史を、身体を通して表象したものがそもそものゾンビの神話だった。つまり、ハイチ人が、ゾンビの表象を自分たちのアイデンティティにかかわるものとして掲げるようになるのは、植民地の経験を経た後のことであった。異国からの植民者たちが、自分たちの身体を私物として専有することへの批判こそ、そもそものゾンビ神話が意図していたものだったのである。

自分たちが植民地に対して行った行為をなぞってみせた神話を、アメリカは誤読を通して受け入れた。すなわち、白人に安心感を与える、絶対服従する黒人の物語として。それ自体が誤読であり、文化的盗用であったことになるが、ラウロによれば、その後の「アメリカ化」は次のようなプロセスを経て行われた。

①文化的攻撃のプロセス。つまり、カリブ海地域を遅れた文化とし、そこに住む人々を悪魔化する。劣った文化だから、すぐれた文化が支配するのは当然という論理はここから生まれる。

ここでは、カリブの悪魔化の例として、一九八〇年代のエイズ流行期に行われた文化的攻撃を挙げておこう。一九八九年に「ヴァニティ・フェア」誌は、北アメリカに蔓延したエイズの出所はハイチであると報じ、「北半球におけるハイチは、わたしたちの宇宙にとってのブラックホールである」と書いた。★202

アメリカ疾病予防管理センター（CDC）は、ハイチからの移民がHIVの運び手であると報じた。これにより、彼らは生きているように見えるが、感染した身体であってまもなく死ぬ「歩く死者」で、「疑いを知らない善良な」白人中産階級を汚染して殺しかねないとされた。さらには、エイズはハイチ起源で、ヴードゥーの儀式とつながりがあるといった思い込み、ハイチ人は皆エイズだという連想などが流布した。だが、後になって、事実は逆であることが明らかになった。実際には、合衆国から売春目的でハイチに渡った旅行者が、ハイチにエイズをもたらしたのであった。★203 ここには、「ブラックホール」として表象したアメリカのお膝元に、厄介事を全部捨て去ろうという姿勢が見て取れる。悪魔化された後進国、ゾンビの島は、負のイメージを転嫁するには最適な場所だったのである。

②抹消のプロセス。『ホワイト・ゾンビ』（一九三二）や『私はゾンビと歩いた』（一九四三）といった当初のゾンビ映画にはカリブが登場するが、二〇世紀半ば以降のゾンビ映画からは抹消されていく。歴史的に見ても、ロマン派文学において抹消された過去がある。たとえば、シャーロット・ブロンテの『ジェーン・エア』（一八四七）の核心にあるのが、この悪魔化と抹消だといえる。なぜなら、主人公ジェーンを家庭教師として雇い入れるエドワード・フェアファックス・ロチェスターは屋敷内に狂気に陥った妻バーサを監禁しているからだ。バーサとの結婚は、財産を兄ローランドにすべて与えようとする父の策謀によって仕組まれたものであった。父はイギリスにある所有地のすべてを長男ローランドに与え、次男エドワードは、持参金三万ポンドと引き替えに西インド諸島のプランテーション所有者メイスンの娘と結婚さ

せられた。バーサは、メイスンがカリブの女性との間にもうけたクレオールの白人美女である。そして、彼女の狂気は、カリブの家系からもたらされたものとされている。つまり、エドワードは、悪魔化されたカリブの血をひく妻を監禁＝抹消し、ジェーンと結婚しようとするわけである。

さらに、エドワード・サイードは、ジェーン・オースティンの『マンスフィールド・パーク』（一八一四）に出てくる同名の荘園は、カリブのプランテーションとつながっていたにもかかわらず、オースティンは、カリブの奴隷たちの苦しみについてほんの少ししか触れていないと指摘する。さらに『高慢と偏見』（一八一三）でも、英国の経済がカリブからオリエントに広がる帝国によって支えられている事実を隠蔽しているという。[★204]

また民話学者マリナ・ワーナーは、ロマン派の詩人であった、サミュエル・テイラー・コールリッジが、友人の詩人ロバート・サウジーの著書『ブラジルの歴史』（一八一〇）の余白に、ザンビ（Zambi）はアンゴラの神であり魔物であると書き込みをしており、またジャマイカの農園主でもあった政治家ブライアン・エドワーズの西インド諸島に関する著作（一七九三）も読んでいて、彼の詩「三つの墓」や有名な「老水夫行」にも西インド諸島への関心が反映されていることを指摘している。[★205] さらには、ジェンダー研究者エリザベス・ヤングは、『フランケンシュタイン』（一八一八）の作者メアリー・シェリーが帝国の植民地に関心をもっていたと指摘している。つまり、ゾンビのイメージが、フランケンシュタインの発想の元であった可能性があるということになる。[★206] とはいえ、こうしたイギリス文学とカリブとのかかわりは、ポストコロニアル批評が登場するまで、長らく文学史の表面からは抹消されてきたのである。

③書き直しのプロセス。「ロメロがゾンビを再発見したのだ」（「ゾンビにとってのロメロは、アメリカにとってのコロンブスである」）など、批評家と観客の双方が、ゾンビは自分たちの発明だと主張し始める（実際には、ロメロは「生ける死者（living Dead）」と表現したのであって、ゾンビという呼称を使ったわけではなかったにもかかわらずである）。そして、ゾンビはアメリカ文化の関心を代弁するものなのだと再プログラム化が完了する。★207 エルヴィス・プレスリーという装置を通して、アメリカのレコード業界が、黒人のレイス・ミュージックをロックン・ロールという白い音楽へと変換したのと同じ構造がここにはあったといってもよいかもしれない。

以上のような、文化的攻撃、抹消、書き直しという三段階のプロセスを経て、ルーツはきれいに隠蔽されたわけである。

かくして文化的盗用は確固たるものとなり、ゾンビといえばアメリカ文化というイメージができあがった。けれども、服従しつつ抵抗するゾンビのことだ、実際にはそう簡単には済まない。

たとえば、二〇〇五年以降に作られたロメロの後期三部作（『ランド・オブ・ザ・デッド』『ダイアリー・オブ・ザ・デッド』『サバイバル・オブ・ザ・デッド』）の二作目『ダイアリー・オブ・ザ・デッド』（二〇〇七）の一場面を思い出してみよう。冒頭、違法移民の男が妻子を殺して自殺する事件が起こり、警察、救急隊、テレビ局などが駆けつける。テレビのレポーターは、相手が違法移民なので、死者への敬意も共感も示さない。ただセンセーショナルな事件としてのみこれを取り上げようとする。ここには、テレビという装置がハゲタカのように死体に集まり、死者を食らう（＝ネタとして利用する）性格をもつことが浮き彫りになっている。けれども、そのさなかに死者たちが次々と起き上がり、テレビレポーターたちを襲う。これまで、その死すらも無視されてきた人々が、復讐を開始する。そして、テレビカメラがその現場を捉えているならば、アメリカ人を飼い慣らしているテレビというメディアが、復讐の道具として再専有されたことになる。[★208]ちょうど、ハイチ革命において、サトウキビを刈るのに使っていた斧《マシェット》が、白人マスターたちの首を狩る道具へと転用されたように。

また、マーク・フォスター監督による『ワールド・ウォーZ』（二〇一三）の原作には、中国から闇市を通して入手された臓器をブラジルの富裕層が移植したことから疫病が広まるというエピソードがある。臓器移植を目的とした児童の密売と売買春をテーマにした阪本順治監督の『闇の子供たち』（二〇〇八、原作：梁石日《ヤン・ソギル》）で描かれたように、それは他国の問題だとはいい切れない。裕福な人々が、貧乏な人々の内臓を奪い取るという食人的強奪。そこには、社会的不平等、人種差別などいろいろな問題が重ね合わされている。そして、臓器を取り出された、第三諸国の人々の死体が、ゾンビ化の疫病を媒介し、復讐を果たす。ここでは、サトウキビを刈るための斧《マシェット》に相当するのは、自らの臓器である。[★209]

そして、再びロメロの後期三部作のひとつ『ランド・オブ・ザ・デッド』（二〇〇五）について考えてみよう。ここには、第2章で触れたように人間に近づいたと見えるゾンビたちが登場する。ゾンビになっても車を待ち続けているガソリンスタンド店員、楽器を手に奇妙な音を出し続けるゾンビ・ミュージシャンたち。人間的な身振りを継続しているという意味で『ウォーム・ボディーズ』のRと似ている。けれども、ネオリベラリズムを内化する方向へは進むのではなく、彼らは試しにやってみている。あるいは戯れているだけである。タイソン・E・ルイスは、戯れが「用途の新しい次元」を開くというジョルジョ・アガンベンの言葉を引用する。ゾンビたちは、生者と死者の間にある宙吊りの空間で戯れている。もはや人間のものではなく、かといって主体を欠いたポストヒューマンなあり方でもない、新しい用途の空間がそこには開かれている。[★210] 実際その後、主体が不在のままの革命が遂行される。どのような法が敷かれるのかが不明なままの、新しいゾンビの共同体が映画のエンドクレジットの後に残される。それが描かれないのは、どんなものであるかがわからないからだ。しかし、少なくともそれは「個人」や「主体」を基本単位としたものでないのは確かだろう。わたしたちの知っている社会や経済とはまったく異なった次元をそこには想定しなければならない。

つまり、多くのゾンビ映画で描かれるのは、社会秩序の転覆であり崩壊であるということ。エリック・ハマコは、人種差別、性差別、資本主義、軍事主義などの現実の社会問題が、社会を弱体化させ、弱体化しているがゆえに、社会の規範を逸脱した野蛮な群れが現れると、社会はその犠牲になってしまうと述べている。政府も、企業も、メディアも、科学も、宗教も、ゾンビの前には腐敗していて無効なのだと。つまり、ゾンビは人間社会の真実を「暴く」存在なのである。[★211]

とすれば、ゾンビはアメリカ文化によってほんとうに専有されたといえるのだろうか。むしろ、ゾンビがアメリカ文化を乗っ取り、専有したのではないか。ラウロは、二〇一三年にハイチのヴードゥー教の最高指導者、マックス・ボーヴォワールに、なぜアメリカ人がゾンビに夢中になると思うかと問うた。すると、司祭は「これは攻撃だ」と答えたという。これを受けてラウロは、「アメリカ人は、ハイチのゾンビをかどわかしたのではなく、ハイチのゾンビに侵略されたのだ」と述べている。[★212] ここにも、服従しつつ抵抗するゾンビの特徴を見て取れる。けれども、その抵抗は、文化的に道具として使用される服従の内部で行われている。つまりあらかじめ敗北し服従しながら抵抗し、抵抗しながら服従してもいるのである。

▼ゾンビ・ジーザス

ゾンビが侵略したのは、アメリカの大衆文化だけではない。キリスト教もゾンビに侵略され、それによってさらに賦活されたのだと映画監督のリチャード・マウは語る。「ゾンビ映画の父」と呼ばれるジョージ・A・ロメロは、二〇一五年にチェコ・ボヘミア西部の都市カルロヴィ・ヴァリで開かれた国際映画祭でのトークショーで自分とキリスト教の関係について語っている。

カトリックとして育てられたロメロは、すぐに宗教の偽善性に幻滅した。彼はこう付け加えた。

「（キリスト教は）人生のすべてを美しく暮らすことができるというけれど、一度罪を犯したらその瞬間に死ぬのに等しく、地獄に行くことになると教えていたんだ。わたしの祖母が死んだとき、皆はこういったよ。『彼女はいまは天国だね』って。『違うと思うよ』ってぼくがいったら、おじさんは、ぼくを追いかけ回して蹴り飛ばしたんだよ。七つの時だったな。そんなことがあったら、誰だって考え直すだろ★213」

また七〇年代に活躍したルチオ・フルチやアマンド・デ・オッソリオらのヨーロッパ系監督のゾンビにはキリスト教のイメージが明白に含まれている。この点は、すでに指摘した聖餐の儀式と関連づけることができるだろう。

ゾンビは生者の肉を食べずにはいられないわけだが、キリスト教信者は永遠の生を受けるためにキリストの肉を食べねばならない。

「イエスは言われた『はっきり言っておく。人の子の肉を食べ、その血を飲まなければ、あなたたちの内に命はない。わたしの肉を食べ、わたしの血を飲む者は、永遠の命を得、わたしはその人を終わりの日に復活させる』」（ヨハネによる福音書6：53－54）という一節を思い出そう。実際、当時ローマ人たちは、初期のキリスト教徒を食人者として批判した。ローマ人にはこの教義が受け入れがたいものだったことがわかる。けれども、共観福音書と呼ばれるマタイ、マルコ、ルカの三福音書によって、この聖餐の儀式を実践することが定められ、「イエスの肉を聖餐のパンで食べるという概念は、キリスト教神学の力強く持続的で独特な側面」となった。★214

実際、ヴードゥー教徒のなかには、イエスがゾンビだと理解する者もあるという。イエスの墓は二人のハイチ人兵士が守り、そして、神がイエスを蘇らせたときに与えた暗号を盗んだ。その暗号が、いまはヴードゥーの司祭の秘密となっているというのである。★215 これは、ヴードゥーがキリスト教を内化しようとする試みだと解釈できるだろう。

さて、いまインターネット上では、それとは逆のことが起こっている。キリスト教の側が、ゾンビを取り込もうとしているのだ。それがゾンビ・ジーザスである。インターネットサイト"Know Your Meme"によれば、このジョークの起源は、三一世紀を舞台としたSFテレビアニメ・シリーズ『フューチュラマ』(『ザ・シンプソンズ』の製作チームが構想し、作られた作品で、一九九九〜二〇〇三年放映。エミー賞を三回受賞)のエピソードにあるという。ゾンビに支配されそうになっている世界を救うために、神によってゾンビ・ジーザスが遣わされるというエピソードがそれにあたる。二〇〇〇年代になって流行し始め、びっくりしたときの表現「ジーザス・クライスト!(まさか! 嘘だろ!)」の代わりに「スウィート(あるいはホーリー)・ゾンビ・クライスト!」と使われるようにもなっているという。二〇〇五年一〇月にはウィキペディアのパロディサイト、アンサイクロペディアにもこの言葉が登場している。★216 半ばジョークとして広まったこの遊びには、しかし予想外の奥深さがあるように思われる。マックス・

ソーントンによれば、キリスト教神学の三つの主要エリアは、「再生と不死」、「聖体拝領における肉体の消費」、「教会の身体的アイデンティティ」である。蘇って永遠の生を得、イエスの肉体を分け合って食べ、教会という巨大な身体の一部となることと言い換えてみると、この神学は決して形而上学的なものではなく、身体性と深くかかわっていることがわかる。神が受肉し、身体的に再生し、そしてその身体性が持続することを、教会を通して強調するのがキリスト教なのだから。つまり、キリスト教はメタ／フィジカルな世界をもっている。メタ／フィジカルとは、身体的でありつつ、同時に身体性を超えた非物質性、あるいは形而上学的な性質も兼ね備えるということを意味している。

翻って、インターネットについて考えてみよう。インターネットもまた仮想空間と呼ばれ、一見身体性と無関係なように思われる。けれども、実際にはわたしたちはキーボードを叩き、マウスを動かし、スクリーンを凝視し、音声に耳を傾けてこの空間に参与している。スマートフォンを使っている場合でも、わたしたちは絶えず指で触れ、凝視し、イヤホンで音を聞いたり、マイクで喋ったりする。さらに、その作業が長引いたり常態化すると、身をかがめた姿勢が続くことで肩こりや首の痛み、あるいは目の疲れを感じる。つまり、デジタルライフもまた、身体によって媒介されたものなのであり、オンラインの世界もその意味でメタ／フィジカルなのだといえるだろう。

このような身体性を介して初めてアクセス可能なキリスト教とウェブの重なりを、ゾンビ・ジーザスはあらわにしている。ゾンビは、実際には存在しない生と死の境目を揺るがす概念だが、常に生身の存在としてイメージされる。つまり、ゾンビもメタ／フィジカルなのである。そのゾンビとしてキリストを捉え直すことで、キリスト教本来のメタ／フィジカルな性質がより理解しやすくなるのではないだろうか。★217

では、ゾンビとして再生するイエスにはどのような意味があるのか。マックス・ソーントンはこのイエスを「クィア・ゾンビ・ジーザス」と呼ぶ。なぜなら、死を経て再生するイエスは、以前とは似ても似つかない姿であったとされているからである。ルカ書もヨハネ書も、復活のイエスが決定的な行いをするまで、親しい友ですらそれがイエスであるとはわからなかったとしている。彼には触れることもできたし、また食事をすることもできた。処刑のときの傷も残っていた。けれども、復活のイエスは意のままに消えたり現れたりできたし、閉ざされた扉も脱けられたとされている。★218 つまり、イエスは再生したが、元の身体性には戻らなかった。とすれば、この復活のイエスは、新しい次元の肉体を獲得していたことになる。

それがクィア性の源となる。クィアとは規範を外れた状態を指し、ゾンビとして再生したイエスは、生前の肉体に課せられていた性的、人種的、階級的制約を無効化したと考えられるからである。再生したキリストの身体は、女性、LGBTQ、浮浪者、サバルタン（従属的社会集団）、あらゆる身体を受け入れることが可能である。かくして、ゾンビとして再生するイエスは、宗教制度がマイノリティを受け入れる必要を明らかにする。「差異と多様性が書き込まれ、上書きされた」空間として、クィアなゾンビ・ジーザスはイメージされるのである。★219 とすれば、ここではゾンビは、アメリカ文化のみならず、その根底に位置するキリスト教にも入り込み、そこに秘められていた潜在的な可能性をあらわにすることに貢献したといえるだろう。イエスが本来、規範を逸脱した怪物的身体（自分の身体を信者に提供し、死した後に再生し、信者の集合体によって構成される教会という身体の頭部となるという逸脱性）の持ち主であったことを、ゾンビ・ジーザスという形象がわかりやすく示したのである。

だから、近年ネット上ではイースターをこのように形容した画像が溢れているのだろう。

「ハッピー・ゾンビ・ジーザス・デイ！」

▼ゾンビ・ウォーク

最後にゾンビ・ウォークについて。

◉ネット上で拡散されている「ハッピー・ゾンビ・ジーザス・デイ!」画像の一例

ゾンビ・ウォークは、いまではユニバーサル・スタジオ・ジャパンでも「ゾンビ・デ・ダンス」というショーとして定着してもいる。ハロウィーンの時期には「ストリート・ゾンビ」がパーク内をさまよう。特に日本においては、ゾンビ・ウォークは商業的な娯楽イベントとしてしか意識されないだろう。

けれども、実際には、オキュパイ・ウォールストリート運動との関係でも触れたように、そもそもゾンビ・ウォークに商業的要素はなかった。ゾンビ・ウォークは、カナダ・トロントのホラー愛好家テア・ムンスターによって創始されたとされている。パンクロックやデスロックが自分のバックグラウンドだという彼女は、混乱を引き起こしたい、あるいは「動揺を引き起こしたい（shake things up）」という衝動から、二〇〇三年の一〇月に自らフライヤーを刷り、最初のゾンビ・ウォークを呼びかけた。参加者は六名だったという。[★220] このとき、参加者の間では二つの役割が設定されていた。最初からゾンビの扮装をして歩く者と、襲われる被害者役である。被害者役は背中にダクトテープを貼って目印にし、襲われると自らもゾンビとなってウォークに参加する設定であった。「イメージとしては、ただの傍観者たちも犠牲者となる可能性がある」ことを示唆するものだった。一般の歩行者にも、襲われてゾンビになるのではという潜在的な恐怖を感じさせ（あるいは、その感覚を楽しませ）、退屈な日常に、新鮮な刺激をもたらすものであった。[★221]

この「歩行者による路上行為（pedestrian street act）」をラウロは、フランスの思想家で『スペクタクルの社会』（一九六七、邦訳ちくま学芸文庫刊）の著者ギー・ドゥボールを理論的支柱のひとつとした国際組織アンテルナシオナル・シチュアシオニスト（ＩＳ：Internationale Situationniste）の思想と結びつける。映画のゾンビが日常の路上に出現することは、「ハリウッド的なものの転用（détournement）」であり、「商品化とは無縁な、無給の素人パフォーマーたちの漂流（dérive）が引き起こす新しい体験」をもたらし、「商品文化によって集合的に構築された」街の、偽りの統一性を再配置し直す手段であったという。ＩＳは「演劇を、娯楽を超えた革命へと至らしめ」「意識の革命的変容」を目指す運動であった。ギー・ドゥボールは、それを実現するために「少し手を加えることで既存の場所を利用できる。そしてすでにそこにいる人を利用できる」と述べている。[★222]普通の市民が自発的にゾンビに扮して、うめき声を上げながら街をよろめき歩くだけで、いつも知っている街の意味を大きく変えることができるのである。当初六人の参加者だったテア・ムンスターのトロント・ゾンビ・ウォークは毎年参加者を増やし、数年後には参加者が二千人を超えるに至った。だが、ラウロはゾンビ・ウォークが真に人気を得るに至ったのは、二〇〇五年のアメリカにおいてであったと指摘する。当時は国民の不評を買っていたイラク戦争のさなかだった。ゾンビに扮して歩く参加者たちは、誰にも喪に服してもらえない、敵国市民の身体を自らの身体で表象した。そして、他方では、行政のメディア支配によって盲目にされ、声を発することができない見えない存在となった自分たちをも表現していたのだと。[★223]

二〇〇七年には、サンフランシスコでゾンビ・フラッシュ・モブが行われた。ゾンビに扮した人たちが、アップルストアに侵入し、コンピュータやディスプレイを食べる身振りをしてみせるという、反消費主義のパフォーマンスであった。[★224] ブラジルのリオデジャネイロ連邦大学で身体表象を研究しているシモーヌ・ド・ヴァレは、ゾンビを用いたフラッシュ・モブを「トラッシュ・モブ」と呼ぶ。トラッシュ（ゴミ）という表現は、伝統的には劣悪なホラー映画を指す言葉であったが、いまでは時間や財政的余裕がないがゆえの低予算で作られる作品を指すキーワードとして肯定的に受けとられている。[★225]

二〇〇九年のハロウィーンには、ロンドンで「生ける死者の国会（Parliament of the Living Dead）」が学生運動の一環として開かれ、チリのサンチャゴでは、教育システムの腐敗に抗議する学生たちが、ゾンビに扮してマイケル・ジャクソンの「スリラー」を踊った。ゾンビ・ウォークは国境を越えて世界に拡がり、その流れのなかで二〇一一年のオキュパイ・ウォールストリート運動にもゾンビの扮装者が登場したわけである。ラウロは、ここでのゾンビは企業が政治を操り、グロテスクな富の不均衡を作り出すことへの不満を表象していたという。つまり、自分たち自身が生ける死者だといおうとしたのではなく、支配階級の利益のために労働者の権利を削減するウォールストリートの銀行家たちが、資本主義パラダイムの拝金主義に理性を奪われて盲目になっているという状態を表象していたのだと分析している。[★226]

そもそものゾンビ・ウォークは、無目的であったことを思い出そう。ただ、社会を動揺させたいというパンキッシュないたずら心に突き動かされただけのものだった。けれども、それがポピュラリティを得るにしたがって、資本主義の触手が伸びてくる。

とはいえ歴史的に観ると、とうの昔に同様のイベントが商業目的に使われていたことがわかる。一九三二年、最初のゾンビ映画『ホワイト・ゾンビ』のプレミア上映時に、ゾンビに扮した人々がすでに映画の宣伝のためのゾンビ・ウォークを行っていたのだ。[★227] かくして、主流文化に揺さぶりをかけるトラッシュ・モブ、あるいは対抗文化であったゾンビ・ウォークは、ハロウィーンパレードと融合した商業イベントと化していく。

二〇世紀の終わりの一〇年間に影響力をもっていたロックバンド、レイジ・アゲインスト・ザ・マシーンは反体制の姿勢を打ち出しており、バンド名に含まれているザ・マシーンとは、機械のことではなく、主体的な意志決定を阻むすべてのもの（政府、学校、流行、人種、ネットの言説など）を指していた。本来のゾンビ・ウォークもこれと同様に、わたしたちの意志決定を左右しようとするあらゆる社会のシステムへの抵抗を示すものだったはず

●世界中に拡がるゾンビ・ウォーク。2011年、オーストラリア、ブリスベン
（photo by Andrew Mercer）

である。けれども、ポピュラリティを得た途端に、それは儲かる商品へと変えられてしまった。主流社会に受け入れられやすいものへと変形され、革命的な意味を引きはがされてしまった。[★228]

ユニバーサル・スタジオ・ジャパンでも、二〇〇八年から一〇年には通常営業終了後に行われる特別イベントだった「スペシャル・ハロウィーン・ナイト」が、二〇一一年からは九月から一一月初めまでの期間の「ハロウィーン・ホラー・ナイト」として通常営業時間内のイベントとなった。ゾンビは当初から、主要キャラクターとして登場していた。ゾンビ・クルーは人気のキャラクターであり、オーディションの倍率も高いという。現在では、この期間は年間パス購入者も増加し、来場者数は毎日七万人を超え、ハロウィーン当日は一〇万にも及ぶ来客があるほどだという。

ここにも従属と抵抗とがないまぜになった、ゾンビ特有の［従属〔抵抗｛従属（抵抗）｝〕］と無限に反転し、いずれかに落ち着くことのない性質が見て取れるだろう。なぜなら、商業化されたステージで踊るゾンビのなかにすら、まだかすかな抵抗のイメージを読み取る余地は残されているからである。このことについて、ラウロは、生ける死者であるゾンビが意味できるのは革命的復活ではなく、永遠の不死の状態のみだからだと述べている。つまり、ゾンビは人々の「抗議できないという感覚を可視化」できるゆえに、「自分たちの声が届かないという嘆きのアイコン」となれるのである。資本主義の刻印を押された労働者は、ある意味で死に向かって日々使役されるだけの「緩慢な死（slow death）」を生きている。それをゾンビという形象で表現することは、ある種の解放感をもたらしはするけれども、それは逆に「ほんとうの行動」を抑制する開放弁としての文化装置として利用されてしまう危険性を常に秘めてもいる。[★229] なぜなら、ゾンビ・ウォークも、USJのゾンビ・フラッシュ・モブも真のゾンビ化ではなく、あくまでそのまねごと、あるいはリハーサルでしかないからだ。その表象にとどまる限り、このシステムの外部には出られず、生きる死者が体現しているはずの、ほんとうの意味でのポストヒューマンのラディカルさを表明することはできないのである。

第4章

人種からの緊急避難

二〇一九年五月、禁錮二〇年の刑に服していた三八歳の男が仮釈放された。この釈放について、マイク・ポンペオ米国務長官は「説明がつかず、常識外れだ」と非難した。

なぜなら、彼は合衆国民でありながら、合衆国を敵に回した男だったからだ。とりわけ、カリフォルニア州北部のマリン郡の裕福な家庭で育った白人青年であったことが、メディアを驚かせた。

彼の名は、ジョン・フィリップ・ウォーカー・リント。スパイク・リー監督の映画『マルコムX』（一九九二）を通してイスラム教に関心を抱くようになった。一九九七年に彼はイスラム教に改宗し、翌年イエメンに渡る。一度帰国するが、再びイエメンに戻り、二〇〇一年の一一月、アフガニスタン紛争のさなか、アフガニスタン北部のカラ・イ・ジャンギで米国軍に囚われた。抑留中に留置場が襲撃され、CIA特別活動部門の将校ジョニー・マイク・スパンらが殺害された。その後の取り調べでリントは、自分がオサマ・ビン・ラディン配下のアスバト・アル・アンサーのメンバーであることを告白し、二〇〇二年に禁固刑を宣告された。模範囚ではあったものの、釈放後も聖戦《ジハード》を主張し続けているといわれており、米国務長官が釈放を非難したのはそれゆえだった。

CIA長官のマイケル・ヘイデンは二〇〇八年に、アルカイダが、注意を引かずに合衆国に入り込める「西洋人に見える」兵士を養成していると述べた[★230]。

同朋だと思っていた白人が、自分たちの命を脅かす敵として現れる。あるいは、そうした白人が現れたせいで、敵が誰なのかがわからなくなってしまう。そういう恐怖がここにはあり、それはまさにゾンビがもたらす恐怖に匹敵する。

1……白いゾンビの出現

ここでは「白さ(whiteness)」の問題についてまず考えてみたい。

第3章第2節で述べたように、アメリカで最初のゾンビ映画『ホワイト・ゾンビ』が作られたのは一九三二年だった。つまり、一九二九年の大恐慌直後であり、映画で描かれたよろめき歩く死者たちの姿は、いわば資本主義に翻弄される大恐慌の寓話だったともいえる。★231

けれども、むしろ着目すべきなのは、この映画のタイトルである。わざわざ「ホワイト」という形容詞をつける物言いは、本来のゾンビは白ではないというニュアンスを含んでいる。「ホワイト・ブルース」とか「ホワイト・レゲエ」と同じだ。ブルースやレゲエが本来黒人の音楽であったように、ゾンビもまた本来は黒人だったわけである。実際、一九二九年にウィリアム・シーブルックが『魔法の島』で紹介したハイチのゾンビは、黒人であった。ゾンビにされるのも黒人であり、そのゾンビたちを作り出し支配するゾンビマスターも黒人だった。自分たちとは関係のない、エキゾチックでミステリアスな風物詩として珍重されたのである。だからこそ、白い要素を介入させることで突然ゾンビが身近になる。自分の問題になってしまう。そこに扇情性が、あるいは衝迫性が生じる。

まず、ゾンビマスターが白人である場合について考えてみよう。その場合、支配されるのが黒人であるのなら、それは慰撫の物語となる。アフリカ系アメリカ人たちは、もう一度喜んで奴隷労働者になろうとしているという安心感を与えるからである。奴隷制や植民地主義を肯定的に捉える契機として受容可能な設定となる。[★232]『ホワイト・ゾンビ』のラストで白人主人公が、アフリカ系アメリカ人のゾンビまでを含めたすべてのゾンビを救うことは、奴隷制や植民地主義への贖罪の意識を反映しているとする読み方もある。[★233]

しかしながら、ゾンビにされる側が白人になったらどうだろう。ここで、初めて恐怖が生まれる。だからこそ、『ホワイト・ゾンビ』はホラー映画として認識された。白人にとっての恐怖の源は、精神的自立を失うこと、不自然な隷従を強いられることである。ハイチの独立は、その意味で、合衆国の黒人たちによろしくない影響を与えるものと認識された。自分たちの、黒人に対する経済的、政治的、あるいは性的な支配を脅かす要因となりかねないと感じられたからである。このタイトルには、文化的、あるいは人種的な不安が潜在しているのがわかるだろう。[★234]

『ホワイト・ゾンビ』には、二種類の白人が登場する。ゾンビマスター、ルジャンドルを演じたのは、ドラキュラ俳優ベラ・ルゴシであった。ルゴシはハンガリー系の移民であり、東ヨーロッパ訛の英語を話す。当時の優生学的な人種観では、東欧系は劣等白人とされた。汚れ役を演じるのは、同じ白人のなかでも北欧系ではなく東欧系が多かった。そういう差別化をする必要があったのだろう。また、農園主ボーモントの居宅の内装はゴシック寺院風になっており、ローマ・カトリックとのつながりを連想させ、ボーモント自身もヨーロッパ系の装いをしている。彼も汚れ役なので、アメリカ人とは誰もが感じないよう工夫を凝らしたのだと考えられる。[★235]

そして、最大の問題となるのがゾンビ化される白人である。ニールとマデリーンの新婚カップルは、アメリカ人である。そして、二人の容姿は当時の優生学で理想とされた北欧系に設定されている。つまり、理想の白人像を体現している。二人はニューヨークからマルセイユへと向かう船の上でボーモントに出会い、ハイチでの結婚式を勧められる。もちろんそれはマデリーンに横恋慕したボーモントの企みであった。彼は、ゾンビマスターのルジャンドルに依頼して手に入れた、ゾンビ・

●『ホワイト・ゾンビ』の1シーン。左からマデリーン(マッジ・ベラミー)、ルジャンドル(ベラ・ルゴシ)、ボーモント(ロバート・W・フレイザー)
(Victor Halperin, *White Zombie*, 1932)

パウダーを振りかけた花をマデリーンに渡す。そして、その花の匂いを嗅いだマデリーンは意志を欠いたゾンビとなる。だが、ゾンビとなってはきはきとした情熱的な姿を失ったマデリーンにボーモントは失望する。自分が求めていたのはそんな女性ではなかったと気づく。

つまり、ボーモントが求めていたのは、「新しい女」だった。家庭に閉じこめられることをよしとし、男性に従属する自己犠牲的な女性ではなく、自己主張をし、自己充足を求める能動的な女性であったからこそ、マデリーンに惹かれたのである。これに対し、ボーモントをもゾンビとし、マデリーンを手に入れようとするルジャンドルは、むしろ旧態依然たる従順な女性としてマデリーンを欲していたことがわかる。ルジャンドルは原住民を奴隷化して砂糖工場で働かせているのみならず、聖職者や内務大臣、警察署長、さらには盗賊や死刑執行人などといったかつての自分の敵もすべてゾンビ化して部下に変えている。同じ白人でも、正当なカトリックのヨーロッパ系を表象するボーモントと、劣等な東欧のヨーロッパ系を表象するルジャンドルとの間での差別化が図られているわけである。

ここにはまた、二つの潜在的なほのめかしがある。ひとつは、社会の秩序を攪乱する「新しい女」は危険であり、罰を受けることになるという教訓的な発想である。そしてもうひとつは、東欧系の人身売買業者が犯人とされた「白人奴隷」への恐怖である。今日でいう都市伝説のように怖れられた白人奴隷の物語では、若い女たちは、アルコール、紅茶、レモネードなどに混入された眠り薬を用いて誘拐され、偽装結婚を経て売春を強要されるとされていた。ルジャンドルを演じた俳優が東欧系であり、マデリー

ンが薬剤によって変容させられるのは、そうした社会的背景を反映していると考えられる。[★236]

この流れで考えると、さらに恐ろしいのは、黒人魔術師によって白人女性がゾンビ化される物語ということになるだろう。ジョージ・J・ターウィリガー監督の映画『ワンガ』（一九三六）にはそのプロットが含まれていた。ハイチを舞台としたこの映画で女性農園主クリリを演じたのは、フレディ・ワシントンだった。黒人の父と、ヨーロッパ系白人の母を両親にもつ彼女は、見かけは白人だが、黒人の血が混じっているという意味で、いわゆる「パッシング（passing）」の問題を提起する存在であった。「パッシング」とは、混血の問題を抱えた人が、白人として通用する見かけを利用して白人として生きようとすることをいう。後に彼女はジョン・M・スタール監督の『模倣の人生』（一

●『ワンガ』で女性農園主クリリを演じたフレディ・ワシントン
（George J. Terwilliger, *Ouanga (The Love Wanga)*, 1936）

九三四）で、まさにその「パッシング」の問題を抱えた娘を演じて高い評価を得、人種問題の活動家としても知られるようになる。

『ワンガ』では、かつて恋仲であった白人男性アダムが、白人女性のイヴに心を奪われ、結婚しようとしているのを知ったクリリが、イヴをヴードゥーの呪物ワンガで呪い、儀式の生け贄にしようとする物語である。実際には未遂に終わるが、白人に見えるものの黒人の血が流れている（当時の一般規定では、一滴でも黒人の血が混じった者は黒人と分類された）ゾンビマスターが、白人の女性をヴードゥーの力でねじ伏せようとする物語である。ただし、ここでも、観客の不興をあからさまに買わないように、見た目は白人である女性が使われたわけだ。いずれにせよ、ゾンビマスターは非アングロサクソンでなければならないという前提があったことが推察できる。★237

2……黒人の変容

『ホワイト・ゾンビ』が公開されるより二年前の一九三〇年に、そんな流れに公然と逆らう運動がデトロイトで始まった。ウォーレス・ファードが唱えたブラック・ムスリム・ムーヴメントである。黒人の優越を説き、白人社会への同化を拒絶し、当時隆盛をきわめていた優生学の主張を完全に逆転しようとした。

聖書の代わりにイスラム教のコーランを採用したこの運動は、第二次世界大戦後にマルコムXという強力な推進者を得る。六〇年代に入ると、マルコムXはこの運動から離れていくが、ルイス・ファラカンを中心とした分派が同様の主張を引き継いでいった。白人メディアは、マルコムX、アミリ・バラカ、モハメド・アリらのブラック・ムスリム・ムーヴメントが、アフリカ、アジア、中東での反植民地革命とリンクして、アメリカにおいて人種革命を引き起こすことを怖れた。反植民地主義者で、黒人で、非キリスト教という完全に異質な存在だったからだ。彼らへの恐怖こそが、反乱するゾンビを復活させる原動力となったという見方もある。★238

社会を安定させるためには、黒人への恐怖を緩和する必要があった。そこに登場したのが、黒人初のスーパースター俳優、シドニー・ポワチエであった。ポワチエが現れる前、映画のなかで黒人はどのように描かれていただろうか。

ベルリンのフンボルト大学で文化人類学を講じているグレッチェン・バッケによれば、映画の勃興期であった一九一〇年代から三〇年代にかけて、黒人は映画のなかでは人物としてではなく、人格のない記号のような存在として現れるだけだった。四〇年代から五〇年代には障がい者として、六〇年代以降は端役として描かれることが多く、七〇年代以前は、映画のなかで命を奪われることすらほとんどなかったという。つまり、あくまで白人の葛藤や白人の物語、あるいは白人の社会を描くのが映画であったわけだ。黒人はその後、逆に共感的で、貞節で、時には聖人に近い存在として描かれるようにもなった

が、いずれにせよ、それも白人の物語のための「素材」であったという。[★239]
そういう流れに位置づけたとき、シドニー・ポワチエは極めて異彩を放っているように思われる。彼はアカデミー賞を受賞した（一九六三年のラルフ・ネルソン監督作『野のユリ』で主演男優賞）最初のアフリカ系アメリカ人であった。公民権運動の時代を背景に、彼は「映画の黒人の体現者となった」。才能があり、ハンサムで、都会的で、理性と自己抑制を兼ね備えていた。つまり、白人の機嫌を損ねないように感情を抑える術を心得た存在であり、「白人がランチに誘える」黒人だったのである。そんなポワチエだから、彼は映画内で白人女性とのキスまで許された。なぜなら、彼は肌は黒いが白人文化を脅かさない存在であり、白人の規範と価値を自ら体現した存在だったからである。[★240] オンタリオ・ウェスタン大学で映画学を講じているバーバラ・S・ブルースは、そんなポワチエを「黒人のショーケース」、つまり、お手本と呼ぶ。彼は、黒人としてのアイデンティティや歴史から、統合失調症的な逃走を試みたというのである。つまり、白人に虐げられてきた歴史がまるでなかったかのように、白人社会に適合し、それによって中産階級化しようとしていた黒人層のお手本となったわけである。そして、そんな黒人たちに対して過去を、アイデンティティを忘れるなと檄を飛ばしたのがいわゆるブラック・パワー・ムーヴメントだった。[★241] ポワチエが頂点を極めた一九六七年を中心として、この運動は盛り上がりを見せた。
そして、その翌年一九六八年に公開されたジョージ・A・ロメロ監督の『ナイト・オブ・ザ・リビング・デッド』で主演を務めたのが、ベンを演じた黒人俳優デュアン・ジョーンズであった。主役が黒人ということ自体、ポワチエを例外として珍しいことだった。

そして、このベンという役柄は、ある程度までポワチエを意識して構築されたものだったことがうかがえる。たとえば、ジョーンズは、ポワチエ同様背が高く、やせ型で、安心感をもたらす声の持ち主で、発音も明晰だった。白人社会に参入可能な黒人の身体的要素を満たしていた。さらに、映画内で唯一共感的、かつ理性的行動ができる存在として描かれてもいた。自分をもっており、直接的で、論理的であり、かつ有能だった。それまで「生きた人間」ではなく、「白人性」を構築するための鏡として利用されてきた「黒い抽象化」がなされた存在ではなく、白人主人公が兼ね備えるべき特徴を与えられて映画内に配されていたのである。★242

●アカデミー賞を受賞した『野のユリ』のポスターでもポワチエのイメージが形作られている（Ralph Nelson, *Lilies of the Field*, 1963）

とはいえ、似ているのはそこまでであった。
二人にはいくつもの相違点があったからである。
登場のシーンからして、観客を戸惑わせるのに十分であった。冒頭で、兄をゾンビに食われた白人女性バーバラは懸命に逃げる。観客は、この白人女性に自己同一化して映像を見ていく。バーバラは走り、そして一軒の家に救いを求める。
扉の奥から黒人青年が姿を現す。彼はバーバラを追ってくるゾンビたちを見ると、彼女を家に入れ、乱暴に扉を閉める。ここで観客はある種の脅威を感じる。家のなかに、黒人男性と白人女性が二人きり。当時の白人観客はどう思っただろう。性的脅威、攻撃性への不安を感じたのではないだろうか。けれども、さらに観客を戸惑わせるのは、この黒人の容姿である。髪の毛をきれいに散髪したその黒人男性は、非暴力公民権運動のキング牧師を、さらにはあのポワチエを思わせさえするからだ。脅威と安心の両方の要素を体現したこの黒人の登場を、どう受け入れればよいのか、観客は戸惑いを覚えることになる。[★243]
また、ゾンビを追い払うためにベンは火を使う。一九六八年の観客にとって、黒人が使う火は、ブラック・パワーの脅威を思い起こさせるものでもあった。それは放火の火であり、ゲットーでの暴動を思い出させずにはおかなかった。だが、それが仲間の生命と安全を守るために理性的判断で使われたものだったことが、さらにその意味を混乱させ、観客を戸惑わせることになる。[★244]
ここでは何が起こっていると考えるべきなのだろう。バーバラ・S・ブルースは黒人俳優デュアン・

ジョーンズが演じたベンは、ポワチエが作り上げた人種融合イメージの人工性を暴露したと読み解いている。

ベンは複雑な存在である。一方ではポワチエのように公民権運動的な人種融合を体現しつつ、他方ではブラック・パワー的な黒人の戦闘性をも示す。ポワチエは、英雄／悪漢、白／黒、潔白／有罪、無私／自己中心といった二項対立を破壊し、白人の観客に黒人主人公を容認させようとした。しかし、ブラック・パワー的な動乱が、その人工性を暴いていく。それを、この両者を体現したベンという存在が示しているというのである[★245]。

それについて詳しく見ていく。

黒人俳優といえば白人に迎合するポワチエしか思い浮かばない時代に、『ナイト・オブ・ザ・リビング・デッド』のベンは、白人を殴り、（ゾンビと

●『ナイト・オブ・ザ・リビング・デッド』でのベン（デュアン・ジョーンズ）とバーバラ（ジュディス・オーディア）
（George A. Romero, *Night of the Living Dead*, 1968）

なった）白人を殺す。それは人種紛争のただなかにいた観客に衝撃を与えた。さらに、構図として考えるならば、逃げ込んできた白人女性バーバラが、黒人男性ベンに守られるというのは、古典的ハリウッド映画ではタブーであった異人種間カップルそのものにも見えた。ベンはバーバラを守るために、彼女を家に入れ、窓や扉に板を打ち付けて安全性を確保する。その行動は、どこかポワチエ的だ。けれども、二人の会話に共感はない。どちらも、相手の話に興味はなく、自分のことだけしか考えていない。極めつけは、兄を探しに行くといいだしたバーバラをベンが衝動的に殴ってしまう場面だろう。バーバラが気を失ってしまうほど強くである。これは、ステレオタイプ化されつつあったポワチエ的黒人像を突き破って、白人に対して攻撃的な黒人が姿を現す衝撃的な場面だといえる。さらに、ベンはバーバラをソファに寝かせ、触れないように気を使いながらコートを脱がせる。そこには、性的な緊張も走る。長らく白人は黒人を性的な脅威と見なしてきたからである。だが、ここでもベンは、その人種関係のステレオタイプを覆す。彼らは決してカップルにはならない。ベンが提示するのは、どの枠組みにも納まらない不安定な黒人像なのである。★246

ポワチエとは違い、ベンは決して徳が高い人物ではない。努力はするものの、グループの指導者となることも、誰かを救うこともできない。その挫折感と怒りから、彼は暴力的にもなる。自分の行為を償えず、なにも解決できない。つまり、ベンは完璧とはほど遠く、間違うし、傷ついているし、脆い存在なのである。ポワチエ的主人公でも、典型的なハリウッドの主人公でもない。そのうえ、ラストでベンは、民兵たちによってあっさり射殺されてしまう。主人公のように見えていたベンだが、民兵たちにはゾンビにしか見えなかったのだ。[★247] ベンが、いかにどのステレオタイプにも帰属させ得ない、揺れ動く黒人像、不安定な黒人像を体現していたかがわかるだろう。ロメロは、この映画を通して、完膚なきまでに黒人ステレオタイプを破壊したのである。

3……ハイパーホワイトの登場

いずれにせよ、この映画で初めて白人に牙を剝く黒人が登場したという事実は重要であろう。この後、七〇年代を通して、黒人のスーパーヒーローが登場してくるからだ。それでも、しばらくの間、超越的な力をもった黒人たちはやはり白人に奉仕し続けた。彼らは、スパイク・リーによって魔術的ニグロ（「めっちゃすげえマジカルニグロ」super-duper magical negro）と名づけられた。フランク・ダラボン監督の『グリーンマイル』（一九九九）での病を吸い取ったり、記憶を伝えたりする能力をもった囚人ジョン・コーフィー、ロバート・レッドフォード監督の『バガー・ヴァンスの伝説』（二〇〇〇）でのスランプに陥った主人公のゴルファーを復活に導く黒人キャディなどがその例として挙げられる。彼らは、どこからともなく現れ、危機に陥った白人主人公を救ってくれる。そして見返りを求めることなく去って行く。つまりは、白人に奉仕する、白人に都合のよい存在としてその能力を提供するだけだった。[★248]

しかし、世紀の変わり目を境に関係性の逆転が起こり始める。第1章第2節でも少し触れたが、そのきっかけとなったのが、ハイパーホワイトの登場である。二〇世紀の終わり頃から、伝統的な白人の文化的、人種的特徴を過剰にもった人物がスクリーンに登場し始めた。青い目、白い肌、無毛という典型的な白人である彼らは、ネオリベラリズム的な白人の論理を突き詰めた存在となる。強欲で、自己中心的で、他者への共感性を完全に欠いた彼らの姿は、一般の映画でも見ることができる。資本主義を極端に推し進めようとする彼らの姿は、哲学者ニック・ランドらの説く「加速主義(accelerationism)」を体現しているように見えなくもない。加速主義とは、資本主義システムが急激に加速することで、逆に資本主義社会が崩壊するという前提に立つ思想である。たとえば、環境破壊が促進され、社会の存立そのものが不可能になることを思い浮かべていただければよいだろう。石油が使い尽くされ、代替エネルギーとしての原子力利用が増大し、危機も同時に増大することなどもわかりやすいイメージとなるかもしれない。資本主義を「打倒」する必要はない。資本主義をより資本主義たらしめれば、そのシステムは自壊するというのが加速主義の考え方なのである。とはいえ、その先に待つのはディストピアでしかないのだけれど。

たとえば、『ウルフ・オブ・ウォールストリート』(二〇一三)の主人公ジョーダン・ベルフォード(レオナルド・ディカプリオ)は、金儲けのためなら人を騙すことに一切良心の呵責を感じないし、『ナイトクローラー』(二〇一四)の主人公ルイス・ブルーム(ジェイク・ギレンホール)は、テレビ局に映像を売り込むためなら、殺人のあった家に入り込んで撮影し、より衝撃的な映像にするために死体を動かしすらする。さらには、身内が殺されそうになっても助けもせず、おいしいネタだとばかりそのまま撮影し続けさえする。『ファウンダー ハンバーガー帝国のヒミツ』（二〇一六）で、マクドナルド帝国を築き上げたレイ・クロック（マイケル・キートン）は、ビジネスとは「溺れている相手の口にホースを突っ込むこと」だと平気でいってのけるし、『バイス』（二〇一八）では、自国の利益のために同時多発テロへの報復攻撃を、関係のないイラクに向けて仕掛けるディック・チェイニー（クリスチャン・ベール）の半生が描かれる。二〇一一年の『J・エドガー』では、まだ多少はFBI長官の地位にしがみついたジョン・エドガー（レオナルド・ディカプリオ）の内面の葛藤が描かれていたが、前述の映画に登場する主人公たちは、一切そのような良心の呵責を見せない。あるいは、そういうものを完全に欠いている。彼らに共通しているのは、金や権力といった、自分が欲する目的のためには、他の人間がどうなろうとまったく気に病むことがない人格である。

そうした白人が悪役《ヴィラン》として登場してくるとき、彼らは世界を征服しようとする吸血鬼たちの株式会社のCEO、敏捷なゾンビ、あるいは合理的で感情がなく人間と共感できないミュータントなどとなる。彼らは群れの性質をもち、互いに似ている。ネオリベラリズムの論理そのものを生きる彼らは、個性を喪失しており、他者を犠牲にして自分たちを優先させる。そう、白人たちは、いつの間にか、「空虚、不在、否定、一種の死」といったアイデンティティを帯び、自分たちがあれほど忌避していたはずのゾンビに、ホワイト・ゾンビになりつつあるということだ。★249

それはゾンビ表象の反転だともいえる。かつてゾンビとは、植民地主義や帝国主義に支配される奴隷たちの表象だった。ところが、いまはゾンビ的な飽くなき飢え、他者を顧みない利己的な欲望は、白人消費主義者のものとなっている。欲望の虜となって自分を失い、欲望に駆り立てられる均質化された消費者となった白人たち、その欲望の集合体が植民地主義や帝国主義として表出する。つまり、いまや白人たちこそがゾンビなのである。未知の地域や文化に経済的、軍事的に拡張し、侵略していく彼らは、まさに白いゾンビの群れだ。[★250] ハイパーホワイトと呼ばれる彼らは、よりゾンビ的で、より危険で、より心を欠いたロボットのようであり、そして白い。[★251]

いまや白さが悪となったのである。

そのとき、ついに白くないことが救済の可能性となる。かつて白人の論理と同一化が支配する世界で隅に追いやられていた色やカテゴリーが要請される。黒人、女性、ヒスパニック、アジア系が立ち上がる。

邪悪な白人《ハイパーホワイト》を狩り、殺すヒーローとして。

たとえば、スティーヴン・ノリントン監督の『ブレイド』(一九九八)、リー・タマホリ監督の『トリプルX ネクスト・レベル』(二〇〇五)、フランシス・ローレンス監督の『アイ・アム・レジェンド』(二〇〇七)などにそれが見られる。各作品の主人公たちはいずれも白人を狩る。ブレイド(ウェズリー・スナイプス)はヴァンパイアの、ストーン(アイス・キューブ)は政治家の、ネヴィル(ウィル・スミス)はゾンビの白人を。つまり、一九九〇年代の敵であったエイリアンやロボットやナチに変わって、ゾンビ、ヴァンパイア、ウイルス感染者などとして表象されるハイパーな白人たちは狩られる存在として登場してきていることになる。★252

これらの作品では、白人を狩るヒーローは黒人であるが、彼らはもちろんすでに白人に奉仕する「魔術的ニグロ」ではない。彼らの特徴は、創造性であり、柔軟性であり、倫理性である。★253 敵のハイパーホワイトが非人間的であればあるだけ、その白人性を希薄化した彼らは人間的存在となっていく。たとえば、『ブレイド』では、白人ヴァンパイアの企業は黒人主人公ブレイドの血を狙っている。なぜならブレイドは人間とヴァンパイアの混血である（臨月の母がヴァンパイアに嚙まれたという事情）ため、日光の下でも活動できるからだ。衰弱しつつある自分たちを賦活するために、白人ヴァンパイアたちはブレイドの血を欲するわけである。★254 ここでは、白人が黒人の血を手に入れることで進化するという構図がある。つまり、かつての優生学に対する逆転現象が起こっている。より優れた血をもつ存在が黒人とされているのである。

『ブレイド』においては、白人ヴァンパイアは十全な生を生きておらず、自分たちが触れる者すべてに同一性を求める。ここでも、個性を欠き欲望に駆られるままの白人たちは、ゾンビに近似した存在であるように映る。それに対し、黒人ヒーローは個性的であり、多産性を体現する。ブレイドはヴァンパイアでありながら自分の吸血衝動を抑え、自ら調合した血清を摂取し、その飢えを癒している。つまり、自らの欲望のために他者を犠牲にすることをよしとしない。さらに、ヴァンパイアに襲われた検視官の女性カレンには、自らの血を与えて命を救う。ギレルモ・デル・トロ監督の『ブレイド2』(二〇〇二)では、一時的に手を組んだヴァンパイア族の女ニッサにも自らの血を与えてその命を救う。つまり、ブレイドは同じヴァンパイアの血を引きながら、白人ヴァンパイアたちのように奪い、支配するのではなく、奪わず、逆に与える。★255 つまり、白人たちが失った人間性を、黒人ヒーローは失っていないのである。

また、科学の使い方にも白人と黒人で大きな差がある。たとえば、白人は科学を覇権的目的に使用する。人工ゾンビを兵器として使おうとするポール・W・S・アンダーソン監督『バイオハザード』(二〇〇二)のアンブレラ社、惑星パンドラの希少物質を奪い取ろうとするジェームズ・キャメロン監督『アバター』(二〇〇九)のRDA(資源開発会社)、同じく軍事目的でミュータントを人工的に作り出そうとするジェームズ・マンゴールド監督『LOGAN/ローガン』(二〇〇九)のトランジェン社など、近年のアメリカン・スーパーヒーロー映画には必ずといってよいほど、白人経営者が科学の力を用いて営利や覇権を獲得しようとするハイパーホワイト的な姿が描き出される。先に見た『ファウンダー　ハンバーガー帝国のヒミツ』や『バイス』と同じ精神性がこれらの企業には体現されているといえる。

これに対し、ブレイドは科学をまったく異なる目的で利用しようとする。血への飢えを止めるための血清は、彼の実験室で作り出されたものだ。白人ヴァンパイアも同じことをしようと思えば出来るわけだが、彼らはそのような自制のために科学を利用したりはしない。つまり、ブレイドは白人ヴァンパイアと同じにならないように科学を利用し、感染から他者を救おうとする。かつて科学的合理性、論理的議論、知性、ビジネススーツ、白衣は白人のものであった。いまはそれを黒人が取り込んでいる。黒人は白人のものであった科学を独自のものへと改良しようとしている。それは資本主義や覇権主義と結びついた奪い取るための科学ではなく、与える力をもつ科学である。あるいは同胞を守る科学である。思い出しておこう、映画『アイ・アム・レジェンド』において、地下のラボで檻のなかにいる病んだハイパーラットを救う方法を見いだすのは、黒人主人公ネヴィルであったことを。彼は人類を救うために、何度も自分の体を使って人体実験を繰り返す。★256

もうひとつ思い出しておこう。ブラッド・ペイトン監督の映画『ランペイジ　巨獣大乱闘』（二〇一八）の主人公が二人の黒人科学者であったことを。一人は特殊部隊出身の霊長類学者オコイエ（ドウェイン・ジョンソン）であり、もう一人はかつてエナジジン社で遺伝子研究をしていたケイト（ナオミ・ハリス）である。巨大化したゴリラとワニとオオカミが出現するが、これらはすべてエナジジン社が宇宙ステーションで行っていた生物実験の結果である。実験の途中凶暴化したラットがステーションを破壊し、脱出した博士のポッドが大気圏で爆発して、遺伝子サンプルが飛散してしまった結果であった。この遺伝子編集はそもそもケイトが難病の弟の治療のために取り組んでいたものだった。しかし、その過程で生物を巨大化、凶暴化させることが判明した。ケイトの意に反して、エナジジン社の経営者である白人のワイデン姉弟は、巨大化した動物を軍事利用し、金儲けを企む。巨大化した動物が出現して、自分たちの研究が明るみに出ることを怖れた姉弟は怪物たちをおびき寄せて抹殺しようとする。これに対し、二人の黒人科学者たちは、解毒剤を用いて巨大化した獣たちを救おうとする。この筋書きだけでも、白人と黒人が、まったく異なった方向へと科学を利用しようとしているのが明白だろう。ハイパーホワイトの覇権主義の科学と、それに対抗的な、与え、そして生かすための科学という違いが明白に描き出された一作であった。

こうした、白い科学に対抗する黒人の科学は、従来はブラック・マジックとして表象されてきた。その名残を留めているのが、ウォシャウスキー兄弟監督の『マトリックス』(一九九九)の世界ではないだろうか。この映画に関してはすでにさまざまな解釈があるので、ここでは映画の枠組みや哲学については触れず、人種的な側面だけを見ることにしたい。機械と人類が戦争をし、人類が核兵器を使ったために空が厚い雲に覆われて太陽の光が射さなくなった世界。太陽電池で駆動していた機械たちは、新しいエネルギー源を人間の夢に見出す。そして、眠りのなかで夢を見ている状態の人間からエネルギーを取り出すために、マトリックスという装置を開発する。人間たちはこの装置のなかであたかも現実世界を生きているかのような体験をし続けている。それは、「現実の砂漠」と呼ばれる生気を欠いた偽りの生で、これが映画のなかでは白人の世界として描かれる。他方、この夢を見ている状態から主人公ネオ(キアヌ・リーブス)を目覚めさせるモーフィアス(ローレンス・フィッシュバーン)は黒人である。そして、マトリックスになじまない、機械による支配を受け入れない人々が寄せ集められている場所がザイオンである。このザイオンには有色人種が多い。★257

また、エージェント・スミス（ヒューゴ・ウィーヴィング）というマトリックス・システムからはみ出すものを排除する存在も白人である。その後、『マトリックス リローデッド』（二〇〇三）、『マトリックス レボリューションズ』（二〇〇三）と続く三部作のラストでは、選ばれた主人公ネオと、スミスが闘う。これは白人同士の闘いである。彼らが消えた後残るのは黒人女性の預言者オラクル（メアリー・アリス）であり、人種混合の街ザイオンであり、そこに太陽の光が射し始める。つまり、この映画では白人的なイデオロギーが自壊して滅び、それとは異なる非白人たちの世界の到来が示唆されているように思われる。『トリプルX ネクスト・レベル』のラストで、白人大統領（ピーター・ストラウス）が無意識に2PAC（トゥパック・シャクール）の歌詞を元ネタにしたセリフ（「戦争は起こり、そして終わるが、兵士たちは永遠に残り続ける」"Wars come and go, but my soldiers stay eternal."）を口にする場面ともそれは重なる。★258 この映画の原題（*xXx : State of the Union*）に出てくる「State of the Union」とは大統領が連邦議会の議員に向けて行う「一般教書演説」の意味だ。つまり、主要な政治課題を述べる際に、白人大統領が、黒人ラッパーの言葉を拠りどころとするという皮肉が含意されている。国家を導く指針が、気づかぬうちに黒人からもたらされていると告げていることになる。これは、空虚、不在、否定、死といった生の存続につながらない白い論理の行き詰まりを超えるには、非白人の力が必要なのだという示唆であるように思われる。

ここまで、白人と黒人の関係を中心に見てきた。そもそもゾンビは黒人であったのが、そのゾンビの特性がいつの間にか白人のものとなっていった。つまり、白人の側が欲望に駆られるだけの均質化した存在と化し、逆に黒人の側がそんな荒涼とした世界に人間性を取り戻すための砦となる逆転現象がそこには見られた。

次に9・11以後顕著に見られるようになってきた、黒人以外の有色人種の問題を見ておくことにしたい。

第3章で取り上げた『ワールド・ウォーZ』においては、当初世界にゾンビ化をもたらす疫病が「アフリカ狂犬病」と名づけられており、人種偏見の存在が示唆されていることがわかる。★259

『28日後…』の冒頭、実験室で体を束縛され、眼球を固定されて暴動の映像を見せられている猿が登場する。この猿が見ているのは、アラブの暴動である。つまり、猿はアラブから怒りを学んだことになる。やがて、この猿に嚙まれた動物解放運動の過激派構成員からレイジ（凶暴性）・ウイルスが拡散していく。★260 ウイルスの起源が、さりげなくアラブに帰せられているわけだ。

また、二〇〇八年にバラク・オバマが大統領選を戦っていたころ、「あいつはムスリムだ」というイメージダウンを図った保守層によるキャンペーンがあった。オバマのミドルネームがフセイン（Hussein）だったことなどから、オバマは「内なる敵だ」というウイルス的なメール・キャンペーンが二〇〇六年から開始された。オバマがインドネシアのイスラム学校で四年間を過ごしたという根拠のない報道を「フォックスニュース」が流したり、二〇〇七年には「ワシントン・ポスト」紙が四ページにもわたってオバマとムスリムの結びつきについて書いた記事を掲載したりした。9・11以後、アメリカではムスリムの人々は暴徒や暴力的、あるいはテロを支持する人々というステレオタイプ化がなされており、それと結びつけてオバマのイメージの引き下げを図ったものであった。[★261]

イスラム史の研究者であるバーナード・ルイスは、「アトランティック」誌に寄稿した「ムスリムの怒りの起源」（一九九〇）において、合衆国への憎悪の背景を次のように指摘している。「部分的にはこの雰囲気は、間違いなく屈辱の感覚によるものだ。古くから、誇りに満ちて、長きにわたる支配を行ってきた文明が、劣っているとみなしていた者たちによって乗っ取られ、押しつぶされ、圧倒されていることへの継承者たちの意識の高まりがあるのだ」。二つの世界大戦の煽りを食らい、経済的侵略によって傷つけられたムスリムの誇りが、怒りを生み出しているという。[★262] 現代のオリエンタリズムは、このように、怒り、脅威をもたらし、陰謀論的に拡大するムスリムのイメージを作り出した。キリスト教とは異なる原理に従って行動する彼らは、「理解」不能で、（キリスト教価値観への）「治療」が不可能な他者とされ、人を手にかけ、文明を破壊するのはもって生まれた性質だとされた。[★263]

そうした「究極の異国の他者」像を体現したのがゾンビだったということになる。ゾンビは自我の感覚や人間性を失っているため、対話することは不可能である。「理解できない他者としてのオリエント」像は、「感情的な乖離と非人間化」というイメージを印象づけるために利用された。[★264] オリエントがゾンビと重ねあわされたわけだ。実際、9・11以後、合衆国軍と、「悪の枢軸」というレッテルを貼られてブラックボックス化されたアラブとの情報交換は途絶した。

「悪の枢軸」という言葉は、外部の脅威を、他者としてモンスター化するレトリックである。自分たちの価値観では理解できない存在を、わたしたちはモンスターとして表象する――理解を拒む「悪の枢軸」に近づくのは危険である。不用意に近づいた者はあのジョン・フィリップ・ウォーカー・リントのように取り込まれてしまう――つまり、それはゾンビと同じなのだ。

オリエント的な他者は、理屈づけも、治療も拒み、それを試みようとした人は噛まれてウイルスを注ぎ込まれ、仲間にされてしまう。だから、オリエントを、ゾンビを理解しようとしてはいけない。それは「悪」なのであり、無慈悲に破壊するしかない、ということになる。[★265]

ゾンビには国家という枠組みがあるわけではない。どこからでも、いつ何時でも発生しうる。それは、現代のテロのイメージとも重なり合う。なぜなら、現代のテロリズムは国家とつながっていないからだ。炭疽菌のような生物兵器、サリンのような化学兵器のように、大量破壊兵器が非公式に、あるいはある種の強迫性を帯びた人たちによって簡単に入手できる時代である。[★266] そしてその強迫性は、伝染病のように広がっていく可能性がある。ラッセル・マルケイ監督の『バイオハザードIII』(二〇〇七)には、ゾンビ感染が血がにじみ出すように地球上に拡散していくデジタルイメージが出てくるが、それはまさにテロリズムの拡がりへの不安を映像化したものだ。[★267]

そこにはかつての「レコンキスタ」の逆転現象への恐怖も潜在するだろう。レコンキスタは、八世紀から一五世紀にかけてキリスト教徒たちがイベリア半島からイスラム勢力を追放した国土回復運動で、それによってポルトガルとスペインが誕生したわけだが、今度は逆に、一度は追放されたイスラム教勢力が、地球上からキリスト教徒を駆逐しようと動き出したというイメージにもなりうるのだ。[★268]

実際、9・11のテロは、そうした動向の幕開けを告げるかのようなスケールの見世物として機能した。それは政治目的というよりは、宗教的な霊的レベルでの秘蹟、あるいは超越的な殺戮や破壊をショーアップしたともいえる。[★269]

では、イスラム教が象徴するこのオリエントとは一体なんなのだろうか?

かつて「タイム」誌は、アラブあるいはOPEC（石油輸出国機構）が合衆国を崩壊させるという近未来図を描いたことがある。西洋人には、自分たちの帝国主義が非西洋を抑圧し、そこから得た利益で自分たちが潤っているという密かな負い目がある。抑圧した非西洋が、いつの日か報復に戻ってくるのではないかと不安を抱えている。たとえば、かつてのチンギス・ハーンのモンゴル帝国やスレイマン一世のオスマン帝国のように西洋を支配しようとした国家の台頭、白色人種に災禍をもたらす黄禍、あるいは一九七三年から四年にかけてのアラブ諸国の禁輸政策が引き起こした石油危機などが、自分たちの既得権

益や西洋の利益を脅かすとき、それがオリエントの脅威として感じ取られるのだ。★270

それは、常に顔のない群れとして意識される。なぜなら、オリエントというのは、自分たちにとって異質な者をひとまとめにして封印するためのレッテルだからだ。個々人の顔が見えてしまったのでは、同質性が保証されなくなってしまう。だから、あえてひとつの塊として封印し、そして分離する。それがレッテルを貼る意味なのである。たとえば、LGBTQとか障がい者といった表現も、本来的には「少数派に関心を集め、それを再生産する」、つまり前向きな意図をもったレッテルだが、それを貼られた者たちは規範とされる社会からひとつの塊として分離されてしまう。たとえ、前向きなものであっても、レッテルは分離をもたらす。★271 ゾンビという表現も同様である。ゾンビのレッテルを貼れば、生者の世界からくっきりと分離される。

そもそも西洋文明を脅かす要素にレッテルを貼って分離したものがオリエントだったのだから、当然ながら負の意味の集合体となっていく。たとえば、オリエントは血に飢えた、西洋文明を破壊する力などとみなされる。バーナード・ルイスは、ムスリムの祭政一致は心を殺し、思考することのない、世俗主義とモダニズムに怒りを感じる存在に変えてしまうと述べている。つまり、思考を欠き、暴力的で、群れをなすオリエント化されたムスリムは、個人としての死をもたない、不死の集団のイメージとなり、ここでもゾンビと重なって捉えられる。★272

さらに、ゾンビは旺盛な食欲を示す。これは、アラブ人たちの石油資源独占と結びつく。自分たちのものであるべき石油資源を勝手にむさぼり食っているのだ、と西洋人は考える。そして、ゾンビが人を食べるのが生存を続けるためではなく、単なる習性の結果に過ぎないように、石油で経済的に成り上がったアラブ人たちは（自分たちなら、もっと人間的な生かし方をする富を）、無目的に浪費していると映る。単体では愚かで弱いアラブ（ムスリム）／ゾンビが、圧倒的な数となることで資源を奪う脅威となっているイメージとなる。★273

さらに、ゾンビの人肉への欲求は、オリエントを性的脅威に変えもする。黄禍のアジア人は、ステレオタイプとしては性的存在とみなされていなかった。それなのに、集団化すると、西洋の白人女性を欲望し、異種族混交によって白人の人種的純粋性を脅かす他者と見られる。一夫多妻制のアラブの場合は、それだけですでに性的放縦のイメージが付される。二〇一八年にアフリカ系アメリカ人を母にもつメーガン妃と、ヘンリー王子が結婚したときには、イギリス王室がその血に有色人種の血が入ることを極度に怖れているとも報道された。とすれば、王子の母であったダイアナ妃の事故死に関して、いまだにアラブ人富豪との結婚を許さないという動きがあったという説にもある程度の信憑性があるように思われる。オリエントが白人女性に近づくことは、いまでもゾンビに襲われるのと似た脅威と捉えられていたりするのだ。★274

オリエントは、合衆国の企業資本主義、経済的軍事主義、石油への執着が生み出した新しいフロンティアなのだといえる。外部の人間をオリエント化＝ゾンビ化（最悪の場合は悪の枢軸といった表現に見られるような悪魔化）することで、軍事的・政治的・経済的侵略が正当化できる。もしオリエントがゾンビなのだとしたら、もはや治療不能であるだけでなく、圧倒的な数となって西洋を経済的、性的に脅かす危険な存在となる。とすると、ゾンビの殺戮が許されるように、オリエントの民族虐殺でさえ肯定されてしまう。このように人種的文化的断絶を強烈に記号化したのがオリエントであり、ゾンビであるといえる。★275

外部として切り離したはずのオリエントが、見えない疫病のように合衆国中産階級である白人の若者に感染したというのが、ジョン・フィリップ・ウォーカー・リント事件がもたらした衝撃だった。無差別に死に追いやってよい「他者」であったはずのオリエントが、自分たちの身内から出てきた。だからこそ、その戸惑いは計り知れなかったのである。

5……ゾンビ王オバマ

二〇〇八年に合衆国初の黒人大統領となったバラク・オバマには、ゾンビにまつわるエピソードが三つある。

ひとつは、共和党の対立候補だったジョン・マケインにまつわるものだ。一〇月一五日、大統領選におけるオバマとの最終ディベートにおいてマケインは舌を出し、両手を前に伸ばした姿勢でぎこちない歩き方をした。即座に、彼のあだ名はゾンビ・マケインとなり、このときの彼の姿をPhotoshopで加工した画像がミームとなって拡散した。このイメージはクール・オバマを引き立たせる格好の素材となった。つまり、オバマはホワイト・ゾンビのマケインを無視できるほどクールで黒いというわけだ。かつてのゾンビマスターとゾンビの関係が逆転した瞬間だったともいえるだろう。★276

また、経済危機の時代に選ばれたオバマは、国家の基金を食らいつくしかねないゾンビ銀行を倒すゾンビ・キラーとしても表象された。白人の母と黒人の父をもつオバマは、まさにアメリカの多文化的な未来と、それを現実にする特別な力をもつ存在とみなされたわけである。★277

このように、一方でゾンビに負けない、あるいはゾンビを倒す存在とみなされたわけだが、合衆国を少し離れた場所では別の見方がなされていた。

同年一一月一日と二日はハイチにおける死者の

◉ネットで拡散されたゾンビ·マケインのミーム

日であった。この日、ハイチの人たちは、いつものように食べ物の不足や苦しみから救われることと健康とを願ったが、同時に新しい祈りを付け加えた。それは、オバマが合衆国の大統領になりますように、というものだった。つまり自分たちを導く精神的指導者としてオバマが戴冠することを祈願したわけである。ハイチ人たちは、オバマに、国家に対する魔術的なニグロとなって、白人の偏見をただし、黒人をセックスと犯罪のステレオタイプから解放するという役割を託したのである。[★278] オバマにある種の救世主的な雰囲気があったことは、対立候補であったマケインが、彼を『マトリックス』の主人公ネオに与えられた救世主を意味する呼称であるザ・ワン(唯一者)に喩えた点からも明らかだろう。

奴隷制の時代、アフリカ系アメリカ人のなかに精神的指導者が現れることは、白人奴隷主や彼らが寄って立っていた法的・政治的制度への脅威として捉えられた。たとえば、一八三一年、合衆国ヴァージニア州において、日食を神による解放の啓示と捉えて暴動を扇動したナット・ターナーのような宗教的指導者を思い起こせば良いだろう。この暴動後、奴隷主たちは黒人が説教をしたり、白人抜きで宗教的集会に参加することを禁止した。その後、二〇世紀になって以降のゾンビ物語では、こうした黒人の精神的指導者はゾンビマスターとして描かれるようになった。[★279] 一九五七〜一九七一年までハイチの独裁的政治家であったフランソワ・デュバリエが、自らヴードゥーマンである「パパ・ドク」と称し、政敵をゾンビに変えて支配したという噂を流したり、合衆国に対してゾンビの軍団を送り込むと脅迫したのは、まさに、この奴隷制時代の白人の恐怖を逆手に取る戦略だったといえるだろう。

初の黒人大統領オバマの誕生は、その意味において、白人による黒いゾンビ奴隷への支配の時代が終わり、ゾンビの王が戴冠して、白人社会の改変を開始したという象徴的な意味をもはらむ出来事だったといえるだろう。あるいは、オリエント的なものとして外部化されていたものが、白人と黒人との混血という新たな戦略を経由して、すんなりとアメリカの内部に入り込み、そしてついにはその国家の頂点に立った瞬間であったとも読むことができるのではないだろうか。オバマの後を継いだのが、その対極を行くハイパーホワイトの極限形態ともいえるドナルド・トランプであったことほど、歴史の皮肉、あるいは反動性を感じさせるものはないわけだけれど。

第5章

性からの緊急避難

子どもの問題。

映画『ゾンビーノ』で、ゾンビのハウスメイド、ファイドーと共感するのは、主人公の少年ティミーと、母親のヘレンである。父親は終始ゾンビを嫌悪し軽蔑する。

この映画が保守的な一九五〇年代アメリカの家父長制的世界を背景としている点から単純に考えるならば、それは生産に携わらないゆえに資本主義制度下で疎外されていた女性・子どもが、同じく力を剥奪されたゾンビに共感し、人間性を見いだそうとしたのだと解釈できる。ゾンビの女性を妻としていることで社会から疎外されているミスター・テオポリスもまた、同じ社会的位相にいる。彼らはみなマイノリティなのだ。とすれば、これは五〇年代後半から始まる、公民権運動的な、疎外された者たちの連帯のドラマとして捉えることもできる。[★280]

公民権運動で議論されたのは、主として人種やジェンダーの問題、女性の問題などであったが、子どもの権利の問題も、黒人の子どもたちの問題として取り上げられていた。キング牧師は、一九六三年のバーミンガムの抗議活動において、黒人の子どもたちをデモに参加させもした。スタンフォード大学の調査によれば、衰えつつあった抗議行動への支持を再び得るための苦肉の策として、デモに参加しても失うもののない子どもたちを動員することが構想されたのだという。このときは千人の子どもたちが逮

捕されたとされる。[★281]

テレビドラマ『ウォーキング・デッド』のシーズン2・3において、主人公的存在である元保安官代理リック・グライムズの妻ローリが、リックの親友シェーン・ウォルシュの子どもを妊娠する。自然分娩が困難なため、自分か子どもかどちらかの命を選ばねばならなくなったローリは、帝王切開で子どもが無事に取り出されることを選ぶ。なぜなら、子どもは社会が再生産されていくための希望だからである。かくして母ローリの出血死と引き替えに、女児ジュディスが未来への希望として誕生する。死後にゾンビ化した母をその息子が殺し、リックは悲しみをあらわにしながらも、自分の娘としてジュディスを育てていく決意をする。それは、痛ましくも胸を打つヒューマン・ドラマとして演出されていた。[★282]

けれども、ロメロの同名作品をリメイクしたザック・スナイダー監督の『ドーン・オブ・ザ・デッド』(二〇〇四)では、これとは対照的な子どもが生まれていた。当たり前とされている存在の位相を揺るがすような子どもが。

それはゾンビ化した母親が産む、ゾンベイビー(ゾンビ・ベイビー)である。モールのなかに逃げ込んだ黒人のアンドレは、妊婦であるロシア人の妻ルーダがゾンビに嚙まれたことを隠している。やがて彼女はゾンビ化する。ベッドに縛り付けられた妻はアンドレを嚙もうと暴れる。アンドレはルーダがゾンビになったとき、お腹の子どもは死んだと考えるが、彼女のお腹が動き始め、やがて子宮から女の子が誕生する。

ここでは何が起こっていると考えるべきなのだろう。通常は生命を生み出すはずの子宮が、ここでは死、あるいは死のなかの生、あるいは生命を欠いた不死を生み出す器官となっている。それは目眩《めまい》がするほどの転覆性をはらむ。裏返しの赤ん坊であるからだ。生まれた赤ん坊はゾンビである。つまり、成長しないし、規範的な意味での再生産は行わない。『ウォーキング・デッド』においてジュディスが体現していた理想は完全に裏返されている。だが、この赤ん坊は独自のやり方で再生産を行える。つまり、嚙んで自らの血や体液を分け与えることによって。規範的ではない再生産の方式によって。

再生産可能な未来を開く希望を象徴するがゆえに、子どもの無垢さは愛でられる。けれども、どんなに無邪気でもゾンベイビーが指し示す未来は、まったく未知のものだ。このことに関して、タフツ大学英文学科教授のリー・エーデルマンは、ゾンベイビーが指し示すのは、クィアネスのモデルだと述べている。国家は、異性愛的再生産を通して自らを再生産するため、そこに性の最高の用途を見いだす。これに対して、子どもを生み出すことのないクィアネスは、生命の論理を否定する死の衝動とみなされる。つまり、クィアな性のありようは、国家の再生産を不可能にするゆえに、社会秩序や政治を否定する存在と捉えられる。だから、映画のなかでゾンベイビーは命を絶たれる。異性愛の秩序からはみ出す、クィアな赤ん坊はこの社会では受け入れられないというわけだ。★283 もっともこの説には、代理母出産の可能性は一切考慮されていない。

赤ん坊であっても、それが正しい再生産の規範から外れていれば生きられない社会がここに提示されている。その背景について、あるいはゾンビと性やジェンダーとの関係について、少し考えてみたいと思う。

2……セクシャル・ゾンビ・ナンバー・ワン

▼ライバルは吸血鬼？

一九三一年、トッド・ブラウニング監督の映画『魔人ドラキュラ』でのデビュー時から、ドラキュラは常にベッドルームに侵入してきた。眠っていた女性は目を覚まし、最初は恐怖に怯えるが、首筋に牙

◉貴族然とした吸血鬼イメージを決定づけたベラ・ルゴシ
（Tod Browning, *Dracula*, 1931）

を立てられるとうっとりした表情へと変わっていく。それが性行為の暗喩であることは一目瞭然である。けれども、同じ不死者でありながら、ゾンビにはそのような場面が用意されることはない。

この落差はどこから来るものだろう。

ブラム・ストーカーの原作（一八九七）では、吸血鬼は醜い存在として描かれていた。超越的な力をもちつつも、いやな臭いのする獣のような存在だった。しかし、映画が彼を貴公子に仕立て上げた。なにより、ベラ・ルゴシが演じた貴族然としたドラキュラが、その後の吸血鬼のイメージを決定づけた。かくして、吸血鬼はもっとも華麗な不死者となった。超越的能力をもち、人間を超えているだけでなく、人間を支配し、美しく、性的な魅力ももつ存在となった。ある意味で、彼は勝者がすべてを奪い取る自己中心性をすら称賛してしまうアメリカ文化の象徴なのだともいえるだろう。

対するゾンビはどうだろう。なによりもまず、ゾンビは美しくない。というより、美しくなさ過ぎる。なぜなら、その身体は絶えず腐敗して崩れつつあるのだから。この時点ですでに、閨房への立ち入り禁止を食らうのは間違いない。いってみれば、その身体のアブジェクション（おぞましさ）が、性の対象から滑り落ちる第一の要因なのだといえるだろう。

さらに、ゾンビには極めて重要な要素が欠けている。吸血鬼は狡猾で誘惑的である。つまり、明確な意識や意志をもっていて主体的な働きかけを行う。対するゾンビは、肝心の意志を欠いている。ゾンビには性的能動性も受動性もないのだ。

◉アブジェクションを発散させるハイチのゾンビのイメージ
(picture by Jean-noël Lafargue)

さらに、吸血鬼の牙はジェンダーの垣根を越えもする。ストーカーの原作では、ドラキュラが最初に襲ったのは女性ではなく、男性の病院患者レンフィールドであった。吸血鬼は、自在に性の垣根を越え、男でも女でも攻撃、あるいは支配、あるいは性愛の対象にできる。むろん、この点に関しても、ゾンビにはなんら能動的な働きかけはできない。

さらに、セクシュアリティ研究者ローラ・ヘレン・マークスは、文学研究者サラ・シーツの吸血鬼は犠牲者と「相互束縛(mutual bondage)」の状態にあるという分析を紹介している。シーツによれば、吸血鬼は、犠牲者/寄主という関係においてのみ存在でき、「圧倒的な欲望は一体化へのもので、他者の取り込みというはかない行為によって表現される」[★284]。犠牲者はただ襲われて血を吸われるだけではない。一度血を吸われた犠牲者は、さらに血を吸われるのを求めるようになる。つまり、吸血鬼は欲望するだけではなく、欲望されることをも欲望するのである。同時に能動的であり受動的、男性的であり女性的、主体であり客体、主役であり敵役でもある。それはポルノ映画における理想の女性像とも重なる。わかりやすい俗語でいえば、「嫌よ嫌よも好きのうち」という状態だろうか。フェミニズムの立場から、この表現が誤りだといわれるのは当然で、これはあくまで、多くは男性である欲望する側の願望が表現された言葉なのである。「嫌よ嫌よ」は、欲望の対照とされている段階、受け身の段階だが、これがほんとうは「好き」という主体的、能動的欲望の表現であって欲しいという願望が表現されているわけである。レイプではなく和姦だった、レイプだったのだが逆レイプになった、というのがポルノ的な理想とされる。「ええ、まあ、確かに最初に血を吸ったのはぼくですよ。だけど、その後は彼女に吸われることを求められて閉口してるんです」という吸血鬼のセリフとして、この願望を要約しておくことにしよう。

　これに対して、われらがゾンビはどうだろう。ジェンダーを欠き、腐りつつあり、主体を欠いたゾンビは、吸血鬼のように主張せず、要求せず、攻撃的ではない。吸血鬼のように主体と客体の間を揺れ動いてみせるポルノ的ファンタジーを掻き立てない。男性でも女性でもなく、人肉への食欲以外の欲望を示せないゾンビは、ポルノに必要な揺れ、動きを欠いている。ゾンビは十分に動かないのだ[★285]。

　あるいは、こうもいえるだろう。ゾンビの欲望は規範を外れているのだと[★286]。ゾンビになったものは、ジェンダー、性別、家族といった社会の規範をすべて逸脱してしまう。妻が夫を襲い、大人が子どもを襲うのだから。ポルノ的ファンタジーは、確かに社会の規範を逸脱して快楽を生み出すわけだが、ゾンビという鏡に照らしてみると、その逸脱の度合いは極めておとなしいものだ。ポルノ的ファンタジーは最終的にはシステム全体を無傷のまま温存する、カーニバル的な逸脱に過ぎない。これに対し、妻が夫を、大人が子どもを食べ始めたのではシステムの温存は不可能である。つまり、ゾンビはポルノの枠に収まらないということにもなるだろう。

▼性的ゾンビの系譜

いや、そうではないという声があがる。

近年は、たくさん性的なゾンビものが作られているではないか、と。

たとえば、ブルース・ラブルース監督の『オットー；オア・アップ・ウィズ・デッド・ピープル』(二〇〇八)、ジェイ・リー監督の『ゾンビ・ストリッパーズ』(二〇〇八)、『ウォーム・ボディーズ』(二〇一三)、『iゾンビ』(二〇一五〜)など、エロティックなゾンビの美学をテーマに掲げた作品が挙げられる。実はここには、一九三一年の『魔人ドラキュラ』がブラム・ストーカーの原作に対して行った変更と同じ作用が働いている。すでに述べたようにこの映画は、原作では超越能力はもつものの、人間より劣った、哀れな獣として描かれていたドラキュラを、審美的に美しい超越者として生まれ変わらせた。それがその後の吸血鬼のイメージを支配したわけである。

同様の「人間化」が、二〇〇〇年代にはゾンビにも起こった。二〇〇五年の『ランド・オブ・ザ・デッド』に登場したビッグ・ダディを皮切りとして、さほど容姿が崩れておらず、しかもある程度主体的な行動を取ることができるゾンビが登場してくる。かくして、ゾンビが性愛の主体となりうる土壌ができあがり、前述のような作品が出てきたわけである。『iゾンビ』などは、もはや肌の色が蒼白なだけで、美しく知的なゾンビ女性が活躍し、ゾンビ同士の性愛シーンまでもが描かれるに至っている。

とすると、やはり、より人間化することが、ゾンビが性愛に参与するための必要十分条件となるのだろうか。

異議ありとの声が、さらにあがる。

いやいや、ゾンビは最初から性的存在だった、と。

最初のゾンビ映画『ホワイト・ゾンビ』の物語を再び見てみよう。ハイチのプランテーション所有者ボーモントは、新婚旅行で島にやってきたマデリーンに横恋慕し、ヴードゥーの呪術師ルジャンドルに、彼女を誘拐させる。そして、ルジャンドルからもらったゾンビ・パウダーを用いて、永遠に心変わりしない自分のものにしようとする。プランテーションが経済的な奉仕をする奴隷労働者を作り出すシステムであるとすれば、ボーモントが企んだのは同じ行為を性的次元で行うことであったと解釈できるだろう。いわば性的植民地の開拓である。実際には、映画のなかでボーモントは、意志を欠いてしまった彼女に失望し、自分が求めていたのはこのような女性ではなかったと後悔する。けれども、ボーモントを裏切って、彼女を奪い取ったルジャンドルには、明らかにこの性的植民の意図があったといえるだろう。

さらに、一九世紀のヴィクトリア朝を思い出せとの声もあがる。そこには、性的でジェンダー的な特徴が、不死という要素によって、さらに純化された伝統があったではないか、と。

ヴィクトリア女王は、夫のアルバート公子が腸チフスで亡くなったのを深く悲しみ、その後の三九年間の人生を喪服で過ごした。さらに、彼女は死後も夫が物理的にそこにまだ存在しているような演出をした。部屋を、たったいま夫が机から立ち上がって出て行ったかのような印象に整え、浴衣もすぐに使える状態に保ち続けた。また、アルバートの物理的存在を常に思い出させるよう、胸像、肖像画、彫像を至る所に配置した。ヴィクトリア女王は、アルバートの髪の毛を入れた写真入りの首飾りを常に身につけていた。

オーストラリアのサザン・クイーンズランド大学でSFやホラーを講じるマーカス・ハームズは、ゾンビ映画における屍姦と一九世紀文化を巡る論考のなかで、ブロンテ研究者ケイト・ブラウンの次の指摘を引用する。ブロンテ姉妹の作品には「死者を保存しようとする」傾向がある。なぜなら、彼女らは「創造性、家族のつながり、欲望を充足できる身体的映像」の回復が可能なモノで構成される喪の重要性を主張しているからだ、と。★287 現代よりも死がもっと日常的な出来事であったヴィクトリア朝の人々は、常に死に備えていた。葬儀のために貯金をし、婚姻費用のなかに喪の儀式のための費用が含まれていたほどであった。★288 死者を忘れないように、死者の記憶を保ち続け、象徴的に死者を生かし続けることが、この時代のたしなみだったのである。死者は綺麗に着飾られ、化粧を施されて、まるで眠っているような姿で棺に葬られた。さらには、棺にベルを取り付け、埋められた死者が息を吹き返したとき、生存を知らせて掘り起こしてもらえる工夫が施されているものもあった。もちろん早すぎた埋葬への恐怖から来たものでもあるが、同時にすべての死者が、まだほんとうには死んでいない、つまりは生きている可能性をはらんでいると解釈するための象徴的な手段のひとつでもあったように思われる。長期にわたる喪服の着用、弔いの鐘、墓地の祈念碑などが死者の思い出を呼び覚まし、肖像画や、故人の毛髪入り首飾りといった装飾品が死者の記憶を鮮明に保ち続けた。これらのモノたちは、死者は遠くに行っておらず、心の目で容易に呼び戻せるという考えを促すメディアだったわけである。これは「喪」、すなわち「不在」を、「感じ取ることができる表象の存在」に置き換える行為と、言い換えてもよいだろう。★289

マーカス・ハームズは、こうしたヴィクトリア女王のモノによる記憶の永続化にはフェティシズムの匂いがあるとし、上品ぶった性的抑圧の生活を余儀なくされた末に、死後のアルバートが強い性的固着の対象となった可能性を指摘する。そのうえで、一九世紀を舞台とした三つのゾンビ映画について語っている。リッカルド・フレーダ監督によるイタリア映画『ヒッチコック博士の恐るべき秘密』（一九六二）、ジョン・ギリング監督のハマー・フィルム映画『吸血ゾンビ』（一九六六）、ホセ・ルイス・メリノ監督の『死者の狂宴』（一九七三、スペイン映画であり、英米では *The Hanging Woman* というタイトルで公開された。サイテー映画として有名な

●『ヒッチコック博士の恐るべき秘密』
（Riccardo Freda, *L'orribile segreto del Dr. Hichcock*, 1962）

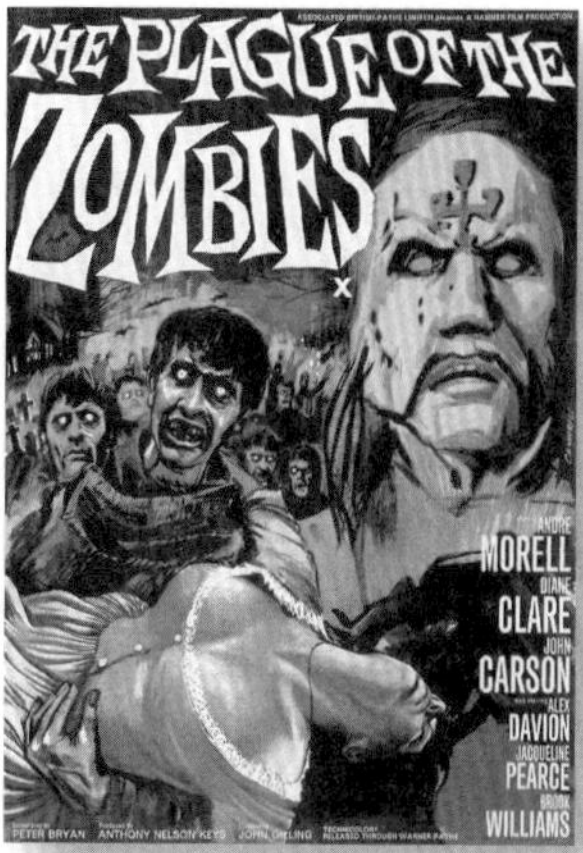

●『吸血ゾンビ』
（John Gilling, *The Plague of the Zombies*, 1966）

●『死者の狂宴』
（José Luis Merino, *La orgía de los muertos*, 1973）

19世紀を舞台に、
不死者として蘇ったゾンビが
性的欲望の対象となる
3本の映画。

エド・ウッド監督の『死霊の盆踊り』は同じ原題であるが一九六五年の作品であり、全くの別物）である。これら三つの映画においては不死者として戻ってきたゾンビが、喪の対象ではなく、性的欲望の対象となる。★290

ゾンビはしばしば官能的な女性で、男性登場人物は彼女らに性的魅力を感じる。その時代背景として、先に述べたように一九世紀は死亡率が高く、死が日常的体験であったことがある。つまり、死があまりにも当たり前のものであったために、それは単なる脅威ではなく、喪の儀式によって美化されたのである。肖像画は死者を美しく描き、死者は美しい姿で葬られた。だから、映画のなかの死んだ女性たちは、死後も美しく、禁断の欲望の対象となりえた。死者を美化する喪の儀式が、不死者への欲望へと変性し、喪の場が、逸脱した性の場へと変容したわけである。たとえば、『ヒッチコック博士の恐るべき秘密』の主人公ヒッチコック博士は、妻を仮死状態にする薬を発明する。博士は、仮死状態の妻に対してしか興奮をおぼえることができない。やがて薬の過剰摂取で妻は死んでしまうが、その後にゾンビとして蘇る。屍姦願望といってしまえばそれまでなのだが、むしろこれは死によって美を付与された存在への欲望という一九世紀的な欲望のわかりやすいかたちなのだといえるのかもしれない。日常においては性を抑圧されていたがゆえに、死をくぐらせ、日常から逸脱させることで初めて性的欲望を解放できる。そんな、倒錯した構図がそこには垣間見えるように思われる。★291

さらに、こうした願望の背後には、ヴィクトリア朝的な女性観も見て取れる。『吸血ゾンビ』においては、ゾンビとして蘇った二人の女性アリスとシルヴィアが、ゾンビマスターである鉱山経営者のハミルトンに従属し、性的暴力の対象となる。『死者の狂宴』においては、マッドサイエンティストのドリア博士が、死体蘇生の技術を完成させる。なにも知らない死体泥棒のイゴールが、墓から掘り起こした死体を愛撫していると、死体が復活して驚かせる。復活させられた死体のなかには、屋敷の元主人の妻も含まれており、彼女は裸のまま田舎の町をさまよい歩く。いずれの場合も、女性は男性の従属物として表象されている。オクラホマ大学のアメリカ文化研究者リタ・ケレステシは、ネオコロニアリズムとゾンビ化をめぐる論考のなかで、女性の完全な受動性の状態が男性の支配妄想を掻き立てるとき、女性はさらなる性化とモノ化の段階に置かれるというフェミニスト文学研究者ブリンダ・メータの指摘を引用している。★292

また、一九世紀の性のルポルタージュとして有名な『我が秘密の生涯』（邦訳三崎書房刊）では、女性は鍵穴から覗いた身体として、あるいは性行為のさなかの身体パーツの寄せ集めとして想起されている。

> ある晩、娘だけが泊った。私は、母が自分の部屋にはいってドアをしめる音を耳にするや否や、パジャマ一枚で抜けだし、鍵穴からのぞいて、娘の裸体を見た。彼女は灯《あかり》を床の上において、片足を椅子にかけ、小さい鏡で自分の体を見ており、腰が私のほうに向けられていた。満足できないような様子で、彼女はぐるりと向きをかえて、私の真正面に坐りこみ、ろうそくは床に置いた

まま、調査をさらに進行させようとして、なおいっそう両脚をひろげた。おかげでわたしはたっぷりと拝観した[★293]。

四〇年にわたって記されたこの性の記録は、禁欲と貞節を旨としていたヴィクトリア朝の、裏の顔を余すところなく伝えてくれる。記録者の性的な記憶の始まりは幼少期の子守女の剥き出しになったふとももである。つまり、女性は生きた身体としてではなく、パーツの集合体として認識され、それは、首飾りや装身具に、故人の髪の毛を入れて友人や親戚に手渡すというこの時代ならではの習慣と重なる。ヴィクトリア朝の女性は、法的に夫の所有物であり、死後も性的な従属が当然とされたことが背景にある[★294]。その意味では、「ジェンダー化された視線」を拒絶したロメロの功績は大きかったというべきなのかもしれない。ロメロ以後、ゾンビは主体性を欠くだけでなく、人肉への欲望に憑かれた機械のような存在となり、またその身体を腐れ爛《ただ》らせるアブジェクション（おぞましさ）を兼ね備えることによって、性的対象となるのを免れたのだから[★295]。

▼黒人女性戦士ミショーンの敗北

『ナイト・オブ・ザ・リビング・デッド』で、ヒロインとしか見えなかったバーバラは、唐突に退場することになる。映画の冒頭、バーバラは、兄のジョニーと父の墓参りに訪れる。途中、ゾンビに襲われ、兄は噛まれてしまう。そして彼女だけが、逃げ延びて黒人青年ベンが立てこもっている家へと逃れる。この流れからすれば、ベンとバーバラが最後まで生き残るというのが、伝統的なハリウッド物の流れとなるはずである。しかし、バリケードを破って家に侵入してきたゾンビたちのなかに兄ジョニーの姿を見つけたバーバラは、ゾンビと敵対していたにもかかわらず、兄に抱き着いてしまい、そのままどこかへ連れ去られてしまう。いったいバーバラは、なぜ、ここでこのような行動を取ったのか。サイモン・フレイザー大学で女性学を講じているナターシャ・パターソンは、それは、彼女が「女性のジェンダーに沿った行動を取った」からだと説明している。危険を前にしても、伝統的な兄妹の絆という家族制度の枠から抜けられなかったことが彼女の死を招いた、つまりは家父長制度が彼女を殺したのである。★296

これを逆に考えれば、ゾンビとは家父長制度に逆らうものだといえるだろう。スティーヴン・シャヴィロは、家父長制的規範を内化し、それと同一化することが自我を生み出すという。そして、ゾンビとは、そこにおいて否定された残余なのだとする。つまり、自らのアイデンティティを家父長制という枠のなかに入れようとしたとき、そこに入りきらないものは切り捨てざるを得ない。それこそがゾンビの要件だというのだ。★297ロメロは、ゾンビによって秩序が失われ、社会はもはや維持不可能になると考えた。そのなかを生き延びるためには、女性は家父長制的な「女性役割」に閉じこもっているわけには行かず、男性性を帯びねばならない。バーバラのように「家族」「兄妹」「女性」といった枠組みのなかに留まって

いたのでは生き続けられない。そうした衣裳を捨てて、男性性を演じることが、生存の要件となるというわけだ。[★298]

ところが、『ウォーキング・デッド』では、これとまったく逆行することが起きている。というのも、このドラマは、異性愛的な核家族、さらにいえば家父長制的要素をゾンビ・ドラマの中心に据えたからである。

その理由はきわめて単純だ。このドラマにおいては、ゾンビは「背景」化され、生存者の人間関係が中心に据えられた。ロメロ的な物語世界では、生存者たちが恋愛や性に関心を向けることはなかった。生き延びることが先決事項だったからだ。ところが、このドラマにおいて、登場人物はただ生き延びようとするのではない。よりよく生きようとする、あるいは新しい世界を作り出そうとすらする。そのために、普通のテレビドラマの登場人物のようなキャラクター設定がなされている。そして、このよりよい生を希求する人間の証明として、性愛の行為が使われているのである。[★299]ドラマにおける性行為は、登場人物たちが身体的に健全で、かつ即時的な欲求を満たせる状態にあることを意味する。彼ら彼女らは、自分たちが見つけた幸福に満足し、以前の生活を取り戻そうとは思わない。逆にいえば、性的存在、恋愛的存在として十全に「生き」なければ、自分たちを取り囲んでいるゾンビたちと変わらないのだ。彼ら彼女らは性愛の行為を通して、死者と自分たちを差異化するのである。[★300]

ゾンビ禍によって一度は崩壊した結婚が再構築される。テレビドラマ版の初期のシーズンにおいて中核的に描かれるのは、リック・グライムズとローリ・グライムズ、そして韓国系アメリカ人青年のグレン・リーと農場オーナーの長女マギー・グリーンの二つのカップルである。そこでは、当然のように異性愛の規範、一夫一婦制の恋愛が特権化される。結婚とは、制度化され調整され、認可された恋愛だ。既存社会において結婚は、公的に認知された性的統合の場である。性的親密さを婚姻関係の枠内に制限し、財産蓄積のために共同して働く義務を課し、これによって社会の安定性を担保するための制度であった。つまり、家族の絆が、強い共同体の支えとなっている。[★301]

けれども、『ドーン・オブ・ザ・デッド』でモールに立てこもる、それまで関係性のなかった人たちのグループや、『28日後…』でチームを組んで生き残りをはかる疑似家族のように、通常のゾンビ黙示録《アポカリプス》においては、異性愛のカップルや親子という単位ではなく、より広範かつ、新しいつながりで構成されたネットワークが、生き残りのための必要条件であった。これに対し、『ウォーキング・デッド』では、そのようなネットワーク的連帯のただなかに、公然と異性愛、親子といった関係性が重要なものとして残される。あるいは、ネットワークを支える力としてすら扱われる。[★302]

たとえば、最初のシーズンにおいて、保安官代理のリック・グライムズの家族は、彼がすでに死んだと考えている。妻のローリは、ゾンビの襲撃を逃れた郊外で、リックの親友であった同じく元保安官代理のシェーン・ウォルシュとペアを形成している。息子であるカールのためにも、ローリは家族という単位を維持しようと努める。これだけでも、強い家族制度規範が、ゾンビ黙示録《アポカリプス》以後の世界でも継続していることが明らかだ。しかし、ことはさらに複雑になる。死んだはずのリックが生きて戻るからである。ここにおいて、さらに強い家族制度規範が当然のように持ち出される。つまり、リックが生きている以上、ローリはリックのもとに戻らねばならない、というものである。なぜなら、リックはカールの生物学的な父親であり、リックとローリの結婚は法的に解消されていないからだ。結果的にリックは親友であったシェーンの命を奪う。この行為を通して、リックは、ローリとカール、ローリのお腹のなかにいる赤ん坊、そして生き残りグループのリーダーの地位といったすべてを手に入れる。このとき、ローリは、悲しみ、裏切り、怒り、驚きの入り交じった複雑な感情を示す。なぜなら、リックが、滅んだはずの家父長制度を復活させたことがここには示されているからである。政府が崩壊し、法的強制力がない世界でも、社会契約が維持されることを、あるいは維持していくという意志を、元保安官代理のリックが示すわけである。[★303] 逆にいえば、リックが元保安官代理であるということに、このドラマのイデオロギー的な立場が、集約されているのかもしれない。

また、アメリカン大学の教育学者アマンダ・テイラーは、『ウォーキング・デッド』についての論考のなかで、深層心理学研究者キャロル・S・ピアソンのベストセラー『英雄の旅』（一九九一、邦訳実務教育出版刊）から、「戦士と介護者のバランス」という表現を借用する。これは、すべての結婚は、この「戦士と介護者のバランス」を取るための行為なのだという考え方を示す概念である。『ウォーキング・デッド』前期の登場人物を、テイラーはこの二つのカテゴリーに分類してみせる。戦士は、リック・グライムズ、シェーン・ウォルシュ、黒人女性ミショーンであり、介護者はローリ・グライムズ、農場オーナーの次女ベス・グリーン、元弁護士のアンドレア・ハリソンである。戦士には、容赦がないという弱点があるが、介護者との結婚を通して、両者のバランスが達成される。この関係が伝統的な異性愛基盤を補強してきたのだという。

この視点から見れば、介護者であるローリは、自分と息子カールに必要な保護と安定を得られる戦士を必要としており、リックが死んだとされた時点で、シェーンを選ぶのは自然な行為だったことになる。[★304]

しかし、『ウォーキング・デッド』は、その後、新しい観点を導入する。それは、この戦士と介護者の関係の流動化である。このドラマにおいては、リックやグレンも介護者たり得るし、マギーも戦士たり得る。ホラー映画におけるジェンダー概念の研究で知られるキャロル・J・クローヴァーがサイコパスの殺人鬼が大量殺人をくりひろげる一九六〇年代、七〇年代のスラッシャー・フィルムに登場する、「最後に生き残る女性（ファイナル・ガール）」について述べていることとも、それは重なり合う。つまりホラー映画のなかで、ただひとり最後に生き残る女性は、二重のジェンダーをもつとの指摘である。女性的存在から、男性的存在へと物語のなかで変容することで、彼女は生き残れるというのである。この流れからいえば、こうしたホラーの文脈で死んでいく男性たちは、女性化されているともいえるだろう。[★305] 結婚の文脈を維持しつつも、新しい文化的文脈に対応し得る人物像が、こうして生み出された。

そして、リックにとって、黒人女性戦士ミショーンは、理想のパートナーとなる。彼女は、戦士として完璧であり、自分で自分を守ることができる。同時に、家庭の安全を望み、また守る介護者になる能力と願望ももっている。ローリの死後、このミショーンとペアを形成し、リックはもっとも安定した関係を築く。リックとミショーンの関係、すなわちファンたちが「リショーン（Richonne）」と呼ぶ関係性がゾンビ以後の世界の理想像となる。それを反映するように、新たに構築された要塞都市アレクサンドリアには一時的ながらも平和が訪れる。★306

けれども、果たしてこれでよかったということになるか。思い出しておきたい。当初ミショーンがどういう存在として描かれていたのかを。最初に彼女が登場するシーンは衝撃的だった。痩身でドレッドヘアの鋭い顔をした黒人女性。近づくゾンビたちの首を瞬く間にはね飛ばす日本刀の使い手。そして、自分の二人の息子を襲った、二体のゾンビに口枷をつけ、縄でつないでペットのように連れ歩いている。白人男性中心に描かれていた作品世界に、なんともいえない異物感を伴って入り込んできた。しかも、ジェンダー的にも彼女は危機を救った元弁護士のアンドレア・ハリソンとの間に、同性愛的な気配を濃厚に漂わせるペアを形成する。あらゆる意味で、それまでの『ウォーキング・デッド』の規範的価値を揺さぶる存在だったのである。

その後、二人は一見理想的な街ウッドベリーを訪れる。アンドレアはすぐにこの街の安定と安寧に引き込まれ、街を支配する総督《ガバナー》の虜となる。アンドレアは、主体性を欠いた弱い自我、弱い介護者として表象されている。彼女がミショーンとの間に恋愛的な雰囲気を醸し出していたのは、仮の姿でしかなかった。男女を問わず、彼女は自らにとってより安定した、強い戦士を欲していただけなのである。

それに対して、ミショーンは一切ぶれない。この街が古いジェンダー規範、性的振る舞い、そして人種的階層を伴っていることを鋭く見抜き、また一見平和に見えるこの街が、食料調達などの下部構造において暴力を基本としていること（市民には隠している）にも気づく。ミショーンは、自らの欲望、身体、関係性を規定しようとするシステムを拒絶する存在、安易な妥協を拒む単独者として屹立し続けていた。キャシー・ハンナバックは彼女のことを、ドラマ内でもっとも「他者化された」身体と呼ぶ。「アフリカ系アメリカ人、クィア、ブッチ（レズビアン関係において異性的役割を果たす存在）、障がい者として、ミショーン

◉2体のゾンビをペットのように連れ歩く『ウォーキング・デッド』のミショーンは、白人男性中心の作品世界に一石を投じた
（Frank Darabont et al., *The Walking Dead*, 2010〜）

はあらゆる抵抗を体現」していたというのである。★307

とすれば、そんなミショーンが、やがてリックの率いる白人中心の集団に引き入れられ、最終的にはリックのパートナーへと納まっていく展開は、「異物」の同化過程だと読むべきだろう。映画研究者バーバラ・クリードは、女性はモンスターのようなものではなく、モンスターそのものなのだとする「怪物的女性（monstrous feminine）」の概念で知られている。それによれば、授乳、月経などがある女性身体、あるいは身体機能は、家父長制が抱く恐怖や不安の視覚化なのだという。男性器を切除し、家父長制を弱体化させる、去勢的女性への恐怖がそこには視覚化されているとする。また同じく映画学者のリンダ・ウィリアムズは、女性の観客がモンスターを怖れるのは、モンスターを通して、家父長制的文化のなかで自分が従属的地位に置かれていることを認識させられるからだと述べている。怪物のおぞましさとは、家父長制にとっての女性のおぞましさそのものなのだ。だから、家父長制は女性という存在を怖れ、これを抑圧しようとするのだという。★308 スティーヴン・シャヴィロの「白人男性の女性恐怖とゾンビ恐怖は類似している」という指摘は、こうした文脈で考えれば理解しやすい。★309 ましてやミショーンはこれに加えて、アフリカ系アメリカ人であり、さらに同性愛者であるという逸脱性まで兼ね備えているのだから、その怪物性は際立ったものになる。

だから、もっとも強い家父長制的能力をもった男が名乗りをあげるわけだ。元保安官代理であるリックが、やがてミショーンをわが物としていく。あろうことか、あれだけ際立った単独者であったミショーンが、こうしてリックのものになってしまうのである。結婚あるいは男女の安定的なペアという形式は、この女性恐怖がきちんと抑圧された証となるのだ。

これは、明らかに家父長制の勝利であり、それを破壊しかねない危険な力の克服である。ミショーンは、この物語を支配する文法に敗れ去った。そして、この家父長制を維持するための最大の武器、あらゆる女性をうっとりさせ、思考放棄の果てに従属させる魔法の呪文が「愛」ということになる。

▼「恋愛」という罠

マルセル・サーミエントとガディ・ハレル監督作『デッドガール』（二〇〇八）は、ゾンビ映画のなかでも極めて興味深い青春映画である。スクールカーストで底辺にいる男子高校生リッキーとＪＴの二人は親友同士。リッキーは美人で学校の人気者のジョアンが好きなのだが、彼女はジョニーという腕っぷしの強い同級生と付き合っており、リッキーのことは眼中にない。ある日リッキーとＪＴは、学校をサボって廃墟になった精神病院に侵入する。その地下室で、二人は全裸で鎖につながれた女性を発見する。リッキーは嫌悪感を示すが、ＪＴは「雑誌に出てるような女だ」「なかなかきれいじゃないか」と彼女をレイプする。ＪＴは自分を嚙もうとした彼女を殴りつけ、首を絞めたりするが彼女は死なない。二人はその女性がゾンビだと気づく（ただし、映画のなかでゾンビという言葉は使われない。彼らは彼女のことをデッドガールと呼ぶだけだ）。そのうち、幼なじみのウィーラーもＪＴと一緒になって地下室のデッドガールを犯し始める。やがて、ウィーラーからただでヤレる女がいると聞きつけたジョニーとその友人ドワイヤーたちも地下室に押しかけ、行為中に彼女に噛まれてしまう。JTとウィーラーは、ゾンビの性奴隷をもっと作ろうとジョアンを誘拐する。リッキーはジョアンを救おうとするものの、ジョアンはデッドガールを解放し、ウィーラーとJTを噛ませる。しかし、争いのなかでジョアンは致命傷を負う。最後にJTは、リッキーに、自分が彼女を噛めばデッドガールとして残せると迫る。映画のラストでは、幸せいっぱいの高校生活を送るリッキーが描かれる。リッキーが廃病院へと向かうと、地下室のベッドには鎖でつながれたジョアンがいる。——この映画は、ゾンビものには珍しく、ゾンビと性、そして恋愛を主題に据えた作品として際立っている。

『ウォーキング・デッド』には、恋愛、そして結婚して家族をもつことが男を安定させる、あるいは一人前の大人にするというイデオロギーが潜在していた。既存社会で支配的なそのイデオロギーが、ゾンビ黙示録《アポカリプス》以降にまで継続していく展開が見られた。このドラマが人気を博した理由は、実は既存社会の価値観を、そのままゾンビワールドに持ち込んだことだったといえる。ミショーンのような、際立って異質の存在までもが結婚制度、あるいは異性愛のカップル中心主義の枠内に取り込まれていくほど、その規範の力は強力なものだった。

それに対し、『デッドガール』の中心にあるのは、男同士の友情、あるいは連帯である。JTは決して女性と恋愛に陥らない。JTとは違い、リッキーはジョアンとの恋愛を望むものの、それを手に入れられない。彼らは、異性愛のカップル中心主義から閉め出されているのである。そんな彼らが寄って立つ一番の価値観は「女より友だち」という精神性である。青春映画に見えるつくりになっているものの、その意味で彼らは、既存社会でいうところの一人前の人間、すなわち大人に向けて成長することはない。

この映画で一番恐ろしい存在は誰か。おそらく、際立って見えるのは繰り返しデッドガール（＝ゾンビ）をレイプし、幾度も殺《あや》めようとするJTだろう。レイプはセックスではなくむしろ暴力であり、支配と従属の関係を作り出すためのものである。後に加わるウィーラーも含めたこの三人の男子高校生は、みな経済的に貧しく、スクールカーストも低い。学校で特権階級であるジョアンやジョニー、ドワイヤーとは対極の存在である。彼らは、社会的にも、同級生の間でも無力の刻印を押された存在だ。鎖につながれたゾンビに対するJTの止むことのない暴力は、だから無力の感覚の裏返しなのである。自分より弱い存在を暴力によって従属させ、自分の社会的地位を底上げし、力を誇示したいという衝動の表現なのである。★310

JTとそれに同調するウィーラーとは違って、リッキーは恋愛を求める。しかも、JTの行為に眉をひそめるリッキーは、少なくとも部分的にはデッドガールを人間、あるいは女性とみなしているといえる。

しかし、その後の展開はどうだろう。社会学者のローラ・フィンリーは、レイプ・カルチャーにおいては、男性は露出の多い女性に対して、その身体をまさぐる権利があると感じていると述べている。『オックスフォード英語辞典』は、レイプ・カルチャーとは「性的攻撃や虐待を、当たり前、あるいは些末なものとみなす態度が広まっている社会や環境」のことで、一九七〇年代の第二波フェミニズムの時期に使われ始めたと定義している。テレビ、映画、ミュージックビデオなどの各種動画で女性がモノのように扱われるシーンが流布しているので、それが男性にとって普通の行動だと考えるようになっていく。ここで問題になるのが、「君のことが好きなんだから、いいだろう?」という表現である。つまり、恋愛という前提が、攻撃的振る舞いの免罪符とみなされる考え方がそこには潜在している。女性の所有権を男性が主張したら、女性は従うべきで、さもなければその拒絶に対して罰せられるという論理展開がその先には待っている。★311

さらに、男性の権力が強く、暴力的報復が常に使用可能な状況下では、女性にとっては生き延びるために受動性が唯一の選択肢となる。実際、この『デッドガール』はレイプ・カルチャー的な価値観に貫かれており、デッドガールも、ジョアンもつねに主体性をもった行動を許されていない。★312

実は、この映画でもっとも注目すべきなのは、JTと地下室で鎖につながれたデッドガールの関係と、リッキーと彼が思いを寄せるジョアンとの恋愛が並行して描かれることである。一見、この二つは対照的な関係性であるように思われるが、結末はどうだろう。最後にジョアンは、デッドガールと同じ鎖につながれたゾンビ女となってしまう。これは何を意味しているのか。

映画の冒頭から、観客はリッキーがジョアンを好きだと理解する。けれどもジョアンは応じない。観客は、主人公リッキーが最後にはジョアンと恋仲になるのではないかという伝統的な期待とともに映画を見続ける。だが、ジョアンはリッキーを受け入れない。ラスト近くで死にかけたジョアンに、リッキーは「愛している」といくども告げるが、ジョアンは「あんたのものになるくらいなら死ぬ」という。さらには、いまわの際で「大人になれよ、クソ野郎」とまで罵る。ここで、リッキーはＪＴの申し出を受け入れ、ジョアンをデッドガールにする。表向きの口実は「彼女を救うため」だ。だが、ジョアンは「あんたのものになるくらいなら死ぬ」といったのではなかったか。この矛盾をどう考えればよいのだろう。

　ある意味では、リッキーは観客の期待通り最後にジョアンを手に入れる。ただし、それは恋愛の成就ではなく、リッキーがそれを通して成長することもない。リッキーが手に入れたのは、もう自分を拒絶

◉レイプ·カルチャー的価値観に貫かれた『デッドガール』
（Marcel Sarmiento & Gadi Harel, *Deadgirl*, 2008）

する恐れもなく、不満も抱くこともない、自意識を欠いたもの＝ジョアンなのだから。なぜリッキーはこのような決断をしたのか。

シカゴ大学のホイットニー・コックスとアシュリー・ルース・リアマンは、ここにレイプ・カルチャーの働きを読み取る。リッキーは、恋愛が商業的取引の中心にある文化のなかにいる。そこでは、女性を性的に利用可能なものにするために出費が必要になる。女性が性的交渉に応じるように、男性は良い印象を与えるべく多くの努力をしなければならない。つまり、女性の獲得は努力や出費に対する見返りであり賞品なのである。ところが、ジョアンはリッキーの懸命の努力をあざ笑い拒絶する。ここで、リッキーの悲しみは一気に怒りに変わる。女性の拒絶は愛を怒りに変えてしまう。作家のマーガレット・アトウッドは「男性は女性に笑われるのをもっとも怖れ、女性は男性に殺されるのをもっとも怖れる」といっている。これを単純に要約すると、レイプ・カルチャーにおける男性は、自分を拒絶した女性を殺すということになる。[★313]「俺がお前を好きで、お前を手に入れるためにこんなに努力したのに、それを拒むとは許しがたい。死をもって償え」というわけだ。

さらに言い換えると、こうなる。レイプ・カルチャーにおいては、恋愛が男性の覇権を強化する一方、女性は充足を得るために男性を必要とする。恋愛という前提が、攻撃的振る舞いの免罪符になるのである。「友だち領域（friend zone）」という用語がある。これは、男性が恋愛を望むのに対し、女性の側が友だちに留め置こうとする状態であり、男性にとっての失望状態である。女性は自分に恋愛を望む男性を、この領域に留め置くことで自分を守ろうとする。けれども、男性の側はこれを逆に解釈する。つまり、より距離を縮めるきっかけと考える。男性の言い分としては、友だちになることは性的関係に値する十分な評価基準であり、それだけが友だちになる目的となるのである。このように、レイプ・カルチャーが強く支配する環境下では、双方の思惑が食い違い、「友だち領域」は最終的には女性を守る砦とはならない。★314

こうした思考様式の根底には、男性は女性の気持ちを考える必要はないとする考え方がある。つまり、女性は男性の意に沿うモノであるべきだという発想だ。JTのデッドガールに対する暴力と、リッキーのジョアンに対する恋愛とが並行して描かれる理由はここにある。JTにとってのデッドガールは、ゾンビとはいえ容易《たやす》く押さえ込める、つまりは自分の思い通りにできるモノである。同様に、リッキーがジョアンを好きだと思う気持ちの根底にも、ジョアンを自分のもの（＝モノ）にしたい願望が潜んでいる。だから、この映画のラストは意味をもつ。レイプ事件に際してよく用いられるレトリックに、「同意があった」という言い方がある。これは、このようなレイプ・カルチャー的な思考から生み出されるものだが、相手がデッドガールであればもはやそのような主張すら必要ない。レイプ・カルチャーに浸かっている男性にとっては、むしろ、そのような女性は性的な標的であるだけでなく、理想でもあるのだから。リッキーは、デッドガールを知るより前から、自分に従順な彼女を空想していた。恋愛の名の下に、彼女をモノ化した妄想を膨らませ、愛の名の下では何をやっても正当化出来ると考えた。そして、ラストの決断によって、それは実現された。つまり、リッキーは理想の恋を実らせたのである。恋愛という隠喩には、常にレイプ・カルチャーが見えないかたちで感染している。[★315] あのビートルズでさえ、こう歌っているではないか。あえて直訳すると、こんな内容になる。

死んだ君を見るほうがましだよ　かわいい子（Well, I'd rather see you dead, little girl）
他の男といっしょにいるよりはね（Than to be with another man）

これを教訓にするんだな（Let this be a sermon）
僕が言うことすべては（I mean everything I've said）
決まったことなんだ（Baby, I'm determined）
君は死んだほうがましなんだよ（And I'd rather see you dead）

（"Run for Your Life" 意訳すれば「死にたくなきゃ逃げな」）

映画のラストでリッキーがこの歌を歌っていてもおかしくないほどである。

以前、大島渚監督の『青春残酷物語』（一九六〇）を見たとき、強い違和感を覚えたシーンがある。主人公の二人、真琴（桑野みゆき）と清（河津祐介）が恋仲になるきっかけを描いたところだ。そもそもこの二人が出会ったのは、強引にホテルに連れ込まれそうになっていた真琴を清が救ったことだった。けれども、翌日貯木場で会ったとき、清は真琴に襲いかかる。真琴が拒むと頬を平手打ちし、挙げ句に海に投げ込む。そして引き上げた彼女と強引に関係をもつ。これでは、ホテルに連れ込もうとしていた男と同じ（あるいはそれ以下）ではないかと見ていて思ったのだが、なぜかこれをきっかけに二人は恋仲になる。あえてそのような設定にしたのだと思うが、この映画が作られた一九六〇年には、ノーマルなこととして捉えられていたのだろうか。いずれにせよ、男性が能動的に働きかけ、女性はこれに受動的に従うというかたちの恋愛観が、ここには垣間見える。その後の展開でも、清は真琴に美人局《つつもたせ》をやらせようともする。女性はあくまで、男が利用するための道具、すなわちモノとして扱われているわけである。

　仮にこの映画は時代の制約のなかにあったのだから仕方がないとしても、二〇一四年に流行語になった「壁ドン」（あるいは「顎クイ」）はどうだろう。「壁ドン」は、まだ恋愛関係にない男子に壁際に追いつめられ、壁に片手をドンと当てて威嚇された状況下で、耳元に顔を近づけて俺様言葉で愛をささやかれる、というものだ。このシチュエーションにときめく女性が多く、二〇一五年に雑誌「AERA」は、「壁ドンを歓迎する女性は、心の中に『支配されたい欲求』があると考えられます」という精神科医の発言を記事で紹介している。つまり、受け身の女性像は、いまに至るも健在なのだ。[★316] レイプ・カルチャーを歓迎する風潮は、しっかり残されているということではないだろうか。「アトランティック」誌の編集者ジュリー・

ベックは、アメリカの映画、テレビドラマ、音楽、小説などのポップ・カルチャーにおいては、男性が「女性の欲望にはほとんど、あるいはまったく注意を払うことなく攻撃的に女性に迫る」ことを当然の現実として描き出しているとする。リドリー・スコット監督の映画『ブレードランナー』(一九八二)では、主人公のリック・デッカードが、アンドロイドのレイチェルに暴力的に迫り、力尽くで関係をもつ場面がロマンチックに描かれ、バックにはセクシーな八〇年代のサックス音楽が流れる。ベックが執筆した「アトランティック」誌の記事では、「実際、レイプ・カルチャーはそこら中に溢れてるわ」との大学教師の発言も紹介されている。★317『デッドガール』に描かれたことは、ゾンビ映画という特異なジャンルでの奇形的な出来事ではなく、普遍的な状況だった。そう、男目線で考えれば「かならず最後に愛は勝つ」のだ。よくいうではないか「あの女をものにする」と。それはつまり「モノとして手に入れる」という意味になる。「俺の女に手を出すな」も同様に、「俺のモノに手を出すな」と意訳できるだろう。そんな言葉を口にする男性に守られている気になる女性は、明らかにレイプ・カルチャーのイデオロギーに取り込まれている。

かくして、ミショーンはリックによって(あるいはリックに代表されるドラマのイデオロギーによって)訓治され、飼い慣らされたことがより明確になる。

カリフォルニア州立大学サンマルコ校の教授ナタリー・ウィルソンは、著書『意図的な怪物性：二一世紀ホラーにおけるジェンダーと人種』において、レイプ・カルチャーと『ウォーキング・デッド』の関係について論じている。彼女によれば、「性的暴力を自然なもの、少なくとも当然のこととする文化」においては、「女性、有色人種、ゾンビは所有物として扱われる。これらの周縁化された他者がそのような扱いを拒むと、怪物とみなされる」[★318]。実際、怪物的存在であったミショーンは、原作のグラフィックノベル版ではモノであることを拒んだ「怒れる黒人女」として描かれており、ウッドベリーの総督によって繰り返し虐待されレイプされる。

テレビドラマ版では、そうした描写は控えられているものの、イデオロギーは継続されている。しかし、白人であるリックの家父長制的振る舞い（ファンの間ではリクテーターシップ［Ricktatorship］と揶揄されている）は、恋敵のシェーンや総督、あるいは後に登場する生存者グループ「救世主」のリーダー、ニーガンと比較すると大人しく見えるために、むしろそれが正しい振る舞いであるかのような錯覚を引き起こす[★319]。

たとえば、シェーンは夫エドから家庭内暴力を受けているキャロルを救うが、それは暴力と脅迫によってである。シェーンはエドを叩きのめした後、「お前の妻、キャンプのほかのやつらに二度と手を出すな。……次はこれくらいで終わらないぞ。……殴り殺してやる」と脅す。そんなシェーンだから、アメリカ疾病予防管理センター（CDC）でリックの妻ローリと二人になったとき、彼は言葉で彼女を脅すだけでなく、身体的にも攻撃を加える。お前は俺を愛しているはずだと主張しながら[★320]。

総督にグレンとマギーのカップルが捕らえられたとき、グレンは暴行を加えられる。そして、マギーは総督にレイプされたことが仄めかされる。ニュースサイト「デイリー・ビースト」の元記者メリッサ・

レオンは、二〇一四年に同サイトへの投稿記事で「『ウォーキング・デッド』の恐ろしさのほんとうの源は、歩く死者たち（ウォーカーズ）ではなく、レイプだ」と書いている。この恐怖を究極的なかたちで体現していたのが、ニーガンである。ニーガンは、自らのハーレムの女性たちをレイプし、部下たちにも同じ特権を分け与えている。そんな「プッシー・バーでのハッピー・アワー」について得意げに語り、男であるリックにすら、「お前の喉に俺のものを突っ込んでやる。お前はそれに感謝するだろうよ」といい、男どもを支配する最良の方法は「そいつをファックしてやることだ」と主張する。つまり、ニーガンは女性だけでなく、男性までをも、相対的に女性の位置に置こうとする存在なのだ。その彼の超男性性の象徴として用いられるのが、釘を埋め込まれたバットなのである。[★321]

このドラマの伝えるメッセージはこうだ。「たとえ、歩く死者たちから生き延びられたとしても、レイプ・カルチャーからは逃れられない」[★322]。ミショーンが、リックに従属せざるを得なかったのはやむをえないことなのかもしれない。この世界では、リックはあれでもまだましな存在、つまりは「もっとも善意に満ちた家父長制主義者」なのだから。

3……ロマンチック・ゾンビ

『ウォーキング・デッド』でのゾンビは背景（とはいっても危険な背景だが）の一部に過ぎず、『デッドガール』のゾンビはレイプ・カルチャー的な暴力衝動のはけ口となる受け身の存在（危険をはらんではいるが、容易にねじ伏せることができる）であった。つまり、ゾンビの側が性的な主体性をもつ可能性はなかった。

しかしながら、二一世紀のゾンビは、もうひとつの傾向を示している。すなわち、能動的な性的主体たりうるゾンビの登場である。

そこへ至る糸口を開いたのはやはり『ウォーム・ボディーズ』（二〇一三）のRであっただろう。ジュリーの恋人であったペリーの脳を食ったことで、Rはペリーの記憶、とりわけジュリーへの愛情を引き継ぐ。そして、うち捨てられたゾンビから、ジュリーの恋人の地位へと上り詰めようと主体的努力を重ねるなかで、Rは言語を取り戻し、最後には心臓の鼓動まで取り戻すに至る。つまり、死者から生者へと「成長」し、ゾンビを卒業する。なぜなら、生者となることが恋愛のための必要十分条件だからだ。とはいえ、作品のなかで、Rとジュリーはキスすらしない。ジュリーの側から、キスしたら不死者の病気が感染するのかという問いかけすらなされる。つまり、ここでは生と死の境をまたぐゾンビの状態が、エイズのような病気として捉えなおされているのだ。Rは、ジュリーに病気を感染させないために、ゾンビであるうちは禁欲を強いられる。とはいえ、同時に「病気なのであれば克服可能なのでは？」という論理がここから出てくる。なぜなら病気にかかるのは生きた人間に限られるからである。つまり、Rはほんとうには死んでいないということになる。かくして、ゾンビは軽くなった。生と死という超えられない壁が、病気という隠喩によって人間化され、生の側へと引き寄せられたわけだ。「本来Rは人間であるが、病気のせいでいまは死者のように見えているだけだ」という論理が成立する。ゾンビの恋愛を可能にするには、こうした理屈づけがどうしても必要になる。[★323]

同じことが、同じく小説を元にドラマ化された『iゾンビ』についてもいえる。ゾンビ化は、ユートピアムという人工ドラッグが引き起こす病という設定がなされている。元女子医大生の主人公リヴは、ユートピアムでゾンビ化した薬物の売人ブレインに引っかかれたことによって、ゾンビとなる。以後彼女は人間の脳を食べたいという欲望に取り憑かれるようになり、検視官となることでその欲望を満たす。彼女の秘密を知った上司のラヴィは、彼女を人間に戻す方法を研究し始める。リヴには婚約者のメイジャーがいたが、性行為を通してこの病をうつしてしまうことを怖れた彼女は、一方的に婚約を破棄する。『ウォーム・ボディーズ』同様、ゾンビ化は病気の一種として描かれるわけだ。[★324]

もうひとつ、この二つの作品に共通している点は、その審美性である。Rもリヴも美しい主人公なのである。かつての吸血鬼が兼ね備えていた美しさと超越性の両方を今度はゾンビが継承する。実際リヴは、殺人事件の被害者の脳を食べることで、被害者の記憶を継承し、黒人刑事のクライヴに協力して犯人逮捕への糸口を作る。同時に、人間離れした怪力も随所で披露する。つまり、Rが苦労して取り戻した主体性を、リヴは最初から維持したままなのであり、さらにはゾンビの特徴であった肉体の崩壊も来さない。もっとも脳を食べずにいると、徐々に理性を失って凶暴化し、肉体の崩壊も起こるので、主体性と美を維持するためには脳を食べ続ける必要がある。これは、人間の血を吸い続けなければならない吸血鬼とまったく同じ構造である。つまり、二一世紀の主体的で美的で性的なゾンビの出現は、吸血鬼の特徴をすべて取り込むことによって可能になった。パシフィック・ルーテル大学の英文学者スコット・ロジャースがいうように、不死者が欲望の対象となるためには、観客にとって美的に心地よい存在である必要があるのだ。[★325]

かくして、リヴは恋愛の主体ともなりうる。とはいえ、性的な関係をもてるのは同じくゾンビである相手だけなのだが、リヴは積極的にゾンビ同士の性行為にも耽る。さらに、後には元婚約者メイジャーもゾンビとなり、晴れて二人は再び結ばれもする。こうした新しい世代の恋するゾンビを、ゾンビ論集『ロマンシング・ザ・ゾンビ』の編者であるアシュリー・ザンターとジェシカ・K・リチャーズは、「ロ

●かつての吸血鬼が兼ね備えていた美しさと超越性を継承する『ウォーム・ボディーズ』のRと、『iゾンビ』のリヴ
(Jonathan Levine, *Warm Bodies*, 2013; Rob Thomas, *iZombie*, 2015〜)

マンチック・ゾンビ」と名づけている。★326 同時に、ゾンビものが、恋愛もの化するとき、黙示録《アポカリプス》的世界は圧倒的に軽いものとなる。★327 それはもはや、既存の人間社会の論理を脅かすものではなくなり、既存社会と地続きのものとなるからだ。特効薬が開発されれば癒える死、それはもはや単なる病の一種にまで格下げされ、その脅威も、異物性も、不可知性も失われた軽い死でしかない。ある意味で、ゾンビものというジャンルそのものが恋愛の受容、すなわち家父長制的欲求、さらにいえばレイプ・カルチャー的なイデオロギーに屈したと結論づけられるだろう。心地よいゾンビもの、憧れの対象となりうるゾンビの存在というのは、ゾンビの圧倒的な堕落の産物なのである。

4……リキッド・モダニティとゾンビ

最後に前述の二つの作品ほどメジャーではないが、二一世紀の現状を映し出すもうひとつの性的ゾンビについて語って締めとしたい。

それは、ロマンチック・ゾンビの変種ともいえる、死んだのにゾンビとなって戻ってくる恋人の物語である。ここでは、ジェフ・ベイナ監督の『ライフ・アフター・ベス』(二〇一四)、ジョー・ダンテ監督の『ゾンビ・ガール』(二〇一四)、ベン／クリス・ブライン監督の『死の恋人ニーナ』(二〇一五)の三つの作品を取り上げる。

『ライフ・アフター・ベス』では、主人公ザックの恋人ベスが、一人でハイキングに行って蛇に噛まれて死んでしまう。けれども、ベスは自分で墓から抜け出し、帰宅する。ベスは、自分が死んだことも、ザックと喧嘩していたことも覚えておらず、ザックとの愛が続いていると思っている。最初は喜んだザックだったが、ベスの口から悪臭が漏れ出し、体が崩れ始め、人肉への嗜好をみせるようになってどんどん気持ちが離れていく。理由がわからず錯乱したベスは凶暴化し、モノを破壊し、ついには父親を食べてしまう。ラストで、ザックは兄から借りた銃でベスの頭を撃つ。

『ゾンビ・ガール』の主人公マックスは、ホラー関連の商品を売って暮らしているオタクであるが、恋人のエヴリンは、環境保護を訴えるブロガーで、なにかと彼に干渉する。疎ましくなったマックスが別れを告げようと決意した矢先、エヴリンはバスに轢かれて死んでしまう。彼は傷つくものの、すぐに自由奔放で、趣味の合うオリヴィアと知り合いデートするようになる。ところが、そこに死んだエヴリンが戻ってきて、永遠の愛をマックスに求める。異母兄のトラヴィスは彼女を殺せというが、マックスにはできない。二人がデートしている間にトラヴィスはエヴリンに噛まれてしまう。オリヴィアとの関係を知って逆上したエヴリンが二人に襲いかかったとき、蘇ってゾンビとなったトラヴィスがエヴリンを殺す。

『死の恋人ニーナ』では、自動車事故で死んだ恋人ニーナのことが忘れられず、自殺未遂を繰り返すロブに、救急救命士を目指しながら同じスーパーで働いているホリーが興味をもつ。二人がベッドの上で関係をもったとき、ベッドが血に染まり、死んだニーナが蘇ってくる。最初彼女のことを幽霊だと思うが、ニーナは肉体をもっており、言葉を喋る。ロブは「君はもう死んでいる」というが、ニーナはロブの背中に「ニーナ・フォーエバー」という刺青があることを指摘し、「でも別れたわけじゃない」という。ホリーはニーナを受け入れる決意をし、自分も同じ刺青を入れる。そして、次にニーナが現れたとき、二人の肉体関係に加わるように誘うが、彼女は応じない。ロブは、毎週訪れていたニーナの両親の家に行くのをやめ、彼女への思いを断ち切る。しかし、ロブがホリーの部屋を尋ねると、今度はホリーがニーナに囚われているのを知る。

それぞれ、若干の違いはあるものの、いずれも死んだ恋人が戻ってきて「永遠の愛」を求めるという点では共通している。これは実は、二〇一〇年代以降の映画に繰り返し描かれてきたテーマなのだ。

この「永遠の愛」を希求するゾンビを、社会学者ジグムント・バウマンの「リキッド・モダニティ」の概念と照らし合わせて読み解こうとする試みもある。前述のゾンビ論集『ロマンシング・ザ・ゾンビ』に収録されたブエノスアイレス大学のF・G・パグノーニ・バーンズらによる論考だ。以下にその内容を紹介する。

バウマンは、構造化された、合理的で官僚的なモダンの時代が終わり、現代社会はあらゆるものが非構造化された、非合理的で、柔軟なリキッド・モダニティの状態にあると述べている。固体から液体へ

●『ライフ・アフター・ベス』では、ゾンビとなった恋人ベスが戻ってくるものの凶暴化する
(Jeff Baena, *Life After Beth*, 2014)

●『ゾンビ・ガール』では、死んだ恋人エヴリンが蘇り、永遠の愛を求めてくる
(Joe Dante, *Burying the Ex*, 2014)

●『死の恋人ニーナ』では、死んでも「別れたわけじゃない」と迫る
(Ben / Chris Blaine, *Nina Forever*, 2015)

の変化といってしまえばわかりやすいだろう。産業構造でいえば、モノの生産からサービスや情報といったかたちのないものへとその主軸が移動し、労働の形態もオンラインなどネットワーク化されたものへと移行しつつある。商品が店舗ではなくネットで購入されるものとなり、情報商品ですら、一方向的な新聞やテレビから、双方向的なSNSなどへと移行している。そこでは、大手の企業だけでなく、小規模なベンチャー、あるいはYouTuberのような一般人、あるいは一般人のグループがその担い手となり得る。どこにも中心がなく、確固とした拠り所の見当たらない状態といってもよいだろう。

そのような社会では人間関係も「流動化」する。オンライン・コミュニティで知り合った人が知人となり、友人とのつながりはLINEやTwitterで担保される。そこには、どこにいてもつながっていられる安心感はあるけれども、いつ切れてもおかしくないという不安も常につきまとう。男女の出会いの形式も、オンライン上でのやりとりを介してから現実での出会いへと移行するというものへと変わった。バウマンは、それを人間的なつながりの弱まりと捉える。人間同士のつながりがかりそめのものとなり、極言すれば「いま」だけのものとなる。たとえば、マッチングアプリでお手軽に出会って、お手軽に別れるという即時的な欲望の充足形態がその典型例だろう。

この点に関して興味深いのはベンジャミン・ノロ監督によるNetflixのドキュメンタリー映画『フリーセックス　真の自由とは』(二〇一七)である。これは、いまどきの大学生の夏休み(スプリング・ブレイク)事情を、フロリダ、およびメキシコのカンクンのビーチで取材したものだが、驚愕すべき現実が描かれている。「好かれるには裸にならなきゃいけない」「今はセックスが一番ウケる」「すべてがポルノ化されている」「もうセックスに意味はない、ただの快楽なんだ」など、冒頭から刺激的な言葉が溢れかえる。メディアの刺激のなかで育った若い世代は、性的関係だけが男女関係だと考えるようになっている。

最初は、ウィスコンシン州からやってきた二人の大学生アダムとその友人たちがまずクローズアップされる。セックスは「日用品」と語るアダムは、声を掛けた女性と簡単に(「だいたい一五分以内で」)関係をもち、そのまま別れる。さっきの子の名前はと聞いても覚えていない。もちろん、二度と会うことはない。アダムは女性において大事なのは「見た目」だという。ドキュメンタリーに登場する研究者の女性は、男子学生は「自分の弱い部分や、相手に対して抱いた感情も見せない」と語る。若い女性に求められるのは「容姿やファッション、理想の行動や性知識」で、男女ともに「文化のなかで求められる常識に縛られている」のだと。

女子学生の側からはカリフォルニア州からきた大学生キミーとファラが取材対象となる。ビキニ・ダンス・コンテストに出場させられた二人は、その体験を「有名人になったようで高揚した」と語るが、望まない姿勢を強要されたり、会場全体からの「トップレス」コールに屈しそうになったという。この後、本ドキュメンタリーは、文化的な枠組みが強要する男性性と、それに対応したモノ化された女性性の問題へと焦点を移し、こうした環境がいわゆるレイプ・カルチャーを醸成しているのだと述べる。ここで重要なのは、この一五分で始まり、そして終わる関係性である。SNSでの出会い系以上にカジュアル化した、究極に軽い関係性が常態化していることがわかる。
お手軽とは、逆にいえばはかないということだ。なにごとも長続きしない。そこには不安がつきまとうだろう。「いま」だけしかないとしたら、未来がないのだから。常に一寸先は闇であり、不安でしかない。
だから、誰もがお手軽な「いま」を享受する一方で、その逆を、つまりは長続きするもの、安定したものを求める。それゆえ、はかない恋愛のただなかで死んでしまった女性たちは戻ってくるのだ。もっと安定した関係を、もっと長続きする関係をと。彼女たちが、幽霊としてではなく、ゾンビとして戻ってくる理由はそこにある。なぜなら、幽霊は実体のない、ある意味で流体的（リキッド）な存在だからである。それに対し、ゾンビは物質的（ソリッド）な肉体をもつ。すべてが非物質化して流体と化しつつある時代、かりそめのもの、実体を欠いたものへと変貌しつつある恋愛に異を唱えるためには、彼女らは非物質化に抗する肉体をもって戻ってくる必要があるのである。[★328] むろん、ゾンビである彼女らの肉体は崩れつつあり、その意味では流体的だともいえる。けれども、その腐敗の速度は決して速くはない。時代が求める流体化の速度に抗える程度には、まだ堅固な物質性を備えている。『ゾンビ・ガール』のエヴリンなどは、生前はエコ活動にはまるという風に、流行のテーマを追いかけるポストモダンな女性だったのが、死後は永遠の愛を求めるモダンな女性に平気で変身していたりする。[★329]
さらに『ライフ・アフター・ベス』のベスと『ゾンビ・ガール』のエヴリンは、生前には考えられなかったような怪力を付与されている。『死の恋人ニーナ』のニーナは、ボーイフレンドが、別の女と関係しようとするたびにその場に出現する力をもっている。これらはいずれも、物質的な存在としてこの世界に持続的に存在する力を増強するものである。つまり、怪力や顕現の能力は、永遠の愛の約束を守ろうとする意志の表現であり、堅固なものを維持せんがための超越的な力だといえる。[★330]

しかし、そうした「永遠の愛」への希求は、残念ながら生きているボーイフレンドに受け止められはしない。むろん、ザックもマックスもロブも、当初は純粋に恋人の死を悲しむ。つまり「永遠の愛」とまではいかなくても、関係がもう少し持続することを願う。ザックなどは、ベスの遺品のマフラーを、「彼女のものだから」と夏なのに首に巻き続けるほどである。ところが、実際に物質的な肉体を帯びた恋人が戻ってきて「永遠の愛」を要求し始めると、とたんに疎ましく感じ始める。つまり、彼らは唐突な終わりは望んではいなかったものの、永続までは期待していなかったのだろう。

新しい恋人を見つけると、彼らはすぐに回復の兆しを見せる。なぜなら、彼らはこっちのほうが得意だからだ。何かに執着するよりも、次々と新しいものへと乗り換えていくほうが楽なのだ。昔の手書きのアドレス帳から誰かの情報を完全に消去するのは困難だった。線を引いても、黒く塗りつぶしても、あるいは破り捨てても、そこには確かに消し去った者の痕跡が物質的に残ったからだ。モダンの時代には、人間関係は長期にわたる束縛的なものだったのだ。けれども、スマホに登録されたアドレスは、一瞬で跡形もなく消し去ることができる。[★331] 彼らはだから、それを望む。過去を清算して、新しい「いま」

を生きることを。

そのためには、しがみついてくるゾンビ女たち、つまり物質的な存在は大きな障害となる。かくして、彼らは戻ってきた厄介な恋人、「永遠の愛」という重たいものを要求する存在を破壊したり、消し去ったりする。ザックはベスの頭を銃で撃ち抜いて谷底へと落とし、マックスは異母兄の協力を得てエヴリンを破壊する。ロブもまたニーナの両親との喪の共有状態を断ち切り、ニーナへの想いと決別する（ニーナはホリーという別の人間に乗り換えることにはなるが）。[★332] かくして、戻ってきたモダンは、ポストモダンによって撃退される。彼らは、再び新しい恋人との（永遠を約束しない）関係へと戻っていく。

最終的にはリキッド・モダニティが勝利を収めるわけだが、いずれにせよ回帰するモダンとしてのゾンビ・ガールたちは、リキッド・モダンがはらむある種の矛盾や葛藤を体現している存在であるのは確かだろう。死んでいるのに生きており、腐敗しているのに頑丈で、本来リキッド・モダニティの存在でありながら、永遠に持続する愛というモダンな価値を求める彼女たちにこそ、軽々と、あるいは飄々と今を生きているように見えるミレニアル世代の不安が体現されている。[★333] リキッド・モダニティから抜け出したいけれども、モダンに戻れないというアンビバレンツが、そこには垣間見える。ある意味で、彼らはどうしたらいいのかわからないのだといえるだろう。出口が見当たらないのだから。

第6章
緊急避難口から振り返る

1……「それじゃあ、ゾンビになってみよう」

やあみんなお疲れ様！　これまでいっしょにゾンビについていろいろ考えてきたよね。ってなわけで、最後は仕上げとして、ためしに一度ゾンビになるってのはどうかな？　ね、なってみようよ。なんたって、ゾンビについてあれこれ頭で理解するより、実際に自分がゾンビになったほうがわかりやすいから。

その際、選択肢は二つあるよね。ひとつは従来のゾンビ、意識をもたない空っぽの存在。そのせいで、カリブの島じゃ奴隷扱いだったけど、ロメロ以降は人肉や脳への嗜好を獲得して脅威となったタイプだ。意識のない心神喪失状態で行われた犯罪が罪に問われないのなら、完全に意識を欠いたゾンビを人間と見なした場合、どんなに人を食い散らかしたって罪に問えないってことになっちゃうね。

もうひとつは、二一世紀の新しいゾンビ。『ウォーム・ボディーズ』のRが「はやく人間になりたい〜っ」っていう、妖怪人間ベムばりの願望をかなえちゃって、意識があって言葉が喋れるゾンビとなり、最後には心臓まで動かしちまったばっかりに、その後意識のあるゾンビが続々出てきた。だけど、すでに見てきたように、これ要はゾンビにヒーローたりえるための「吸血鬼属性」を与えただけのこと。ゾンビを吸血鬼の地位に引き上げただけってことだよね。そして、それは資本主義と同調する、つまりは「上を目指す」ゾンビを作っちゃったわけだ。つまり、意識があるゾンビってのは、この社会を変えるような革新的なイデオロギーたりうる可能性を放棄しちゃった存在なんだ。もちろん、それはそれでいろいろ面白いところもあるけど、基本の思考とか欲望とかが人間と変わらないわけだから、それほど面白くもない。むしろ、積極的につまんないといえる。

だから、ここでは、せっかくだから最初のほうのゾンビになってみようってわけ。え、ゾンビになったら二度と意識が戻らないんじゃないかって？　はは、大丈夫。これはいってみれば思考実験みたいなものだから、ゾンビになった後で、ちゃんと元に返れるから。読み終わったら、また元の自分だからさ。ってことで大丈夫だよね？　やってみる気になったかな？

じゃあ、始めてみようか。

▼ゾンビは殺すべきもの、なのか？

ゾンビになるってことは、自分を失うこと。そうだよね。ゾンビになった後の自分を自分とは感じられないし、自分がゾンビになっているのすら意識できない。いや、この世界に自分が存在しているってことすらわからない。なにしろ言語を欠いているから。言語なしじゃあ、意識は存在しないんだ。

それでも、『ゾンビーノ』の主人公ティミーは、ゾンビ嫌いの父親に「死ぬよりゾンビになるほうがいい」っていうし、ママのヘレンも夫に「わたしとティミーはゾンビになるわ」っていう[★334]。どうしてだろう。

まあ、死によってこの世界から完全に消えちゃうよりは、動く死体としてでも存続したいって気持ちなのかもね。そういうのって、わかるかな？

でもゾンビってのはあれだよね。汚いよね、気持ち悪いよね。だって死体なんだもの、それなのに動くんだもの。こういうのをアブジェクション（おぞましいもの）っていうんだ。たとえば、うんちとかおしっことかいった身体から出てくるもの、鼻水だって鼻くそだってアブジェクションだよね。あるいは食わず嫌いのもの。人によっていろいろ。納豆がだめな人もいれば、鶏肉がだめな人もいる。添加物の入った食品がだめな人もいるよね。その特徴を一言でまとめれば、つまりは自分とつながりうるけど、自分とはつなげたくないものってことになる。自分だけど自分じゃないものって感じかな。この言葉をキーワードとして用いた思想家のジュリア・クリステヴァって人は、温めた牛乳の上にできるタンパク質の膜が苦手だったらしいよ。栄養のかたまりなんだから食べなさいっていわれるけど、どうしても受け入れられなかったんだって。抽象的な概念も全部、実は身近な体験から出発しているってわけだね。まあ、とにかくそういうのがアブジェクションなんだ。死体ってのはそういう意味で、同じ人間の身体なんだけど、中身はもうなくなってしまっている。お父さんやお母さん、あるいは兄弟姉妹や恋人、あるいは友人みたいに自分とつながりがある、あるいはつながりうる人でも、死体になってしまっては、もうつながりたくない存在になる。それだけでも、アブジェクションなんだけど、ゾンビの場合はそれが動き出す。これは困ったね。でもわかりやすい。アブジェクションは主体と客体の差異がなくなったものだけど、ゾンビはまさにそうでしょ？　動くんだから生物なのかな、主体があるのかなって思っちゃうんだけど、実際は中身は空っぽのモノでしかなく、生きているのか死んでいるのか、主体なのか客体

なのか決めかねる存在だ。もっとも受け入れがたい存在ってことになるのかな。[★335]
この背後にはこういう考え方がある。正しいのは生きている人間であって、ゾンビは不完全だってやつ。つまり、「人間」の状態こそが理想であって、だから「人間」のようではないゾンビのあり方は間違っているって。うわ、これって完全なる人間中心主義だよね。[★336]『ウォーム・ボディーズ』で、人間のジュリーに恋をしたRは、恋を成就するために人間になろうとする。美しい物語に見えるけど、これ、逆にいえば人間にならなかったらジュリーはRを受け入れなかったってことだよね。つまりは人間中心主義が当たり前の前提にあるからRの涙ぐましい努力が美しく感じられる。どうなのかね、そういうのって。

で、まず、そこからはみ出す可能性を探ろうとした映画を観ていこう。これ、ヘンリー・ホブソン監督の『マギー』(二〇一五)っていう作品で、なんと主人公はあのシュワちゃんこと、アーノルド・シュワルツェネッガー。でも、ムキムキボディを披露することもなければ、ド派手なアクションもない、すごく静かな映画。うん、しみじみいい映画なんだよ。

舞台は近未来で、新型コロナ流行後の世界とも重なる部分もあったりして興味深かったりする。この世界では「腐歩病」をもたらすウイルスが流行している。シュワちゃん演じるウェイド・ヴォーゲルの一家は田舎暮らしだから、都会で流行しているこの病はまだ身近になっていない。けれども、一六歳の娘マギーがある日外出禁止令が出ているにもかかわらずカンザス・シティに遊びに行って、「腐歩病」患者に噛まれちゃうわけ。てなわけで、マギー感染！

この病気になると、数日後には「ターン」が起こって、凶暴化し、理性を失って人を噛むようになる。隔離施設ってのもあるんだけど、どうもそこに収容されると虐待されたうえに殺処分されてしまうらしい。そこで、パパのウェイドはマギーをターンが起こるまで家で過ごさせる。後妻であるキャロラインも一応それを受け入れ、幼い弟や妹は伯母の家に預けることにする。徐々に体が黒ずみ、指先が腐って落ちるマギー。人肉への嗜好を募らせ、ついには罠にかかった狐を貪《むさぼ》るまでに。義母のキャロラインは耐えきれなくなって出て行ってしまう。ウェイドはそれでもマギーを守ろうとする。二人して死んだ母の墓を訪れ、開花したマーガレットの花を見る。マギーとはマーガレットの略称で、死んだ母が好きだった花からつけられたものだった。マギーは、ウェイドに自分を殺してこの苦しみから解放して欲しいと告げるが、ウェイドにはそれができない。ついに、発症の直前まで行ったマギーが椅子にすわったまま眠っているウェイドに近づく。この場面はすごく緊迫感がある。さあ、いま噛むか、ほらいま噛むかって感じで。マギーは眠る父の周りを、獲物を前にした肉食獣のように匂いを嗅ぎながらうろつく。でも、そこで涙腺崩壊の瞬間が訪れる。最後に残った理性で、マギーはパパのおでこにキスをするんだ。そして、二階から身を投げて自殺する。さらにいえば、そのときウェイドはほんとは寝ていなかった。寝てる振りをして待っていたんだ。娘にならいつ噛まれてもいいってそう覚悟を決めていたわけ。切ないよね。

というわけで、その切なさの意味をここから少し考えてみたい。

映画のなかに隔離施設の話が出てくる。ここに収容されると、二度と出てこられない。噂では虐待された挙げ句に殺処分されるようだ。ちょうど、野良犬や野良猫を殺処分していた、かつての保健所と似たようなイメージかな。でも、いまこの殺処分はあまり行われなくなっているよね。以前は、人間に飼われなくなったペットは、街の衛生や治安にとって有害なモノとして狩られ、そして殺されていた。つまり、人間が捨てたものは、たとえそれが命をもったものであったとしてもゴミと同じだった。ゴミが街に散乱していると景観的にも衛生的にもよろしくないというのと同じ発想だったわけだ。でも、ちょっとずつ世論が変わってきて、いまは命を捨てるという行為そのものに批判が向くようになっている。

●ゾンビになっても娘は娘であり続けると信じる父親を描いた『マギー』
(Henry Hobson, *Maggie*, 2015)

つまり、エコロジー的な発想の広まりに伴って、人間は環境のなかにいる存在だってことが理解され始めている。環境によって人間は活かされているんだって。それは人間だけが特別じゃないっていう意識につながっていく。人間以外の命にも価値があるってことだ。結果として、動物愛護センターみたいなのができて、捨てられたペットの里親捜しみたいなことが行われるようになっている。食生活の分野でも、代用肉や豆乳が普通のスーパーにも置かれるようになってきている。家畜にもやはり命があるのだから、「殺して肉にするために育てる」「絶えず妊娠させ続けて牛乳を搾り取る」のは間違いだという発想が少しずつだけど、浸透し始めているんじゃないかな。

これに対して、ゾンビはどうだろう。『バイオハザード』などゲームのなかでは、ゾンビはバンバン殺していいというか、殺すべき存在として扱われている。最近では『ゾンビサバイバル　コロニービルダー』のように、数十億のゾンビを殺しまくるゲームまである。映画やドラマのなかでも同様で、『ウォーキング・デッド』でもルーベン・フライシャー監督の『ゾンビランド』でも、とにかくほとんどの映画では、ゾンビを見たら即殺すべし的な描写がふんだんに見られる。なぜなら、ゾンビは、捨てられたペットのように衛生的にも治安的にも危険な存在だからってわけだ。たとえ元が人間であったとしても、いまはもう人間ではないゴミだという認識がそこにはあるってことだよね。★337 映画『マギー』における隔離施設も同様の発想に基づいている。とにかく発症したら、もうあとはゾンビになるだけなんだから、その時点で患者は廃棄してヨシ！なゴミになってしまうんだ。

マギーの恋人だったトレントは、同じ病気にかかり、実の親の手引きによって隔離施設に送られる。家族を守るためとはいえ、トレントの親は病気になった息子をもはや息子ではないと判断したことになる。

これに対し、マギーの父親ウェイドは、全く逆の発想をした。感染したかもしれないけど、うちのマギーはまだ人間だ。そう、ゾンビになるまで、わが子は人間なのだという考え方。最後の瞬間まで、娘は自分の娘であることをやめはしない。[★338]さらに、たとえ娘がゾンビに変わったとしても、その娘に噛まれるなら自分は受け入れようと。つまり、娘はゾンビになっても自分にとっては変わらず娘であり続けるというわけだ。

だからウェイドにしてみれば、娘を隔離施設に入れることはありえないし、自分の手で命を奪うこともありえない。なにしろ、彼女はまだ生きているのだから。[★339]ウェイドはすでにマギーの母であった最初の妻を失っている。そして、母の墓のまわりに咲くマーガレットそのものである娘のマギーをも、タイムリミット付きで失いつつある。確かに自分には後妻のキャロラインと、キャロラインとの間にもうけた二人の幼い子どもたちがいる。けれども、ウェイドにとって、死んだ妻と、それにつながる娘の存在はかけがえのないものなんだよね。前妻関係はもうダメだから、切り捨てて後妻関係でやっていくわ、って感じで気楽に切り替えられるようなものではないってこと。

つまり、ウェイドは、ここで人間の概念を拡張した。捨てられたペットも命、食肉用に育てられた家畜も命だという発想と同様、ゾンビになり代わるまさに最後の一瞬まで（そして、さらにはゾンビになった後ですら）、それは人間なのだという見方だ。★340 人間が理想型であって、ゾンビは不完全だとする考え方と、それは真っ向から対立する発想なんじゃないかな。

▼テクノロジーと記憶

『ブレードランナー』（一九八二）に登場するレプリカント、レイチェルを覚えているかな？　彼女は、レプリカントを開発・製造するタイレル・コーポレーションの社長、エルドンの姪の記憶を移植されていたよね。自分のアイデンティティを疑っていなかったレイチェルだったけど、脱走レプリカントを追う捜査官ブレードランナーであるデッカードは、彼女に人間とレプリカントを識別するフォークト＝カンプフ検査を行う。「人間にこの検査をやってみてくれ」と依頼して、社長は、デッカードの能力を試したわけだ。でも、さすがはデッカードで、彼はみごとにレイチェルがレプリカントであることを見抜く。で、残酷にも彼女にそのことを突きつけてしまうんだ。デッカードの振る舞いはけっこうサディスティックに映るよね。自分の記憶が他者のものであることを知らされた彼女は、かわいそうにショックを受けて逃亡する。そんな話だった。

だけど、これは、もしかしてレプリカントだけの問題ではないんじゃないか。逆にいうと、わたしたち人間だって、どうやって自分が自分だって思い込んでいるんだろう。どこそこで生まれ、どんな親や兄弟や友人たちと、どんな人生を歩んできたか。それを語ったり振り返ったりして、自分が確かに居たこと、そしていまも居ることを確認している。結局、自分が誰であるかは、記憶によってしか確かめられない。そうじゃないだろうか。

なぜって、物質レベルでの同一性はないから。生まれたときの自分と、いまの自分とでは、物理的にはまったく違う存在なんだよね。原子ひとつとして物質的な同一性はないとすらいえる。だって、人体を構成する細胞は日々入れ替わっていくんだ。つまり、わたしはわたし、この身体はわたしの身体だと主張したところで、その身体は実は同じ素材で出来ていない。物質的な同質性はまったく保たれていないんだもの。生まれたときどころか、六カ月前の自分とすら、同じ素材ではなかったりする。

だから、同一性の拠り所は必然的に記憶となる。かわいそうなのはクリストファー・ノーラン監督の映画『メメント』(二〇〇〇)の主人公レナードだよね。彼は前向性健忘症を患っていて、一〇分ごとに記憶が途切れてしまう。つまり、レナードは一〇分ごとにアイデンティティを失う。レナードは、メモや体に自分が刻んだ刺青から、過去を再構成しようとするんだけど、結局果たせない。記憶がその人であると考えるならば、こうなる。この映画には一〇分ごとに違うレナードが存在するってね。つまり、数十人のレナードが、順に現れては消えていくってことになる。一貫したアイデンティティは結局得られないままに終わる。

ゾンビも同じだよ。ゾンビになるのが恐ろしいのは、他人の肉を食うからじゃなくて、記憶が失われるからだ（『ウォーム・ボディーズ』以降の、記憶が持続しており、思考できるゾンビの系譜については、もちろんここでは考えない）。記憶が失われたら、その肉体には元の自分はいないのと同じになってしまうからね。

次に取り上げるキース・ライト監督の映画『ハロルズ・ゴーイング・スティフ』（二〇一一）ってのは、まさに、この「記憶」を主題としたゾンビ映画なんだ。

英国ヨークシャーのバンガローに暮らす引退した老人ハロルド・ギンブルが、ORD（Onset Rigors Disease）を発症する。この病に感染すると、関節が硬くなってがたぴしって感じにしか動けなくなり、記憶は失われ、最後には制御不能の攻撃性を示すに至ってしまう。つまりはゾンビ化するってこと。ここに、ジョン、マイク、コリンという三人組が出てくる。彼らはプロテクター（保護者）を自称する若者たちで、この病気を発症した老人を殺して回っているんだ。つまりは、人々を守るという大義名分をかかげて、自警団として行動しているわけ。そんななか、失恋の痛みを抱えた女性ペニーが、ハロルドのボランティア看護師としてやってくる。そこから物語は動き始める。★341

ペニーは心の傷を抱えている。出会い系サイトで知り合った相手にひどい目にあわされたんだ。ハロルドとペニーの間にはかなりの年の差がある。ハロルドはいわゆるベビーブーム世代で、ペニーはミレニアル世代だから。ちなみに、自警団の三人もミレニアル世代。この世代の特徴は、「いま」を生きるってこと。このことについては、すでに前の章で見たよね。

ミレニアル世代に限らず、現在のわたしたちは、スマホのネットワークが構築した世界、現実とは異なるもうひとつの世界を生きているよね。現実の層の上に、テクノロジーによって構築された、バーチャルな層のなかを。そして、いまや軸足はそっちのバーチャルのほうに移行しつつある。新型コロナウイルス蔓延の影響もあり、友人や家族とも基本的にはネットでつながっている。それはいわば繭ごもりの状態ってことになる。この状況について、『ダークウェブ・アンダーグラウンド』（イースト・プレス、二〇一九）の著者、木澤佐登志はこんな風に書いている。

SNSやモバイルアプリの隆盛によって加速するウェブの細分化と断片化は、私たちを自閉的なコミュニティに閉じ込めていった。たとえば、フェイスブックやツイッターのタイムラインは自分にしか見えないので、私たちは自分のフォロワーがどんなタイムラインを見ているのか想像することしかできない。「クラスタ」といった蛸壺化したグループを介して、なんとなく一体感や共同性を可視化することはできても、結局のところそれは錯覚でしかなく、個々人が自分だけの「世界」を形成して孤立していることに変わりはない。

『WIRED』誌元編集長のクリス・アンダーソンは、クローズドな領域が急速に増加していくウェブ空間を見て嘆息交じりに「ウェブの死」を宣言したが、確かにその意味では、フリーかつオープンにアクセスできる、いわばすべての人々が一つの視点を共有することができるような、そういった「公共空間」としてのインターネットの理念は今や失効しているのかもしれない。★342

「人々を連帯させたはずのSNSは、フェイクニュースと移民排斥を訴えるヘイトで溢れかえり、2016年にはついにドナルド・トランプ大統領を誕生させた」★343。つまり、ネットでつながっているはずのSNSは、人々に広い世界を見せる代わりに、逆にどんどん自分たちの狭い世界へと閉じこもらせていっている。それが現状だというんだ。

木澤はさらに、『閉じこもるインターネット：グーグル・パーソナライズ・民主主義』（二〇一一、邦訳早川書房刊）の著者であるイーライ・バリサーが言及する「パーソナライズ」にも触れる。

バリサーによれば、2009年12月にグーグルが検索エンジンに導入した一つのアルゴリズムによって私たちのウェブ体験は一変してしまったという。「パーソナライゼーション」と呼ばれるこのアルゴリズムは、ログインした場所、使っているブラウザ、過去に検索した言葉など、57種類に及ぶ「シグナル」を用いることで、各ユーザーがどういう人物で、どういうサイトを好んでいるかを推測することができる★344。

この「完璧すぎるパーソナライズ」が行き着く先は、「自分の好きな情報しか流れて来ない」未来だ。それは「新しい知見をもたらしてくれる情報と出会える機会を少なくする」ことにつながる。「このフィルタリングされた『バブル』の中に閉じ込められている限り、自分を変えてくれるような新しい『知見』や『他者』と出会う回路はあらかじめ閉ざされている」。木澤は、このフィードバックループの状態を鏡地獄に喩えているんだ。「極言すれば自分の似姿＝鏡像しか存在しない」世界がそこに現れるってわけ。[★345]

実際、『ハロルズ・ゴーイング・スティフ』に登場する若者たちも、同様の閉塞状況にある。象徴的なのは、プロテクターの一人ジョンがカメラに向かって世界をよくしたいんだと語っている場面だね。だって、その背後では、仲間のマイクとコリンがORDを患った老人に暴力を加えているんだ。それは彼らの善が、独善的で独りよがりなものでしかないことを示している。彼らだけの善だってこと。自分たちの価値観に閉じこもり、他の可能性を見ようとはしない。プロテクターの三人は同じ意見で同調し、

◉記憶を徐々に失い、ゾンビ化していくハロルドを支える看護師を描いた『ハロルズ・ゴーイング・スティフ』
（Keith Wright, *Harold's Going Stiff*, 2011）

まさに蛸壺状態にあるわけだ。それを象徴しているのが車。彼らは大部分の時間を、車で移動することで費やしている。車というのは自閉したユニットで、それでいながら移動可能でもある。車は「切断され、自閉しつつ移動する」二一世紀的体験の隠喩となっているわけだ。スマホだってそうだよね。周囲の自然や環境とつながることなく、共感性ももたないまま、テクノロジーを介してのみつながりの感覚をもてる存在の位相がここにある。[★346]

彼らはハロルドを成敗すべき対象とみなして攻撃するけれど、必然的な敵という感じがしない。シューティングゲームで敵を撃っているっていうか、ハロルドは遠い対象で、一人称でゲームしている感じ。タスクを反復しているだけというか、習慣的行動に従っているだけというか。そこには自分というものがない。プロテクターの三人は、ハロルドとつながってないばかりか、家族や、他の友人、あるいは社会全体といった自分たちの外にある現実との記憶の形成を拒絶しているように見える。その意味で、記憶を失っていくハロルドと同じような位相に位置しているようだ。[★347]

もう一人の重要な人物、看護師のペニーもまた、取り巻く世界から切り離されている。彼女は、失恋したとはいっても、その相手は出会い系サイトで知り合ったクズみたいな奴なわけ。つまり、リアルな世界で知り合った相手じゃなかった。家族も友人もペットもいない彼女もまた、家具すらほとんどない部屋でパソコンで伴侶を探し、車で移動する、テクノロジーでしか世界とつながれていないということになる。[★348]

一方のハロルドは病気になる前は記憶の人だったことがわかる。

初めてハロルドの家を訪問したとき、ペニーは、彼が多くの記憶に囲まれているのを見て衝撃を受けるんだよね。レースのカバーがかかったソファ、フクロウの置物、緑と白の模様付きカーテン、花柄のマグカップ、カラフルな陶製のティーポット、おしゃれな花瓶、皿、人形、そのほか数多くの陶製品がすべての部屋を飾っている。植物模様のクッション、花柄のテーブルクロス、緋色のカーペット、たくさんのぬいぐるみ。そう、彼を取り囲む物理的空間が、彼には長期の連れ、永遠のパートナーと呼べる存在がいたことを示していた。ハロルドは、自分を取り巻くモノたちが呼び覚ます記憶によってアイデンティティを維持していたわけ。記憶に囲まれて、つまり社会とのつながり、過去とのつながりのなかに生きていた。それは、そういうものを欠いているペニーにとっては、憧れの状態だったんだよね。★349 そもそも、ハロルドがORDを発症したのは、妻を失って、手料理を食べさせてくれる存在がいなくなったから。それまでは手を出すことも、出す必要もなかった、ミートアリーナっていうファストフードを食べたことが原因だったんだ。つまりは、記憶に連なる存在を失ったことが、記憶を失う病気になったきっかけだったってわけ。それでもまだ彼はゾンビ化してない。完全には記憶を失ってなくて、自分の記憶を象徴する物たちのなかで生きている。彼は社会や過去とのつながりのなかを、記憶を生きている。★350

わかりやすくいえば、この病はアルツハイマーの隠喩であるともいえるよね。記憶を生きるベビーブーム世代の男が徐々に記憶を失っていく姿を描くことで、逆にミレニアル世代の若者たちが、最初っから記憶をもたずに生きているってことが浮き彫りになる。テクノロジーに支配された二一世紀が、いかに人間を社会や過去と切断しているかがわかる。ハロルドの部屋で、ハロルドの思い出とつながったソファに腰を下ろし、友人に携帯電話で「ヤレそうだ」って話す若い男が出てくるけど、この場面は象徴的だね。だって、ハロルドはこの部屋とその部屋の家具とのつながりのなかに、つまりは記憶のなかに生きているのに対し、この若い男は、同じ空間にいても、その部屋の記憶とはまったくつながっておらず、テクノロジーやそれが形成する仮想空間としかつながってないわけだから。[★351]

ハロルドは限定された時空間にいる。『マギー』の主人公と同じで、記憶と忘却の狭間のなかに。でも、それがすでに社会や過去とのつながりを失っているプロテクターの三人や、ペニーよりはましに見えるところが、この映画の面白いところなんだ。

ラスト近くで、ペニーはハロルドに、奥さんにプロポーズした場所に連れて行ってと頼む。ペニーとの交流のなかでハロルドは病気の改善の徴候が見られている。自分の過去を尊重してくれる人、自分のアイデンティティを認めてくれる人の存在が、彼の忘却の速度を緩めたんだ。でも、そういう存在をもたない別の患者No.7はドンドン悪化していく。そして、ついに凶暴化してペニーに襲いかかる。ハロルドはペニーを守ろうとして重傷を負う。そこにプロテクターたちがやって来て、No.7と共にハロルドを殺す。かくして、彼らはすべての過去とのつながりを失って、さらにさまよっていく。しかし、ペニーはハロルドを通して、過去、現在、そして未来へとつながる記憶の流れというものを垣間見ることができたっていうのがオチになる。★352

記憶をなくしていくハロルドがゾンビに近づいていくということは、逆にいえば、最初から社会や歴史とのつながりを断たれているプロテクターたちは、すでにゾンビになっているという逆説が成り立つわけで、それがこの映画の一番衝撃的な部分かもしれないね。つまり、映画を見終えてまわりを見回してみると、わたしたちはすでに記憶を欠いたゾンビ的な生を生きているってことに気づかされるんだ。

▼ゾンビに「なる」

ゾンビになっていく娘をどこまでも受け入れようとしたパパの話、記憶を失うことがゾンビ化に伴う一番の恐怖だとしたら、すでにわたしたちは半分そうなりつつあるという話なんかを見てきたけど、最後に、ゾンビになっていく過程そのものを描いた映画について考えてみよう。

前座として思いつくのは、エリック・イングランド監督の『スリーデイズ・ボディ　彼女がゾンビになるまでの3日間』(二〇一三)ってやつ。主人公サマンサはすごい美人なんだけど、二つ問題を抱えている。ひとつは彼女はレズビアンで、恋人のニッキーに捨てられかかっているってこと。もうひとつはいっしょに暮らしている母親が、すごく干渉的で口うるさいってこと。

パーティーの間ずっと待っていたニッキーに冷たく突き放されたサマンサは、衝動的に車の中でBJ

と名乗る男と関係をもってしまう。すべてが思い通りに行くはずだっていう思い上がりがもたらした行為かな。そして、ルックスゆえに、男性の側は一も二もなく彼女の自己破壊的衝動に乗ってくれるってわけだ。

この男から何かが感染したのか、翌日からサマンサの身体に異常が起こり始める。下腹部の激痛に始まり、吐血、体中に浮き出す黒い染み、頭痛、耳鳴り、局部からの出血、目の充血。髪の毛が抜け落ち、歯が抜け、爪が剝がれ、充血したあと一方の目が白濁し、身体に蛆が湧き出す。うげえって感じ。一方で、理性の狭間に、衝動的な破壊欲望が間歇的に顔を出すようになってくる。従来のゾンビ映画だと、ゾンビはゾンビとして登場したけど、この映画では、美しかった女性が、徐々に自分の美貌が失われゾンビ化していく過程を、理性を残した状態で体験していくものになっている。そこが残酷なところだよね。最大のホラーは、だから彼女自身の内側にある。最終的にゾンビになった彼女は、自分を裏切った恋人のニッキーを襲い、ニッキーを自分から奪ったアリスを襲い、以前から自分に好意を寄せていた男性のライリーに（化粧で顔面の崩壊を隠した状態での）性交渉で病気をうつし、最後には最大の敵であった母に襲いかかる。総攻撃ってわけ。

逆説めくけど、美貌をもっていることで社会的に割り当てられていた位置から徐々にズレ落ちて、彼女はある種の自由を得るといえるかも。美人が置かれている社会的な枠組みから脱落して初めて、自分を縛り付けていた者たちへの復讐が可能になるとも読めるわけだから。わがままな性のパートナーとの確執、男性から向けられる自分を性的対象とした欲望、そして有無をいわせない母親の支配。全部が全部彼女にとっては疎ましく、苦しいものだったはず。だから、これは自分が壊れなければ壊せないものがあるってことを教えてくれる映画でもあるといえるかもしれないね。

「美しいわたしが壊れていくのを見続けねばならないわたし」という、究極の拷問映画ともいえる『スリーデイズ・ボディ』とはまたひと味違って、ゾンビになってく自分をより冷静に見つめようとする主人公が出てくるのが、ベンジャミン・ウィルキンズ脚本・監督作『プリティ・デッド』(二〇一三)。研修医の主人公が、自分の状態を分析し、記録し、さらに担当医に向けて自分の状態を語るというPOV(Point of View：視点ショット)で「ゾンビになる」過程に照準を合わせた作品だ。

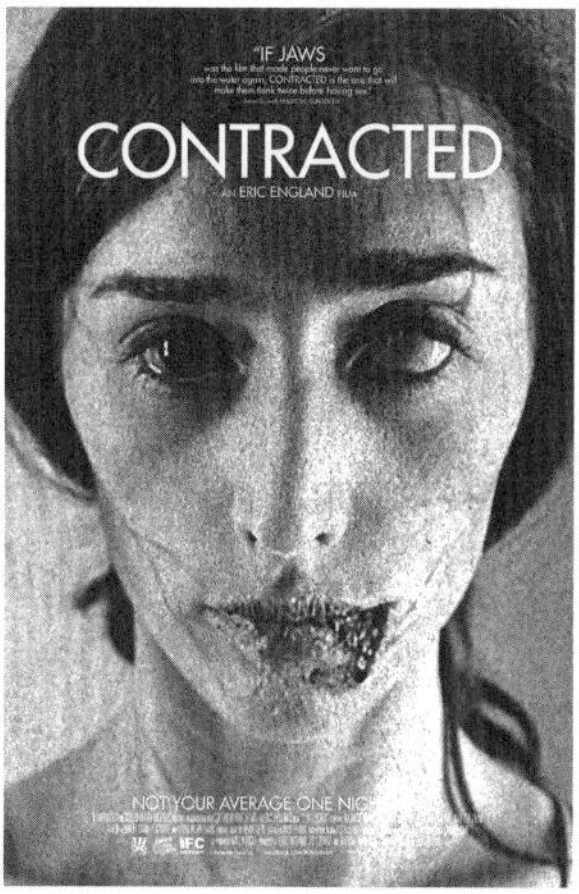

●自分の美貌が失われ、ゾンビ化していく過程を描いた『スリーデイズ・ボディ』
(Eric England, *Contracted*, 2013)

●ゾンビになっていく自分を分析的に見つめる研修医を描いた『プリティ・デッド』
(Benjamin Wilkins, *Pretty Dead*, 2013)

映画の全体は、アメリカの地方裁判所に保管されていた、二件の殺人と食人の容疑で逮捕された研修医レジーナ・スティーヴンスに関する、証拠資料映像を寄せ集めたものという設定になっていて、それが独特の冷たさを醸し出していたりする。

最初はまあ、幸せな場面からスタートする。そのほうが後半の悲劇が際立つという意地悪な設定だね。二四歳の美しい研修医レジーナは、救急救命士のライアンと恋仲。だけど、パーティーでハメを外し、渡されたコカインのオーバードーズで、心停止状態になっちゃう。生還したものの、彼女は自分が医学的には死んでいることを知る。血圧はなく、心音もない。同時に普通の食物を受け付けなくなっちゃう。ライアンが焼いてくれたトーストをペッと吐き出したりとか。で、代わりにベーコンを生で食べたり、人体から抽出した脂肪を呑んだり、病院で捨てられた廃棄物のなかの血を漁ったりと、食の好みにも異常を来す。ていうかもう、生肉への欲望だよね、これは明らかに。研修医である彼女は、それでも冷静にその原因を探ろうとする。簡単にはパニックにならないところがこの映画のミソ。レジーナは、自分が吸ったコカインを分析し、混入していた菌類が心身に変化をもたらしたとの結論を出す。そして、自分に起こる変化を記録し、治療法を見いだそうと考える。あくまで冷静で客観的。さすが、お医者さんの卵。

ここで、アリとかの虫に寄生して、行動を支配する菌類、冬虫夏草の映像が挿入される。ゾンビ化キノコっていわれているやつ。この映画で例として引き合いに出されるタイワンアリタケは、アリの成虫に寄生して筋肉全体に菌糸をのばして行動を支配するんだ。寄生されたアリは、意志に反してどんどん木の高いところに登っていく。で、そこで木の葉の葉脈をがちっと噛んで動かなくなる。するとアリの身体から菌糸が伸び上がり、おしまいには地上にいる仲間のアリ全体に自分の胞子をばらまく。「おまえのコロニー全部いただき〜」ってわけだね。行動を完全に支配するから、この菌類はアリをゾンビ化するといわれている。で、同じことが人間である自分にも起こったと、レジーナは考える。

けれども、そんな理性的態度とは裏腹に、レジーナはときどき意識喪失状態に陥っちゃう。映画ではそれを「ブラックアウト」って表現している。そして、あるときは恋人ライアンの胸を噛み、あるときは招かれた誕生パーティーで友人の子どもを噛んじゃう。ライアンは彼女から距離を置くようになる。まあ、当然だけど。で、一人になった彼女は、自ら処方した薬を試してみる。でも残念ながら効き目はなく、ちょうどそのとき訪れたピザの配達人を襲って殺し、身体の一部を食べてしまう。食べ残しの死体は風呂場の浴槽に放置。心配してやってきたライアンは死体を見つけ、警察に出頭して入院することを勧める。ライアンはなかなかいいやつなんだ。だけど、再び忘我の状態に陥った彼女は、ライアンを襲っちゃう。頭をガンガン床に打ち付けて殺してしまうんだ。

逮捕されたレジーナだったけど、心神喪失状態で罪を問われない。代わりに精神病棟でロメラ医師の診察を受けることになる。ロメラ医師は、彼女をコタール症候群だと診断する。これは統合失調症の手前で起こる症状で、自分は死んでいると主張したりする。このロメラって医者がなかなか頑固で、例のブラックアウトなんかも統合失調症に特有の現象だ、なんて権威的に断定する。これに対し、レジーナは、そうではないと反論し、ここまでに述べたような菌類によるゾンビ化の経緯を説明する。でももちろんロメラ医師は自説を曲げない。最終的にレジーナは、診察中にも暴れるようになり、拘束衣を着せられ、壁や床が柔らかい保護房に入れられ、そこで動かなくなる。心停止音が最後に鳴るけど、とっくに心臓止まってたんじゃなかったっけか？

　映画の全体は、ライアンのビデオカメラ、レジーナの記録用ビデオ、ロメラ医師の記録用ビデオ、防犯カメラの映像など記録映像の寄せ集めとして構成されている。事実のみを切り取ったという印象がそれによって確立される。

　ジョージ・A・ロメロもそうだけど、これまでのゾンビものは、社会に焦点を合わせていた。社会が崩壊したとき、人種や、階級や、ジェンダーや、職業なんかの社会的役割に意味はあるだろうか、みたいなやつ。でも、現在の傾向は、他者とどう協調するかというアイデンティティポリティクスじゃなくて、自分を自分でどう位置づけるかの方向に向かっている。★353 つまり、自己体験に焦点が向けられているんじゃないかな。徐々にゾンビになっていく自分を、『スリーデイズ・ボディ』のサマンサのように恐慌に駆られて怯え、狂うんじゃなくて、受け止めよう、観察しようとする姿勢だ。

　外側から徴候を拾い出して、合理的言説で自分の理論を組み立て、そこにレジーナを当てはめようとするロメラ医師の存在が、逆にレジーナの位置をわかりやすくしてくれる。つまり、わたしたちは人を外見や、いろんな仕草、言葉から判断しようとするけど、それは一面の真実に過ぎないってこと。

人間には、「自己体験」ってものがあって、それは本人にしかわからないんだよね。この映画では、ゾンビになっていく人のそんな「自己体験」が執拗に描かれる。「哲学的ゾンビ」っていう考え方があって、身体的機能も構造も完全に人間なんだけど、意識がない存在を仮定する。これは、結局それだけじゃ人間じゃないってことを示して、唯物論的な考え方に反駁を加える目論見をもった思考法なんだけど、レジーナは哲学的ゾンビじゃない。ちゃんと意識をもっているから。だから、この映画は、哲学的ゾンビといった仮設的設定では思考不可能な、もっと生きた経験、直感的な気づきみたいなのを前面に出している。哲学的ゾンビの議論が、現実離れした机上の空論に近いとしたら、この映画はもっと生々しいリアリティをもって、人は自分がゾンビになるとき、それをどう受け止め、感じるかを描いて見せてくれるっていう感じかな。つまり、冷たく、死んだ哲学的ゾンビの議論とは違って、ここでのゾンビ論は動的で活力があるんだ。[★354]

レジーナの自己体験に波長を合わせることによって、この映画は、「①直感的自己体験は無視すべきではない、②自己体験と自我の概念に対する、制度的な権力の存在に盲目であってはならない」という教訓を投げかけている。[★355] 外側から見える自分と、自分が自分で感じている自分とは違うってことだね。レジーナの体験することを、パトリシア・マコーマックの言葉を借りて説明するとこうなる。「①デカルト的身体を拒絶し超越しながら、自我は身体化され、②自分の身体が自らにとって見知らぬものとなったという知覚によって、自らが他者となる」。つまり、自分という存在は、デカルト的な身体と精神が分離されたものではないということを強く意識する必要がある。そして、自分の身体のなかに別の身体が宿り、これまで日常を生きてきた身体とは異質なもの、過剰なものになりうる。[★356]たとえば、ひどい緊張のせいで、喉がからからになり、覚えてきたセリフが出てこないときを想像してみよう。意識では落ち着かねばならない、今の自分は平静の自分ではないとわかっていても、緊張した自分をどうしようもない。そんなとき、わたしたちは自分が他者になっていると感じるわけだ。

　自分が他者になるっていうのは、恋人のライアンを襲うかもしれないってこと。変容過程にあるのを意識しているレジーナは、自分が自分の意志に反していつか恋人のライアンを襲ってしまうのではないかと怖れる。ライアンとの関係は、レジーナにとって、自己体験の一部となっている。なぜなら、人間は関係性のなかに存在するからで、常に生まれたときから相互依存的だから。ライアンとの恋愛関係が、自分という存在の根底を支えているとレジーナにはよくわかっている。[★357]それなのに、変容していく自分はそれを壊すかもしれない。そんな不安を抱えながらレジーナはそれでも「生きて」おり、そして「生きながら」変容していくんだ。『スリーデイズ・ボディ』が身体変容に、つまりは外的な要素に主眼を置いていたとすれば、『プリティ・デッド』は自己体験という内的な要素に焦点を当てたところが新しいよね。

　物語が進むにつれ、レジーナにはさらなる試練が待っている。ピザ配達人やライアンを殺したあと、レジーナは冷静にその事実を受け入れる。①殺人への関与を受け入れ、②それらの行為を人間的価値基準で評価し、怪物的行為だと示唆する、そして③それらの行為を自分のアイデンティティに組み込んで、自分を「怪物」と呼ぶ。自分が両立不可能な二つの存在に分裂しているのを認識し受け入れようとするけど、それは実に困難な作業だ。だからレジーナは「誓っていうけど、わたしがこれをやったんじゃないわ……あれはわたしじゃなかった」という。客観的立場からは自分がやったことを認めつつも、主観的な立場からはどうしてもそれは自分とはつながらない。自分が自分の変化を制御できない不安。こういうのって、病気になったときによく体験するよね。たとえば、風邪をひいて熱が出て、食べたくても食べられない、動きたくても動けない、一時的に自分が制御不能になる状態。歯が痛くて眠れないっていうのもそうじゃないかな。通常そうした状態は一時的なもので、すぐに元に戻れるからそれほど危機感をもたずに済むけど、レジーナの場合は逃れようがなく、悪化していくばかり。自分が自分の変化をもはや制御できなくなる。レジーナは、コカインに混じっていた冬虫夏草的な菌類に責任を転嫁しようとする。「それはわたしじゃない。わたしのなかにあるものよ」。確かに、それは一面の事実だ。実際この菌類が入ってこなければ、レジーナの変容はなかったのだから。けれども、すでに菌類と自分が一体化してしまった以上、菌類を外部のものとして区別することは不可能になっている。「あれはわたしじゃなかった」とはもはやいえない状態になっているわけ[★358]。この自分じゃないといいたいのに、やはり間違いなく自分がやってしまったとわかっていることの受け入れがたさで彼女は苦悩し、暴れる。

そして映画のラストに、そうした葛藤そのものに終止符が打たれるんだ。映画を通して背後に響いていた心音が停止する。けれど、すでにいったようにレジーナの心臓はとっくに止まっていたんじゃなかったっけ？　ってことは、この心停止音は何？　映画を見た人にはわかると思うけど、これはさらなる移行を示している。つまり、レジーナの隠喩的な心臓、人間的な良心や愛する心が死んだってこと。レジーナが社会性を介してつながっていたライアンを初めとした人間関係と切れてしまったってこと。端的にいえば、晴れてゾンビになったってこと。そこにはもう、すべてを受け入れ観察しようとしていたレジーナはいない。このクライマックスの瞬間、ついにレジーナの身体のなかで、人間的体験がなくなってしまったんだ。★359

逆にいえば、最後の、ほんとに最後の瞬間まで人間的体験は持続するんだね。わたしたちの多くが昏睡状態に陥らない限り、死の瞬間まで人間的体験を維持するのとそれは似ているともいえる。どうだろう？　ゾンビになる感覚を、多少なりとも追体験してもらえたかな。

2……映像を見るということ

▼映像への感染

さて、『プリティ・デッド』には、ある種の客観性の印象が伴っていたよね。その理由のひとつは登場人物たちがみな医学の観点をもっていたからだ。自分がゾンビになる病気になっても、その原因を考え、それを自ら観察しようとした。後半では、自分の状態について外的症状から独断的診断を下す医師に対して、自らの人間的体験を語って伝えようとしていたよね。

もっと視覚的な印象としてはどうだろう。冷たさというか客観性が演出されていたのは、この映画がすべてビデオカメラに収められた映像の集積だったからじゃないかな。全体の六割は、レジーナとライアンの映した映像だった。でも、一番冷たい印象があるのは、ロメラ医師の部屋でのカウンセリング場面だった。この部屋にはなんと三つもカメラが設置されていた。ひとつは、ロメラ医師の側からレジーナを撮るカメラ。二つ目は、ロメラ医師の背後に設置された監視カメラで、これはレジーナの顔だけを捉える。三つ目は、ロメラ医師とレジーナの横に置かれているカメラで、二人の対話をバランスの取れたかたちでフレームに収めていた。[★360]

この配置には明らかな非対象性があるのはわかるよね。公平なのは三つ目のカメラだけで、後はロメラ医師の側の視線が優位になっている。観察対象としてのレジーナと、観察者としてのロメラ医師というある種の権力関係がカメラによって浮き彫りにされているんだ。レジーナの側から、ロメラ医師を撮るカメラはないわけだからね。外的症状から「合理的」診断を下すロメラ医師と、極めて非合理な「人間的体験」を伝えようとするレジーナ、その内面が自分を「怪物」とみなす意識と、それは自分ではないと否定しようとする自分とに分裂しているレジーナ。それは、ある意味強者と弱者の関係でもあるんだ。また精神医学の世界で、伝統的に非合理なヒステリアの状態に陥るのが女性であるとされてきた経緯を重ね合わせると、ロメラ医師が男性で、レジーナが女性ということは、その歴史をなぞっているとも取れる。ロメラ医師が黒人男性で、レジーナが白人女性という点は、人種的なステレオタイプを破っているとも取れるし、意地悪く見れば黒人男性が白人女性を精神的にレイプしているという従来の黒人への偏見を見えにくいかたちで表現しているとも解釈できる（まあ、ここは本筋ではないけどね）。とにかく、ここでいいたいのは、そうした非対照性を強調するのが、カメラの配置だったということだ。★361

これまでゾンビについてさんざん語ってきたけれど、それらは（一部の小説を除けば）ほとんどが映像に関するものだった。つまり、ビデオカメラが映した映像について、わたしたちはずっとあーだこーだ考えてきたわけだ。

だから、最後の最後に、このカメラの存在について、少し考えてみようよ。

都合の良いことに、そのために、ちょうどいい素材をあの大御所ジョージ・A・ロメロが撮ってくれている。『ダイアリー・オブ・ザ・デッド』（二〇〇七）がそれで、この映画は徹頭徹尾、ビデオカメラと世界との関係性を巡る物語として描かれているんだ。大学の卒業制作映画を撮るために、ロケに出ていたジェイソンたちは、ゾンビ映画を作ろうとしていた。だけど、ちょうどそのとき、現実にゾンビが出現したことを知って、急遽ドキュメンタリーの制作に方向転換する。ジェイソンは、常にカメラを回し、たとえ仲間が襲われていても、助けようとはせずそのさまを映像に収め続ける。恋人だったデボラはそんなジェイソンを批判するが、やがて当の彼がゾンビに襲われてしまう。ジェイソンにとどめを刺したデボラは、恋人の遺志を次いでドキュメンタリー作品を完成させ、それをSNS上にアップする。それがこの作品だという設定になっているんだ。

ジェイソンの行動は一見異常に見えるけれど、実は今の日常では当たり前になっている。たとえば、「インスタ映え」するように、レストランが、味よりもむしろ絵的に映える食品の提供を競うようになったよね。本来食品は「食べる」ものであるはずなのに、第一の価値が「写す」「映される」ことになってしまっている。ジェイソンの場合も、ゾンビに襲われている人を「救う」のが本来なのに、「写す」ことが第一の価値になってしまったと考えれば、当たらずとも遠からず、五十歩百歩とはいえないだろうか。

実際、ダン・ギルロイ監督の『ナイトクローラー』（二〇一四）や大根仁監督の『SCOOP!』（二〇一六）などの映画を見れば、現実になりつつあることがわかる。どちらの映画にも、衝撃的な映像を撮るために、殺人の現場を生で撮影するシーンが出てくる。すでに、当たり前に、「助ける」より「撮る」ってことは行われている。テレビでもよくやっているしね、衝撃映像スペシャルみたいなやつ。つまり、わたしたちは「現実」そのものよりも、「現実を映した映像」に淫してしまっているんだ。事件が起これば、すぐにSNS上に「こいつが犯人だ」「これが犯人の家だ」みたいな映像がアップされる。間違っていようが、間違われた人が被害にあおうがお構いなし。視聴者が映像に淫しているがために、映像をアップすることがある種の英雄的行為という錯覚を生んでしまっているともいえるね。

スーザン・ソンタグっていうアメリカの批評家が、「カメラは本質的にすべての人を他者の現実のなかの旅人にする」というようなことをいっていて、カメラを構えた時点で、その人は現実の行為には参加できなくなる。生の現実、生の生命と対立する立場にいることになるんだ。だから、ジェイソンが、ゾンビに襲われている人を撮っているとき、彼は襲われている人の側ではなくて、ゾンビの側に立っている。だって、ジェイソンは常にカメラの向こう側にいて、頭は常にカメラに半分隠れているんだから。つまり、現実=生の向こう側にジェイソンはいるわけで、いってみれば生きた死者になるわけだ。[★362]

キャンピングカーに同乗している彼らの指導教授マクスウェル博士は、この状態を「非人間化で特徴づけられた世界は、非人間的な記録者を必要とする」[★363]って説明しているけど、非人間的な世界というのは、つまりはインスタ映えの世界だよね。人間にとって本質的なことよりも、映像が重要になる世界。そして、映像は簡単に嘘をつける以上、その世界は「リアル」と「フェイク」が混然一体となった世界ってことになる。当初、ホラー映画を撮ろうとしていた彼らがドキュメンタリーを撮ることに方向転換し、その結果できたドキュメンタリーがホラー映画として公開される、という筋書き。これはまさに、虚実の逆転、「リアル」と「フェイク」の混乱を示しているといえるんじゃないかな。[★364]

フランスの思想家ポール・ヴィリリオは、激変による世界の破壊を描くゾンビの物語は、世界全体に波及する「全般的な事件」というファンタジーであって、それはわたしたちの時代に特有のものだといっている。わたしたちの時代っていうのは、インターネットや衛星通信や放送などの情報網に覆われた状態をさしている。あらゆる出来事が、即座に世界的に共有されて、共通の体験、つまりは「全般的な事件」となる時代ってこと。★365 その典型的な例として、ヴィリリオは9・11を挙げているけど、現在だとそれはむしろコロナ禍やロシアによるウクライナ侵攻ってことになるかもしれないね。

特に世界中で拡大しているコロナ禍は、まさにゾンビ映画が描いた構図そのままじゃないかな。そして、各国の状況が、克明に、リアルタイムに映像によって世界中で共有されている。コロナ禍って、ある意味では「映像」によって共有され、恐怖されている世界的な物語であって、あまりに多様な情報が錯綜しているせいで、どこまでが「フェイク」で、どこからが「リアル」なのかも定かじゃない。どこまでが正しい情報なのかすらわからないままに皆が翻弄されている。それはある意味では、皆がコロナよりもむしろ映像に「感染」している状態だといえないかな。

しかし、どんなに情報化が進行した時代になっても、すべてのことがパソコンとスマホで処理できるように錯覚してしまう時代になっても、わたしたちには肉体がある。わたしたちは肉体を逃れられないんだ。ゾンビ論集『ロマンシング・ザ・ゾンビ』に収録された、ポピュラー・カルチャー研究者ポール・マルハウザーと心理学者ジャック・D・アーナルの共著論考では、これを「肉空間(meatspace)」と名づけている。「肉空間」は、すべてが流動化するリキッド・モダニティの状況に抗う「モダン」の名残だともいえるね。現代は、仮想空間(virtual space)に浸食されている。けれど、肉空間という厄介なものが残っているせいで、逆説めくけれどその浸食に対し違和感をもつ力も残っている。「コロナ怖いな、あんなにテレビで放送してるんだもんな。東京では数千人も感染したっていうもんな。やっぱりマスクはしなきゃな。外食は控えなきゃな」と（メディアという仮想空間の情報に触れて）思いつつ、一方で「マスク苦しいな。こんな広い道で、人通りも少ないのにやっぱりマスクしてないといけないのかな。レストランで食事しただけで、ほんとに感染したりするのかな」などと身体（＝肉空間）の側からの不満というかたちでの批判を感じている。同調圧力への批判は、こうした身体側の不満がベースになって出てきているんじゃないかかな。情報化の時代といいながら、情報を伝える機器やファイバーはれっきとした物質だし、その影響を受けているわたしたちにも物質としての肉体がある。この仮想空間と肉空間の二重性が、今の時代のひとつの特徴だともいえるね。★366

さて、いずれにせよ、9・11に対してメディアが煽り立てた対テロ戦争に、アメリカ国民が同調していったように、コロナに関してもわたしたちはかなりの程度、ウイルスよりも先にまず映像や情報に感染していることが少しはわかってもらえたかな。

ここで興味深いのは、世界のゾンビ化を非人間的なカメラと一体化してドキュメントしようとしていたジェイソンがゾンビに噛まれたあと、それを射殺したのが恋人だったデボラだったこと。そして、ジェイソンの行為に批判的だったにもかかわらず、デボラが彼に代わってカメラマンの位置を引き受け、ドキュメンタリーを完成させたってことだ。それは何を意味するのだろう。理性的にはありえないよね。だから、これは理性を超えた出来事で、やはり感染という言葉で表現するのが正しいように思うんだ。

ゾンビに噛まれた者がゾンビになるように、映像もまた感染する。あるいは第2章で触れた情動(affection)という用語を使ってもよいかもしれない。映像を撮ること、自らがその映像そのものとなること、さらにいえば、映像に乗っ取られることはある種の快楽なんじゃないのかな。[367] インスタに映像をアップし続ける自分を振り返ってみてよ。わたしたちの時代はだから、映像に淫し、映像に取り込まれ、そして映像になろうとする時代なんだ。それは、ある意味で自分を失ったゾンビの状態だともいえる。わたしたちは自由意志をもっているつもりでいながら、CMやニュースなどの映像に操られている、映像ゾンビであるのかもしれないんだ。そして、作り手の側も、現実を映像に作り替えることに淫した、映像ゾンビと化している。そんなふうに考えてみるのはどうだろうね。

▼銃としてのカメラ

ダニー・ボイル監督の『28日後…』で、主人公のジムはラスボスともいえる軍隊の指揮官ミッチェルとの闘いで、彼の眼球を潰しちゃう。これは、もしかしたらイタリアの映画監督ルチオ・フルチへのオマージュなのかもしれないね。だって、第2章で触れたようにフルチも眼球破壊にすごくご執心だったから。でも、ここでは、むしろ違う意味を読み取ってみようよ。たとえば、見ること、すなわち視覚的なものがこの世界を支配していることへの象徴的な反撃だと考えてみるのはどうだろう。[368]

スーザン・ソンタグの『写真論』(一九七七、邦訳晶文社刊)っていう本に、興味深い記述がある。

写真を撮るということは、その人が自分では決して見られない姿を見ること、決して得られない知識をもつことで、その人を侵犯することである。写真は人を象徴的に所有できるモノに変えてしまう。カメラは銃の昇華形なのであり、誰かを撮ることは昇華された殺人（a sublimated murder）★369——悲しい、脅かされた時代にふさわしい、柔らかい殺人（a soft murder）なのである。

なんとソンタグは、カメラを銃に喩えるわけだ。銃の昇華形であるカメラは、被写体をモノ化してしまう。もはや動くことのないモノに、けれども写真として残り続ける不活発な不死者へと。それは生きた世界から、被写体の影を取り、昆虫採集の標本のように固定する作業だともいえる。生きている人から、「笑っている一瞬」「走っている一瞬」「食べている一瞬」を奪い取り、蠟人形に変える。剝製にしちゃう。だから、映像を撮ることは暴力であり、象徴的な殺人だということにもなったりする。★370さらにいえば、「その人が自分では決して見られない姿を見ること、決して得られない知識をもつこと」というのは、象徴的に他者を食らうということ、食人的な行為だとすらいえるんじゃないかな?

『ダイアリー・オブ・ザ・デッド』のなかで、ジェイソンが仲間に順々にインタビューをするシーンが出てくる。そのとき、彼は仲間の肩から上、つまり頭のみを撮っている。それって、よく考えたら、ゾンビを銃で殺すときの伝統的な手法とおんなじだ。「頭を撃つ（shoot）＝撮る」わけだから。このことは、仲間たちがすでにゾンビ的な存在の位相にある、つまり近いうちにゾンビ化による死が運命づけられているのを暗に示してもいる。だって、この映画のタイトルは「死者の日記」だよ。ジェイソンを含めた語り手たち全員がすでに死んでいることが、ここにはほのめかされているともいえるんじゃないかな[★371]。と同時に、カメラと銃が並行関係にあるというほのめかしも存在していることになるよね[★372]。

スマホの普及はすべての人をカメラマンに変えた。いってみれば、だれもが「昇華された銃」を手に入れたことになる。しかも、観客は地球全体に存在する[★373]。そこに本人にとって不本意な写真をさらされるのは、まさに象徴的な殺人であり、それを皆が興味本位で見るのは象徴的な食人だといえるんじゃないかな。一度ネットに流出した画像は、たとえ本人がそれを削除したとしても、すでに拡散された後で

◉カメラと銃が並行関係にあることを示唆する『ダイアリー・オブ・ザ・デッド』（George A. Romero, *Diary of the Dead*, 2007）

はなんの効果もない。たとえばアメリカで起きた暴行画像の流出によって被害者が自殺した事件などを思い起こせば、カメラはもはや昇華された銃ではなく、銃そのものと化しており、さらにその映像を鵜の目鷹の目で探し回る観客は、死体を漁るゾンビそのものと化しているとすらいえるわけだね。

というわけで、ここまでは、カメラを持った人が、人を殺して食べるゾンビに似ているってことを見てきた。

▼映像＝ゾンビ

じゃあ、次にそのカメラで撮られた映像そのものについて考えてみようよ。『ダイアリー・オブ・ザ・デッド』で当初ジェイソンが撮っているゾンビ映画のタイトルは『死の死（*The Death of Death*）』だった。これは当然、疫病のせいで死んでいるのに蘇るゾンビたちのことを示していて（死そのものが死んでしまったという意味）、同時にメディアが世界を覆い、死そのものが消し去られてしまったということをも意味しているんじゃないかな。★374 なぜって、ここからはあくまで比喩的な話になっていくけど、映像に撮られたら、もう死ねないから。死者は映像のなかで蘇らされて永遠に同じ動作を反復させられるから。たとえば、わたしたちが映画を見るとき、そこではすでに故人であるフレッド・アステアが、マリリン・モンローが歌い踊り、ジョン・ウェインが銃を撃ち、チャールズ・チャップリンがおどけてみせる。あるいは、ジェイソンやフレディみたいな猟奇殺人者が次々と残酷に人を殺し、爆弾やテロによって大量の人が殺され、ときには切断された頭が空を飛びさえする。そして、そのような死者たち、あるいは大量の死を見て観客たるわたしたちは喜び、笑い、拍手する。二〇二〇年の紅白歌合戦には、AI解析を通して再合成された美空ひばりの声が「新曲」を披露するゾンビ現象まで公開されるに至った。映像の時代、死者はみなゾンビとして召喚される運命を免れない。ゾンビが自分を意識できないのと同様、映画のなかのチャップリンたちも、自分がそこで演技し踊っていることを意識できない。そして、上映されるたびに、ひたすらそれを繰り返すだけになる。

これはつまり、カメラの時代、映像の時代には死は「空無化」するっていうこと。前資本主義の時代においては、死は英雄的なものだった。それが、資本主義の時代には合理化され、中立化され、経済化されてしまった。ガンとか老衰とか診断され、脳死とか心停止を判定され、介護ビジネス、病院ビジネスの餌食となり、最後は葬儀ビジネスの対象となる。生きているときだけじゃなく、死の瞬間、そして死後さえお金儲けの対象とみなされる人生を生きなくちゃならない。逆にいえば、死そのものに意味がなくなってしまった時代なんだね。さらにいえば、もう働かなくなった非生産人口としての老人は、社会のお荷物となり、生産至上主義の視点から見れば、産業廃棄物的な扱いを受けることになる。かつての老人が、賢者として尊重されたのとは真逆の現象が起こっている。だから、そのあとに訪れる死にも、威厳はなく、力がない存在だから不気味でもなく、医学的・経済的な死だから、悲しくも哀れでもない。そして、どの死もみな似通って見える。死そのものがある種のゾンビとなってしまっている。それは、空白で、空虚で、模倣的で、複製的なものだ。ゾンビも死も、映像そのものがもつのと同じ性質をもつようになったのが現代だといえるんじゃないかな。★375

▼観客＝ゾンビ

さて、銃としてのカメラで被写体がゾンビ化され、その映像がゾンビ的性質をもつのなら、それを見ているわたしたちはどんな位置に立つことになるんだろう。わたしたちが映像を見るとき、それは誰の目を通してなのかな。ちょっと考えてみるとすぐわかる。そう、撮影者の目を通して見ている。でも、撮影者は「生きた人々」の生の経験から切り離された撮影者／射撃者（shooter）となるってことは先に述べた通り。とすると、①映像、②それを撮った撮影者、③その後ろから映像を見ているわたしたちという位置関係を考えてみると、わたしたちは撮影者以上に元の出来事から切り離された、概念的で、非身体的な位置に立っていることに気づかないかな。★376 つまり、わたしたちはいってみればメタな「撮影者／射撃者」の位置にいるわけだ。現実の出来事そのものには参与せず、現場にいた撮影者よりも、さらに遠い位置で、ただ映像を消費するだけの存在なんだ。

『ダイアリー・オブ・ザ・デッド』の冒頭で、死んだ移民の家族がゾンビになって暴れだしたとき、それでもテレビのカメラマンは撮影し続ける。やがてレポーターが殺され、ついにカメラマンもカメラを放棄して逃げ出す。けれども、カメラそのものはその場に残されて、冷たい視線で出来事を見つめ続ける。それが、観客のいる位置でもある。[★377] 観客は見続ける。ゾンビが人を食らうところを。つまり、人を食らうゾンビの映像を食らうのが観客なんだ。ここにも、①被害者、②ゾンビ、③観客という構造が成り立つ。メタなレベルで観客はゾンビとなって被害者を食らう。観客自身がゾンビとなるってことだ。[★378]

さらに詳しくこの構造を考えてみよう。まず映像のなかのゾンビは偽物だよ。人間がメーキャップをして演じているのだから当然だね。この偽物をリアルなものに変換するのがカメラマンの仕事。カメラは、偽の食人場面をリアルな現実であるかのように撮影する。観客は、それが現実であるかのように「見る」。食われる被害者となり、食うゾンビとなって、その疑似現実を生きるんだ。[★379] その意味で観客は対価を払って、一時的にゾンビとなる体験ができる。さらにメタな構造を考えるならば、それは観客が、映像そのものを「消費」している、つまり食らっていることになるよね。本書の第1章では「観客がゾンビを生み出した」としたけれど、われ知らず無意識に食らっているという意味で、観客こそがゾンビだともいえるんじゃないかな。

ネオリベラリズムが隆盛を極める世界で、徹底的に管理された労働者として搾取され、メディアによって政治的意見を左右させられ、コマーシャルによって消費行動における主体性も奪われているわたしたちは、自分を生きることができていない。ある意味ではもはや誰もがゾンビとして生きている。そんな自覚が「ゾンビ」という概念を生み出したといえるかもね。

そして、ささやかな余暇の時間にわたしたちがゾンビ映画を見るとき、そこには奇妙な入れ子構造が生起することになる。自分たちの隠喩であるゾンビが、これまた自分たちの隠喩である市民を襲うところを「見る」とき、わたしたちは、ゾンビに、さらには食われる人に同一化し共感しているんだ。つまり映像のなかに入り込んでいる。しかし、同時にわたしたちは観客として、映像の外側におり、映像の消費者として、その映像そのものを食らうゾンビでもあるよね。メビウスの輪のように循環する、ゾンビ・ループの完成ってわけだ。これが、ネオリベラリズムの時代、そしてメディアの時代の要約となっているんじゃないかな。

わたしたちは、現実の世界のなかにいるのではなく、メディアが作った「現実」のなかにいる。

二〇〇八年に、アメリカ合衆国大統領選でジョン・マケイン候補に投票したという若い女性は、写真を見せてもどれがマケインかわからず、ディック・チェイニーの写真を指さしたという。また、ニューヨーク在住のテレビ・キャスターであるデイヴィッド・フォルケンフリックによれば、二〇〇九年六月、アフガン戦争継続のさなか、オバマ大統領は四万人の兵力増強を決めた。けれども、そんな状況にもかかわらず、合衆国メディアにおけるアフガニスタン関連の報道は全体の二%に過ぎず、その時点ですでに死後八カ月経っていたマイケル・ジャクソンのことにメディアは集中していたという。★380

日本においても状況は似たようなものだろう。コロナ禍に関する情報ひとつを取ってみても、報道内容が非常にアンバランスであることは一目瞭然だろう。わたしたちは、メディアで知ったことを「現実」と取り違えがちだが、それはすでにわたしたちが現実ではなく、カギカッコつきの「現実」を生きていることを示している。二〇二二年の二月に始まった、ロシアによるウクライナ侵攻にしても同様だ。わたしたちに与えられる情報は、すべて欧米寄りのバイアスがかかったものでしかない。けれども、わたしたちはそれを「現実」として認識している。どこかリアリティのない映像としての、情報としての戦争。だから、ロシアがウクライナを侵略している現実があるにもかかわらず、問題の本質はそこにはないという言説が流布し、いくつもの「現実」が現実の上に重ね書きされ、理解を混乱させる。客観的事実よりも個人の感情に訴える意見のほうが影響力をもつ状況をポスト・トゥルースというが、これは現実がメディア内「現実」となって、根無し草になったことにその根拠をもつことがわかるだろう。このように、メディア、あるいは映像が「現実」を作っているのだとすれば、映画という虚構はある意味それと地続きのものなのだともいえる。すでにわたしたちはメディアのニュースという虚構のなかに生きているのだから、映画という虚構のなかに生きることは、そこからさして遠くはないのである。

映画は——とりわけポピュラー・カルチャーとしての映画は、一方では楽しませつつ、他方ではメディアのニュース同様「教化」の側面ももつ。現実や出来事の解釈を提示し、それに対する適切な反応を示唆するからだ。★381 かつて映画社会学者のジークフリート・クラカウアーが述べたように、映画は小説のような個人の産物ではなく、不特定多数に向けて訴えかけ、既存の欲望を満たすものだ。映画はその時代の社会状況やイデオロギーをすべて集約したかたちで作られる。その結果作品は「社会的表明」となる。だから、世界が滅亡の危機に瀕するゾンビ映画は、わたしたちが危機に対してもろく、冷淡な社会制度に依存していると気づかせてくれる。それは、快適な日常を信用しすぎるな、自足しすぎるなという警告になる。メディアの欺瞞に気をつけろ、メディアに取り込まれ、それに夢中になるなと忠告してくれる。低劣なものとされるポピュラー・カルチャー、ゾンビ映画が、社会の理解を促し、外部の脅威や、明らかな不適切さに対する正しい振る舞い方を教えようとする。★382

最後にその例を二つ紹介しておこう。

『28日後…』の冒頭で、主人公ジムは、ウェストミンスター橋の上で、大量に散乱したビッグベンのミニチュア玩具を踏む。それは、記念碑的なもの、歴史的なもの、神聖なものがすべてその重みを失い、視覚文化における複製同様のものとなった状況を示唆している。ジムたちといっしょに、ゾンビが跋扈するロンドンから逃れるために北を目指すタクシー運転手のフランクは、出発するときにメーターを倒し、「小切手とカードは使えません」とジョークを飛ばす。それは、労働と金銭からの解放を示唆する。それは、世界の見方や振る舞い方を示唆していた視覚文化からの解放と軌を一にするものでもある。★383

『ダイアリー・オブ・ザ・デッド』に登場するジェイソンらの指導教官であるマクスウェル博士は、若い学生たちとは違ってカメラや銃より、弓矢や剣のようなローテクの武器を好む。彼には書物や演劇などのスロー・メディアを通して得た文学や歴史の教養があり、それによって学生たちを迫り来るゾンビ的な白痴化から守っている。ハイパーメディアのもたらすポストヒューマニズムから、人間的なものを守るのである。彼の墓に学生たちは古典の名著を並べる。彼の文学的教養に裏づけられた深みのある人間主義は、動画やメディアなどの表層に囲まれ囚われて、思考力を奪われている現状に対して、ありうる代替物を示唆している。[★384]

ゾンビ映画は、社会の現状への解釈を示すと同時に、そこからの脱出の方向もさりげなく示唆していた。「脱・映像を促す映像」として。このような二律背反的なやり方こそ、いかにもゾンビ的だといえるのではないだろうか。

プロローグで述べた、スマホに支配されたわたしたちは確かにゾンビである。だけど、本物のゾンビではない。それはむしろ、二一世紀になって現れた「理性をもったゾンビ」「姿形の崩れていないゾンビ」「生きたゾンビ」であり、ゾンビが本来もっていた革命性を骨抜きにされたゾンビである。いわば、仮性ゾンビ。

それに対し、ラディカルな意味をもっていたのは、きちんと生死の境界線を越えた二律背反的なゾンビであった。だから、わたしたちは仮性ゾンビの映画に自分たちの似姿を見て満足しているだけではだめなのだと思う。この世界、資本主義、自我、人種、性差を超えていくためのヒントは、古い真正（あるいは真性）ゾンビの側にしかないのだということを、とりあえずの結論とさせていただきたい。

あとがき

ちょっと（いや、だいぶ）古いけど、ロジェ・カイヨワ的な斜線の思考が好きだ。真正面からではなく、思いもよらなかったほころびを見つけて、そこから対象を解きほぐすことが。

当初の足掛かりは化学物質だった。プラスチック、農薬、薬品、人工ドラッグ、食品添加物など、世界を作り、さらには人間身体に入り込んでくる化学物質を通してアメリカを見るということを試みた。次いで、スーパーマン、バットマンといったスーパーヒーローを通してアメリカを読むということを試みた。

いずれの試みも楽しめた。これまで気がつかなかった世界が、徐々に見えてくる快感があった。そんな風に、思いがけないかたちでアメリカを象徴しているものは何なのかということを考え続けてきたわけだが、今回テーマとしたゾンビは、それらのなかでも優れてアメリカ的であり、極めて資本主義的な存在だったと思う。

常に反転する表象であるゾンビは、○○を表象しているといったとたん、そこからずれて行ってしまう。生きても死んでもおり、生きても死んでもいないゾンビ。同時に反対のものを指し示し、同時にどちらからもずれるゾンビは、二項対立を基準として思考するわたしたちに、心地よいめまいを与えてくれる存在なのだ。
そんなゾンビに終始振り回され戸惑わされながら、とても楽しく書くことができた。

当初は、友人であるフリー編集者の片岡力氏が最初のゲラを作ったうえで、出版の相談にのってくださった。ここに感謝の気持ちを記しておきたい。最終的に、『ケミカル・メタモルフォーシス』でもお世話になった渡邊直樹氏から工作舎をご紹介いただき、出版の運びとなったことは無上の喜びである。渡邊氏にはもちろん、丁寧に原稿を読み込んでくださった石原剛一郎氏に深く感謝している。

最後になるが、本書は文学金魚より刊行の『幸福のゾンビ』というゾンビ短編集と対で読まれることで完成する、と思っている。ゾンビの論文を読みながら、思考したことは本書に、湧きあがった妄想・連想・夢想・猥想は短編小説として表現した。同時に二つの異なる手法でゾンビについて描き切ったという感がある。

新しい学問的な方法論の試み……などと個人的にはこそっと自負していたりする。

二〇二二年七月二〇日

遠藤 徹

★358——Ibid., p. 185
★359——Ibid., pp. 188–9
★360——Christie and Lauro, op. cit., p. 193
★361——Ibid., p. 191
★362——Laist, op. cit., p. 109
★363——Ibid., p. 111
★364——Ibid., p. 107
★365——Ahmad, op. cit., pp. 131–2
★366——Muhlhauser and Arnal, op. cit., p. 149
★367——Laist, op. cit., pp. 109–110
★368——Harpold, op. cit., p. 178
★369——Susan Sontag, *On Photography*, Rosetta Books, LLC, 1973, electronic edition 2005, p. 10
★370——Laist, op. cit., p. 110
★371——Ibid., p. 108
★372——Ibid., p. 108
★373——Ibid., p. 102
★374——Ibid., p. 103
★375——Shaviro, op. cit., pp. 83–4
★376——Laist, op. cit., p. 104
★377——Ibid., p. 105
★378——Ibid., p. 110
★379——Ibid., p. 104

エピローグ：真正ゾンビのほうへ

★380——Graham, op. cit., pp. 136–7
★381——Christopher Zealand, "The National Strategy for Zombie Containment: Myth Meets Activism in Post-9/11 America" in Boluk and Lenz, op. cit., p. 232
★382——Beisecker, op. cit., pp. 32, 200
★383——Harpold, op. cit., pp. 174–5, 177
★384——Laist, op. cit., pp. 111–2

★328——Pagnoni Berns, Rodriguez Fontao and Vazquez, op. cit., p. 165
★329——Ibid., pp. 157–8
★330——Ibid., pp. 160–1
★331——Ibid., p. 156
★332——Ibid., p. 166
★333——Ibid., p. 161

第6章：　緊急避難口から振り返る

★334——Braun, op. cit., p. 171
★335——Lindenmuth, op. cit., p. 194
★336——Muhlhauser and Arnal, op. cit., p. 143
★337——Lindenmuth, op. cit., pp. 198–9
★338——Ibid., p. 198
★339——Ibid., pp. 192–3
★340——Ibid., p. 198
★341——Simon Bacon, "Memories of You: The Undying Love of the Zombie in *Harold's Going Stiff*" in Szanter and Richards, op. cit., p. 89
★342——木澤佐登志『ダークウェブ・アンダーグラウンド　社会秩序を逸脱するネット暗部の住人たち』, イーストプレス, 2019, p. 13
★343——Ibid., pp. 12–3
★344——Ibid., p. 14
★345——Ibid., p. 15
★346——Bacon, op. cit., p. 93
★347——Ibid., pp. 90–4
★348——Ibid., pp. 90–1
★349——Ibid., pp. 94–5
★350——Ibid., p. 92
★351——Ibid., pp. 90, 95
★352——Ibid., pp. 96–7
★353——Szanter and Richards, op. cit., p. 101
★354——Christie and Lauro, op. cit., pp. 195–6
★355——Ibid., p. 194
★356——MacCormack, op. cit., p. 95
★357——Christie and Lauro, op. cit., p. 186

★307——Hannabach, op. cit., pp. 117–120

★308——Patterson, op. cit., pp. 105–8

★309——Shaviro, op. cit., p. 87

★310——Whitney Cox and Ashley Ruth Lierman, "The Idea of Love and the Reality of *Deadgirl*" in Szanter and Richards, op. cit., p. 51

★311——Ibid., p. 52

★312——Ibid., p. 56

★313——Ibid., pp. 46, 50

★314——Ibid., p. 53

★315——Ibid., pp. 43, 50

★316——"「壁ドン」はパーソナルエリアの侵害? 結婚不向きの声も",「AERAdot.」, 朝日新聞出版, 2015. 2. 1(「AERA」2015年2月9日号からの抜粋)
https://dot.asahi.com/aera/2015020100010.html?page=1

★317——Julie Beck, "When Pop Culture Sells Dangerous Myths About Romance: Entertainment glorifying or excusing predatory male behavior is everywhere—from songs about 'blurred lines' to TV shows where rapists marry their victims.," *The Atlantic*, January 18, 2018
https://www.theatlantic.com/entertainment/archive/2018/01/when-pop-culture-sells-dangerous-myths-about-romance/549749/

★318——Natalie Wilson, *Willful Monstrosity: Gender and Race in 21st Century Horror*, Jefferson, North Carolina: McFarland, 2020, kindle version, Chapter 1, Section 2

★319——Ibid., Chapter 1, Section 2

★320——Ibid., Chapter 1, Section 2

★321——Ibid., Chapter 1, Section 2

★322——Ibid., Chapter 1, Section 2

★323——Cocarla, op. cit., pp. 67–8

★324——Ashley Szanter and Jessica K. Richards, "The Sexy Millennial Reinvention of the Undead in *Warm Bodies* and *iZombie*" in Szanter and Richards, op. cit., p. 111

★325——Scott Rogers, "Nobody Wants to Be Un-Anything: *Pushing Daisies* and the Problem of a Kinder, Gentler Undead" in Szanter and Richards, op. cit., p. 36

★326——Ashley Szanter and Jessica K. Richards, "Introduction: Kissing Corpses and Significant 'Others': Facing Our Obsession with Apocalyptic Love" in Szanter and Richards, op. cit., p. 2

★327——Ibid., pp. 6–7

★280——Braun, op. cit., pp. 162, 169–70, 172
★281——"Mighty Times: The Children's March," *Zinn Education Project*
https://www.zinnedproject.org/materials/childrens-march
★282——Grizzell, op. cit., p. 130
★283——Ibid., pp. 120, 127, 130
★284——Laura Helen Marks, "'I Eat Brains ...of Dick': Sexual Subjectivity and the Hierarchy of the Undead in Hardcore Film" in McGlotten and Jones, op. cit., p. 167
★285——Ibid., pp. 167–8
★286——Ibid., p. 162
★287——Harmes, op. cit., p. 44
★288——Marilyn A. Mendoza, "Death and Mourning Practices in the Victorian Age: Victorian rules for the end of life," *Psychology Today*, December, 2018
https://www.psychologytoday.com/us/blog/understanding-grief/201812/death-and-mourning-practices-in-the-victorian-age
★289——Harmes, op. cit., pp. 37, 44–5
★290——Ibid., pp. 37, 41–2
★291——Ibid., pp. 40, 42–3
★292——Keresztesi, op. cit., p. 41
★293——著者不詳『我が秘密の生涯』, 田村隆一訳, 三崎書房, 1970, pp. 272–3
★294——Harmes, op. cit., pp. 46–7
★295——Patterson, op. cit., p. 113
★296——Ibid., p. 111
★297——Shaviro, op. cit., p. 89
★298——Sieg, op. cit., pp, 212–3
★299——Vossen, op. cit., pp. 94–5
★300——Ibid., pp. 96, 102
★301——Amanda Taylor, "Love and Marriage in the Time of *The Walking Dead*" in Szanter and Richards, pp.72–4
★302——Hannabach, op. cit., p. 109
★303——Taylor, op. cit., pp. 74, 81–2; Sieg, op. cit., p. 214
★304——Taylor, op. cit., pp. 77–80
★305——Ibid., p. 87; Patterson, op. cit., p. 106
★306——Taylor, op. cit., pp. 82–3

★259——Ahmad, op. cit., p. 135

★260——Hamako, op. cit., p. 109

★261——"The Internet helps fuel the ugly insinuation that Obama is a stealth Muslim, reviving an ancient hate," *Los Angeles Times,* December 03, 2007
https://web.archive.org./web/20110811025 8/http://articles.latimes.com/2007/dec/03/opinion/ed-obama3

★262——Bernard Lewis, "The Roots of Muslim Rage: Why so many Muslims deeply resent the West, and why their bitterness will not easily be mollified," *The Atlantic,* September, 1990
https://www.theatlantic.com/magazine/archive/1990/09/the-roots-of-muslim-rage/304643/

★263——Hamako, op. cit., pp. 109, 120

★264——Ibid., p. 119

★265——Ibid., p. 111

★266——Graham, op. cit., pp. 126–7

★267——Hamako, op. cit., p. 115

★268——Ibid., p. 110

★269——Graham, op. cit., p. 126

★270——Hamako, op. cit., p. 115

★271——Connor Jackson, "'This place. It's never going to accept people like us. Never ever': (Queer) Horror, Hatred and Heteronormativity in *In the Flesh*" in Szanter and Richards, op. cit., p. 130

★272——Hamako, op. cit., pp. 110, 120

★273——Ibid., pp. 113, 116

★274——Ibid., p. 116; Mikhaila Friel, "Meghan Markle and Prince Harry probably wouldn't have spoken up about Black Lives Matter if they were still part of the royal family, according to experts," *Insider,* July, 2020
https://www.insider.com/meghan-markle-prince-harry-black-lives-matter-royal-family-2020–7

★275——Hamako, op. cit., pp. 120–2

★276——McAlister, op. cit., p. 458

★277——Ibid., pp. 482–3

★278——Ibid., p. 482

★279——Kordas, op. cit., p. 22

★230――Hamako, op. cit., p.112
★231――Basquiat, op. cit., p. 20
★232――Kordas, op. cit., p. 19
★233――Lauro, op. cit., p. 88
★234――Basquiat, op. cit., p. 21
★235――Kordas, op. cit., p. 24
★236――Ibid., pp. 27–8
★237――Ibid., p. 21
★238――Hamako, op. cit., p. 109
★239――Gretchen Bakke, "Dead White Men: An Essay on the Changing Dynamics of Race in US Action Cinema," *Anthropological Quarterly*, Vol. 83, No. 2, Spring 2010, p. 404
★240――Barbara S. Bruce, "Guess Who's Going to Be Dinner: Sidney Poitier, Black Militancy, and the Ambivalence of Race in Romero's *Night of the Living Dead*" in Moreman and Rushton, op. cit., pp. 61, 64
★241――Ibid., p. 61
★242――Ibid., p. 63; McAlister, op. cit., pp. 478–9
★243――Bruce, op. cit., pp. 64–5
★244――Ibid., p. 70
★245――Ibid., p. 73
★246――Ibid., pp. 60–1, 67–8
★247――Ibid., pp. 69, 72
★248――McAlister, op. cit., p. 481
★249――Bakke, op. cit., pp. 417, 421
★250――Lauro and Embry, op. cit., p. 97; Graham, op. cit., p. 125
★251――Bakke, op. cit., p. 416
★252――Ibid., pp. 402, 407
★253――Ibid., pp. 417–8
★254――Ibid., p. 420
★255――Ibid., p. 419
★256――Ibid., pp. 419–421
★257――Ibid., p. 409
★258――Ibid., pp. 410, 425; McAlister, op. cit., p. 479

★207——Lauro, op. cit., pp. 97–8

★208——Randy Laist, "Soft Murders: Motion Pictures and Living Dead in *Diary of the Dead*" in Boluk and Lenz, op. cit., p. 105

★209——Ahmad, op. cit., p. 135

★210——Lewis, op. cit., p. 96

★211——Eric Hamako, "Zombie Orientals Ate My Brain! Orientalism in Contemporary Zombie Stories" in Moreman and Rushton, op. cit., p. 114

★212——Lauro, op. cit., pp. 123, 200

★213——Richard Mowe, "Romero - master of the macabre: Veteran director on zombies, religion and genocide," *Eye For Film*
https://www.eyeforfilm.co.uk/feature/2015–07-08-george-a-romero-talks-zombies-religion-and-genocide-in-karlovy-vary-feature-story-by-richard-mowe

★214——Thornton, op. cit., pp. 23–4

★215——McAlister, op. cit., p. 467

★216——Zombie Jesus, *Know Your Meme*
https://knowyouRmeme.com/memes/zombie-jesus

★217——Thornton, op. cit., pp. 20–1, 34

★218——Ibid., p. 28

★219——Ibid., pp. 30–1, 34

★220——Lauro, "Playing Dead: Zombies Invade Performance Art...and Your Neighborhood" in Deborah Christie and Sarah Juliet Lauro, eds., *Better Off Dead: the Evolution of the Zombie as Post Human*, New York: Fordham University Press, 2011, p. 217

★221——Ibid., pp, 205–235, 208

★222——Ibid., p. 223

★223——Lauro, op. cit., p. 193

★224——McAlister, op. cit., p. 460

★225——Simone do Vale, "Trash Mob: Zombie Walks and the Positivity of Monsters in Western Popular Culture" in Mikko Canini, eds., *The Domination of Fear*, Leiden, Boston: Brill, 2010, p. 193

★226——Lauro, op. cit., pp. 3, 88–9

★227——Christie and Lauro, op. cit., p. 209

★228——Lauro, op. cit., p. 191

★229——Ibid., pp. 193, 196

p. 10

★177——Lauro and Embry, op. cit., pp. 95–6

★178——Shaviro, op. cit., p. 102

★179——Greenspan, op. cit., p. 216

★180——Lauro and Embry, op. cit., pp. 107–8

★181——Lauro, op. cit., p. 199

★182——アイザック・マリオン『ウォーム・ボディーズ　ゾンビRの物語』, 満園真木訳, 小学館文庫, 2012, p.10

★183——Ibid., p. 11

★184——Ibid., p. 22

★185——Hannabach, op. cit., pp. 108–9

★186——Ibid., pp. 58–9

★187——マリオン, op. cit., p. 17

★188——Ibid., p. 33

★189——Ibid., p. 251

★190——Ibid., p. 261

★191——Ibid., p. 227

★192——Ibid., p. 263

★193——Ibid., p. 275

★194——Ibid., p. 235

★195——Ibid., p. 278

★196——Cocarla, op. cit., pp. 56–7

★197——マリオン, op. cit., p. 69

★198——Ibid., p. 118

★199——Ibid., pp. 311–2

★200——Ibid., pp. 370–1

★201——Drew Grant, "'Zombies' Occupy Wall Street," *New York Observer*, 2011, 4. 10 https://observer.com/2011/10/do-zombies-capitalism-or-communism-in-occupy-wall-street-protests-slideshow/

★202——Inglis, op. cit., pp. 44–5

★203——Hannabach, op. cit., pp. 110–1; Inglis, op. cit., p. 47

★204——Lauro, op. cit., pp. 150–1

★205——Lauro, op. cit., p. 47

★206——Elizabeth Young, *Black Frankenstein: The Making of an American Metaphor* (America and the Long 19th Century Series 22), New York: NYU Press, 2008

条元一訳, 岩波文庫, 1954, p. 149

★154——Dery, op. cit., p. 13; Lauro, op. cit., p. 68

★155——Deleuze-Guattari, *Anti Oedipus* (Translated from the French by Robert Hurley, Mark Seem, and Helen R. Lane), Minneapolis: University of Minnesota Press, 1983, p. 335

★156——Shaviro, op. cit., p. 83

★157——Ronjon Paul Datta and Laura MacDonald, "Time for Zombies: Sacrifice and the Structural Phenomenology of Capitalist Futures" in Moreman and Rushton, op. cit., pp. 84–6

★158——Ibid., p. 83

★159——Dery, op. cit., p. 11

★160——Datta and MacDonald, op. cit., pp. 79–80

★161—— Lewis, op. cit., pp. 93–4

★162——Shaviro, op. cit., pp. 91–2

★163——Elliott-Smith, op. cit., pp. 141–2

★164——Datta and MacDonald, op. cit., p. 86

★165——Cocarla, op. cit., p. 54

★166——Shaviro, op. cit., p. 92

★167——Datta and MacDonald, op. cit., pp. 77, 88–89

★168——Ibid., p. 78

★169——ジャック・ル・ゴフ『もうひとつの中世のために：西洋における時間, 労働, そして文化』, 加納 修訳, 白水社, 2006, p. 51

★170——Datta and MacDonald, op. cit., pp. 82–3

★171——Ibid., pp. 78–9

★172——Cassandra Anne Ozog, "Fear Rises from the Dead: A Sociological Analysis of Contemporary Zombie Films as Mirrors of Social Fears," Thesis submitted to the Faculty of Graduate Studies and Research in partial fulfillment of the requirements for the degree of Master of Arts in sociology, University of Regina, 2013, p. 9

★173——Lauro, op. cit., pp. 84–5

★174——Shaviro, op. cit., p. 93; Nicole LaRose, "Zombies in a 'Deep, Dark Ocean of History': Danny Boyle's *Infected* and John Wyndham's *Triffids* as Metaphors of Postwar Britain" in Boluk and Lenz, op. cit., p. 175

★175——Hannabach, op. cit., p. 107

★176——マーク・フィッシャー『資本主義リアリズム』, 河南瑠莉訳, 堀之内出版, 2018,

★124——Ibid., pp. 27–8, 51, 53
★125——Lauro and Embry, op. cit., p. 96
★126——Inglis, op. cit., p. 45
★127——Lauro, op. cit., pp. 56–8
★128——Ibid., p. 54–5
★129——Ibid., p. 54
★130——Lauro and Embry, op. cit., p. 98; David Inglis, op. cit., p. 45
★131——Inglis, op. cit., p. 45
★132——Lauro, op. cit., p. 29
★133——Ibid., pp. 31–33
★134——Ibid., p. 7
★135——Ibid., p. 135,（引用者註）は筆者が挿入
★136——Michael Hirsley, "Voodoo, Religion are part of Haiti," *Chicago Tribune*, 1994, 9. 30
https://www.chicagotribune.com/news/ct-xpm-1994–09-30–9409300347-story.html
★137——Lauro, op. cit., p. 135
★138——Ibid., p. 145
★139——Ibid., pp. 108–9, 113
★140——Inglis, op. cit., p. 146
★141——Kordas, op. cit., p. 29
★142——Lauro, op. cit., pp. 104–5
★143——Ibid., pp. 115, 182–3
★144——Ibid., p. 112
★145——William Seabrook, *The Magic Island*, New York: The Literary Guild of America, 1929, pp. 95–6
★146——Lauro, op. cit., pp. 78–9
★147——McAlister, op. cit., p. 463–4
★148——Lauro, op. cit., p. 98
★149——Braun, op. cit., p. 164
★150——McAlister, op. cit., pp. 459, 468, 472
★151——Ibid., pp. 468–9
★152——カール・マルクス『資本論』（二）, エンゲルス編, 向坂逸郎訳, 岩波文庫, 1975, 第11刷, p. 96
★153——カール・マルクス『ルイ・ボナパルトのブリュメール十八日』, 伊藤新一・北

★101——Jennifer Rachel Dutch, "Braaaiiinnnsss: The Recipe for Love in *iZombie*" in Szanter and Richards, op. cit., p. 171

★102——フェリペ・フェルナンデス=アルメスト『食べる人類誌：火の発見からファーストフードまで』, 小田切勝子訳, 早川書房, 2010

★103——McAlister, op. cit., p. 477

★104——Fernando Gabriel Pagnoni Berns, Canela Ailen Rodriguez Fontao and Patricia Vazquez, "Zombies Want Serious Commitment: The Dread of Liquid Modernity in *Life After Beth, Burying the Ex* and *Nina Forever*" in Szanter and Richards, op. cit., pp. 171–2

★105——Lauro and Embry, op. cit., p. 99

★106——Grizzell, op. cit., p. 127

★107——Dery, op. cit., p. 12

★108——Sigmund Freud, *Three Essays on the Theory of Sexuality* (Second Edition, Translated by A. A. Brill, Global Grey e-Books, original 1905, e-Book 2018), pp. 26, 55

★109——Paul Muhlhauser and Jack D. Arnal, "Uncanny Valley Romance: *Warm Bodies, Her* and the Bits and Bytes of Affection" in Szanter and Richards, op. cit., p. 140

★110——Sasha Cocarla, "A Love Worth Un-Undying For: Neoliberalism and Queered Sexuality in *Warm Bodies*" in McGlotten and Jones, op. cit., pp. 63–4

★111——Lauro, op. cit., pp. 6–7, 18, 77–8, 99

★112——Jennifer Huss Basquiat, "From Slavery to Sex: Commodifying Romance in the Zombie Film" in Szanter and Richards, op. cit., pp. 24–6, 28–9

★113——Ann Kordas, "New South, New Immigrants, New Women, New Zombies: The Historical Development of the Zombie in American Popular Culture" in Moreman and Rushton, op. cit., p. 20

★114——Lauro and Embry, op. cit., p. 98

★115——Lauro, op. cit., p. 5

★116——Lauro and Embry, op. cit., p. 41

★117——Ibid., pp. 28, 56

★118——Ibid., pp. 59–60, 152–3

★119——Lauro, op. cit., p. 32

★120——Lauro and Embry, op. cit., p. 98

★121——Lauro, op. cit., p. 81

★122——Ibid., p. 122

★123——Ibid., pp. 121, 144

★080——Lewis, op. cit., p. 96

★081——Marcus Harmes, "Victorian Values: Necrophilia and the Nineteenth Century in Zombie Films" in McGlotten and Jones, op. cit., p. 46

★082——Ibid., p. 45

★083——Michele Braun, "It's So Hard to Get Good Help These Days: Zombies as a Culturally Stabilizing Force in *Fido* (2006)" in Moreman and Rushton, op. cit., p. 166

★084——Lauro and Embry, op. cit., pp. 92–3

★085——"Artist George Pfau Makes Impressionist Paintings of The Zombie Apocalypse." *Design You Trust,* March, 2018
https://designyoutrust.com/2018/03/artist-george-pfau-makes-impressionist-paintings-of-the-zombie-apocalypse/

★086——Lauro, op. cit., p. 173

★087——Stacy Alaimo, *Bodily Natures: Science, Environment, and the Material Self,* Bloomington and Indianapolis: Indiana University Press, 2010, kindle version, chapter1

★088——Trevor Grizzell, "Re-Animating the Social Order: Zombies and Queer Failure" in Moreman and Rushton, op. cit., p. 136

★089——Lauro, op. cit., pp. 20, 52, 62

★090——Eyal Weizman, "Lethal Theory," *Log,* No.7 (winter/spring, 2006), Anyone Corporation, p. 58

★091——Ibid., p. 53

★092——Ibid., p. 59

★093——Lewis, op. cit., p. 99

★094——Braun, op. cit., p. 171

★095——Lewis, op. cit., p. 96

★096——Ibid., pp. 96–7

★097——Grizzell, op. cit., p. 128

★098——Harpold, op. cit., p. 161

第3章：　資本主義からの緊急避難

★099——Grizzell, op. cit., p. 128

★100——Max Thornton, "Take Eat, These are My Brains: Queer Zombie Jesus" in McGlotten and Jones, op. cit., pp. 24–6, 31

★053——MacCormack, op. cit., pp. 93–4
★054——Patterson, op. cit., p. 106
★055——MacCormack, op. cit., pp. 97–8
★056——Ibid., pp. 95–6
★057——Ibid., pp. 88–9; Patterson, op. cit., pp. 113–4
★058——Darren Elliott-Smith, "Gay Zombie: Consuming Masculinity and Community in Bruce LaBruce's *Otto; or, Up with Dead People* (*2008*) and *L. A. Zombie* (*2010*)" in McGlotten and Jones, op. cit., p. 153
★059——Ibid., p. 152
★060——MacCormack, op. cit., pp. 92, 95
★061——ウェイド・デイヴィス『蛇と虹：ゾンビの謎に挑む』, 田中昌太郎訳, 草思社, 1988, pp. 132–3［原著：Wade Davis, *The Serpent and the Rainbow*, Simon & Shuster, 1985］
★062——Ibid., p. 177
★063——David Inglis, "Putting the Undead to Work: Wade Davis, Haitian Vodou, and the Social Use of the Zombie" in Moreman and Rushton, op. cit., pp. 55–7
★064——Ibid., pp. 53–4
★065——Ibid., pp. 48, 57–9
★066——Ibid., p. 48
★067——デイヴィス, op. cit., pp. 25–6
★068——Ibid., p. 27
★069——Ibid., p. 27
★070——Lauro and Embry, op. cit., pp. 95, 108
★071——Shaviro, op. cit., p. 84
★072——Tyson E. Lewis, "Ztopia: Lessons in Post-Vital Politics in George Romero's Zombie Films" in Boluk and Lenz, op. cit., p. 94
★073——Lauro and Embry, op. cit., pp. 87, 93–4
★074——Andrea Austin, "Cyberpunk and the Living Dead" in Boluk and Lenz, op. cit., p. 148
★075——Lewis, op. cit., p. 95
★076——Ibid., p. 98
★077——マキシム・クロンブ『ゾンビの小哲学：ホラーを通していかに思考するか』, 武田宙也・福田安佐子訳, 人文書院, 2019, p. 83
★078——McAlister, op. cit., p. 461
★079——クロンブ, op. cit., p. 78

Moreman and Rushton, op. cit., p. 41

★033——Ibid, p. 41

★034——George J. Sieg, "Disaster Utopia and Survival Euphoria: (A) Sexuality in the Zombie (Post) Apocalypse" in Szanter and Richards, op. cit., pp. 202–3

★035——Vossen, op. cit., p. 105

★036——Ibid., p. 97

第2章：　主体からの緊急避難

★037——Robert J. Edmonstone, "Beyond 'Brutality': Understanding the Italian Filone's Violent Excesses," Ph.D. thesis, Department of Film and Television Studies, University of Glasgow, 2008, pp. 9–10

★038——Ibid., pp. 4–5, 9–10, 14, 187

★039——Wheeler Winston Dixon, "Surrealism and Sudden Death in the Film of Lucio Fulci," *Film International*, 2012. 12. 24
http://filmint.nu/surrealism-and-sudden-death-in-the-films-of-lucio-fulci/

★040——Michael Grant, "The 'Real' and the abominations of hell: Carl-Theodor Dreyer's *Vampyr* (1931) and Lucio Fulci's *...E tu vivrai nel terrore! L'aldilà* (*The Beyond*, 1981)" in *Kinoeye: New Perspective on European Film*, Vol. 3, Issue 2, 2003
https://www.kinoeye.org/03/02/grant02.php

★041——『ブリタニカ国際大百科事典　小項目事典』, TBSブリタニカ, 1973

★042——Brian Masumi, "The Autonomy of Affect" in *Cultural Critique*, No. 31, The Politics of Systems and Environments, part II, Autumn, 1995, p. 96

★043——Patricia MacCormack, "Zombies without Organs: Gender, Flesh, and Fissure" in McIntosh and Leverette, op. cit., pp. 88, 99

★044——Masumi, op. cit., p. 96

★045——MacCormack, op. cit., p. 94

★046——Natasha Patterson, "Cannibalizing Gender and Genre: A Feminist Re-Vision of George Romero's Zombie Films" in McIntosh and Leverette, op. cit., p. 109

★047——MacCormack, op. cit., p. 88

★048——Ibid., p. 92

★049——Ibid., p. 98

★050——Ibid., pp. 89–91

★051——Shaviro, op. cit., pp. 102–3

★052——Ibid., p. 99

American Dreams, Minneapolis: University of Minnesota Press, 2012, p. 12

★014——Aalya Ahmad, "Gray is the New Black: Race, Class, and Zombies" in Boluk and Lenz, op. cit., p. 131

★015——Lauro, op. cit., p. 197

★016——Martin Rogers, "Hybridity and Post-Human Anxiety in *28 Days Later*" in Shawn McIntosh and Marc Leverette, eds., *Zombie Culture: Autopsies of the Living Dead*, Plymouth: Scarecrow Press, 2008, pp. 123–4

★017——Dave Beisecker, "Nothing but Meat?: Philosophical Zombies and Their Cinematic Counterparts" in Christopher M. Moreman, Cory James Rushton, eds., *Race, Oppression and the Zombie: Essays on Cross-cultural Appropriations of the Caribbean Tradition*, Jefferson, North Carolina: McFarland, 2011, p. 199

★018——Todd K. Platts, "Locating Zombies in the Sociology of Popular Culture," in *Sociology Campus*, 2013. 7, p. 552

★019——Lauro, op. cit., p. 89

★020——Beisecker, op. cit., p. 198

★021——Harpold, op. cit., pp. 173–4; Becki A. Graham, "Post-9/11 Anxieties: Unpredictability and Complacency in the Age of New Terrorism in *Dawn of the Dead* (2004)" in Moreman and Rushton, op. cit., p. 134

★022——Ibid., p. 138

★023——Lauro, op. cit., p. 197

★024——Elizabeth McAlister, "Slaves, Cannibals, and Infected Hyper-Whites: The Race and Religion of Zombies," *Anthropological Quarterly*, Vol. 85, No. 2, Spring 2012, p. 475; Beisecker, op. cit., p. 202

★025——Emma Vossen, "Laid to Rest: Romance, End of the World Sexuality and Apocalyptic Anticipation in Robert Kirkman's *The Walking Dead*" in Shaka McGlotten and Steve Jones, eds., *Zombies and Sexuality: Essays on Desire and the Living Dead*, Jefferson, North Carolina: McFarland, 2014, p. 89

★026——Ibid., pp. 91–2

★027——Ibid., p. 93

★028——Cathy Hannabach, "Queering and Cripping the End of the World: Disability, Sexuality and Race" in McGlotten and Jones, op. cit., p. 108

★029——Vossen, op. cit., pp. 94, 99–100

★030——Ibid., p. 92

★031——Ahmad, op. cit., p. 136

★032——Rita Keresztesi, "Hurston in Haiti: Neocolonialism and Zombification" in

註

プロローグ：ゾンビを待ちながら

★001——Jillian McDonald: http://jillianmcdonald.net/projects/zombieloop.html
★002——Steven Shaviro, *The Cinematic Body,* Minneapolis: University of Minnesota Press, 1993, pp. 101–2
★003——Terry Harpold, "The End Begins: John Wyndham's 'Zombie Cozy'" in Stephanie Boluk and Wylie Lenz, eds., *Generation Zombie: Essays on the Living Dead in Modern Culture,* Jefferson, North Carolina: McFarland, 2011, p. 161
★004——Michael Newbury, "Fast Zombie/Slow Zombie: Food Writing, Horror Movies, and Agribusiness Apocalypse" in *American Literary History,* Vol.24, No.1, pp. 87–8
★005——Ibid., p. 162

第１章：　この世からの緊急避難

★006——Brian Greenspan, "A Brain Is a Terrible Thing to Waste: *Isolation U.* and the Campus Zombie" in Boluk and Lenz, op. cit., p. 208
★007——Sarah Juliet Lauro, *The Transatlantic Zombie: Slavery, Rebellion, and the Living Death,* New Brunswick, NJ and London: Rutgers University Press, 2015, p. 94
★008——Sarah Juliet Lauro and Karen Embry, "A Zombie Manifesto: The Nonhuman Condition in the Era of Advanced Capitalism" in *boundary* 2/Spring 2008, pp. 87–8; William A. Lindenmuth, "The Zombie Apocalypse as Hospice Care: *Maggie* and the Zombie Turn as Cipher for Terminal Illness" in Ashley Szanter and Jessica K. Richards, eds., *Romancing the Zombie: Essays on the Undead as Significant "Other,"* Jefferson, North Carolina: McFarland, 2017, pp. 186–7
★009——Judith Halberstam, *Skin Shows: Gothic Horror and The Technoligy of Monsters,* Durham and London: Duke University Press, 1995, p. 21
★010——Greenspan, op. cit., p. 211
★011——Andrea Austin, " Cyberpunk and the Living Dead" in Boluk and Lenz, op. cit., p. 147
★012——Lauro and Embry, op. cit., p. 93
★013——Mark Dery, *I Must Not Think Bad Thoughts: Drive-by Essays on American Dread,*

ゾンビ・パウダー　zombie powder　066－069, 120, 236
ゾンビマスター　zombie master　066, 195－197, 200, 223－224, 240

タ

中産階級　middle class　135－136, 146, 171, 175, 202, 222
ディストピア　dystopia　038－041, 043, 099, 101, 208
哲学的ゾンビ　philosophical zombie　299
亜人間（デミヒューマン）　demi-human　085
同性愛　homosexuality　034, 166－167, 248, 250
奴隷制　slavery　022, 090, 092, 094, 097, 131, 134－135, 196, 224

ナ

肉空間　meatspace　307－308
二項対立　dichotomy　056, 071－072, 074－075, 085－086, 088－089, 114, 116, 125, 205, 322
ネオリベラリズム　neoliberalism　158, 161－162, 164－165, 167－169, 172, 179, 208－209, 315－316

ハ

パーソナライゼーション　personalization　288
ハイチ　Haiti　022－024, 033－034, 065－066, 068－070, 090, 104－105, 113, 117－118, 120－132, 136－137, 157, 173－175, 180, 182, 195－197, 199, 223－224, 233, 236
ハイチ革命　Haitian Revolution　090, 117－118, 120, 122, 125－126, 173, 178
ハイパーホワイト　hyperwhite　207－208, 210－212, 214, 225
パッシング　passing　199－200
ファスト・ゾンビ　fast zombie　019
ブラック・パワー・ムーヴメント　black power movement　202
ブラック・ムスリム・ムーヴメント　black muslim movement　200－201
ポストヒューマン　posthuman　073－074, 081－082, 085, 089, 158, 164, 172, 179, 191
ポピュリズム　populism　025－026

ヤ

ユートピア　utopia　038－039, 041－043,

ラ

リキッド・モダニティ　liquid modernity　266, 268, 274, 307
レイプ・カルチャー　rape culture　253－260, 263, 266, 271
労働者　laborer　023－024, 034, 085, 133－136, 138－141, 152－154, 161, 165, 172, 188, 190, 196, 236, 315

本文索引……【事項名】

ア

アブジエクション（おぞましさ）　abjection　060, 232－233, 242, 278
黙示録（アポカリプス）　apocalypse　023, 038－040, 042－043, 075, 165, 245, 252, 266
異性愛　heterosexuality　043, 161, 166, 230, 244－245, 247, 252－253
ヴィクトリア朝　Victorian era　084, 237, 240, 242
ウイルス　virus　024, 026, 036, 083, 086, 091, 153, 211, 216－218, 279, 287, 308
ヴードゥー　voodoo　022, 034, 065, 068, 105, 118, 120－121, 123－124, 127－131, 173, 175, 180, 182, 200, 224, 236
永遠の愛　everlasting love　267－268, 272－274
オリエント　orient　176, 218－222, 225

カ

怪物的女性　monstrous woman　250
家父長制　paternalism　061, 228, 243－244, 246, 250－251, 261－262, 266
間－身体性　transcorporeality　087－088
器官なき身体　corps sans organes　063
吸血鬼　vampire　025, 032－033, 137, 209, 231－235, 264－265, 276
キリスト教　Christianity　040, 106－109, 112, 121, 180－185, 201, 217, 219
クィアネス　queerness　166, 230
空虚なシニフィエ　empty signifier　026
公民権運動　civil rights movement　202, 204－205, 228

サ

災害多幸症　disaster euphoria　038, 042
サイボーグ　cyborg　030, 065, 069－072, 074, 086
ジェンダー　gender　014, 032, 058－059, 063, 088, 100, 146, 148, 176, 228, 231, 233－234, 237, 242－243, 247－249, 260, 298
死権力　necropower　089, 091－094, 096, 098
シチュアシオニスト　situationniste　187
失業者　unemployed　154－155
資本主義　capitalism　024, 029, 032－033, 035, 038, 040, 051, 063, 077－082, 085, 089－091, 099, 101, 110, 114, 116, 121, 131, 133－138, 141－143, 146－148, 150, 152－159, 161, 164－165, 172, 179, 188, 190, 195, 208, 213, 221, 228, 276, 313, 321－322
情動／情動化　affection/affect　014－015, 019, 053－060, 309
消費者　consumer　061, 110, 146－147, 153, 210, 316
食人　cannibalism　026, 072, 105－107, 110－112, 134－136, 146, 167, 178, 181, 296, 310－311, 315
植民地主義　colonialism　033, 090, 092, 122, 134, 174, 196, 201, 210
生権力　bio-power　091－093
生政治　bio-politics　078, 100
ゼットピア　ztopia　089, 099, 101
ゾーエー／ビオス　zoe/bios　080－081
ソープオペラ　soap opera　039, 041, 043, 061
ゾンビ・ウォーク　zombie walk　185－189, 191

and the Rainbow: A Harvard Scientist's Astonishing Journey into the Secret Societies of Haitian Voodoo, Zombies, and Magic
065–066

マ

『魔法の島』 *The Magic Island* 022, 129, 132–133, 195
『マンスフィールド・パーク』 *Mansfield Park* 176

ヤ

『闇の子供たち』178

ラ

『ルイ・ボナパルトのブリュメール十八日』 *Der 18te Brumaire des Louis Bonaparte* 137
『ロマンシング・ザ・ゾンビ』 *Romancing the Zombie: Essays on the Undead As Significant "Other"* 265, 268, 307

ワ

『我が秘密の生涯』 *My Secret Life* 241

本文索引……【文献名】

ア

『アンチ・オイディプス』 *L'Anti-Oedipe* 137
『イキガミ』 093
『意図的な怪物性：21世紀ホラーにおけるジェンダーと人種』 *Willful Monstrosity: Gender and Race in 21st Century Horror* 260
『ウォーキング・デッド』 *The Walking Dead* 027, 039, 041－043, 244－249, 252, 260, 262, 282
『ウォーム・ボディーズ ゾンビRの物語』 *Warm Bodies* 171, 162
『英雄の旅』 *Awakening The Heroes Within* 246

カ

『啓蒙の弁証法』 *Dialektik der Aufklärung: Philosophische Fragmente* 084
『高慢と偏見』 *Pride and Prejudice* 176

サ

『ジェーン・エア』 *Jane Eyre* 175
『写真論』 *On Photography* 309
『種の起源』 *On the Origin of Species* 136
『スールーク皇帝と彼の帝国』 *L'Empereur Soulouque et son empire* 123
『スペクタクルの社会』 *La société du spectacle* 186
『千のプラトー』 *Mille Plateaux* 096
『It(それ)と呼ばれた子』 *A Child Called "It": One Child's Courage to Survive* 100
『ゾンビサバイバルガイド』 *The Zombie Survival Guide: Complete Protection from the Living Dead* 041
『ゾンビの小哲学：ホラーを通していかに思考するか』 *Petite philosophie du zombie: ou comment penser par l'horreur* 078

タ

『ダークウェブ・アンダーグラウンド』 287
『タイムマシン』 *The Time Machine* 135
『食べる人類誌：火の発見からファーストフードの蔓延まで』 *Food: A History* 107
『地球最後の男』 *I Am Legend* 023
『ディナーの儀式』 *The Rituals Of Dinner: The Origins, Evolution, Eccentricities, and Meaning of Table Manners* 107
『テレビジョンカルチャー：ポピュラー文化の政治学』 *Television Culture* 061
『閉じこもるインターネット：グーグル・パーソナライズ・民主主義』 *The Filter Bubble: What the Internet Is Hiding from You* 288
『トランス・アトランティック・ゾンビ：奴隷制、反乱、生ける死者』 *The Transatlantic Zombie: Slavery, Rebellion, and Living Death* 022

ハ

『ハーモニー』 091
『ハイチ、あるいは黒人共和国』 *Hayti: or, The Black Republic* 129
『博物学者の旅』 *Voyage d'un naturaliste* 118
『ブラジルの歴史』 *History of Brazil* 176
『フランケンシュタイン』 *Frankenstein* 084, 176
『蛇と虹：ハーバードの科学者による、ハイチにおけるブードゥー、ゾンビ、魔術の秘密結社への驚くべき旅』 *The Serpent*

『ランド・オブ・ザ・デッド』 *Land of the Dead* 075, 097, 101, 163, 177–178, 236
『ランペイジ　巨獣大乱闘』 *Rampage* 213
『リヴィング・ゴースト』 *The Living Ghost* 034
『LOGAN／ローガン』 *Logan* 212

ワ

『ワールド・ウォーZ』 *World War Z* 178, 216
『私はゾンビと歩いた』 *I Walked with a Zombie* 175
『ワンガ』 *Ouanga*（*The Love Wanga*） 199–200

『ドーン・オブ・ザ・デッド』(邦題『ゾンビ』) Dawn of the Dead 024, 111, 130, 144–145, 245
『ドーン・オブ・ザ・デッド』(リメイク版) Dawn of the Dead 229
『トリプルX ネクスト・レベル』 xXx: State of the Union 210, 215
『奴隷たち』 Slaves 113

ナ

『ナイト・オブ・ザ・リビング・デッド』 Night of the Living Dead 023–024, 029, 060, 113, 130, 135, 202, 205, 242
『ナイトクローラー』 Nightcrawler 028, 208, 305
『28日後…』 28 Days Later 018, 024, 035, 037, 085, 154, 216, 245, 309, 320
『野のユリ』 Lilies of the Field 202–203

ハ

『バイオハザード』 Biohazard (Resident Evil) 116, 212, 282
『バイオハザードIII』 Resident Evil: Extinction 218
『バイス』 Vice 028, 209, 212
『バガー・ヴァンスの伝説』 The Legend of Bagger Vance 207
『バタリアン』 The Return of the Living Dead 111, 163
『バトル・ロワイアル』 092
『ハロルズ・ゴーイング・スティフ』 Harold's Going Stiff 286, 289
『ヒッチコック博士の恐るべき秘密』 L'orribile segreto del Dr. Hichcock 238–240
『ビヨンド』 ...E tu vivrai nel terrore! L'aldilà (The Beyond) 046, 052, 057, 062, 082
『ファウンダー ハンバーガー帝国のヒミツ』 The Founder 027, 209, 212
『フューチュラマ』 Futurama 182
『フリーセックス:真の自由とは』 Liberated: The New Sexual Revolution 270
『プリティ・デッド』 Pretty Dead 295, 300, 302
『ブレイド』 Blade 210–211
『ブレイド2』 Blade II 212
『ブレードランナー』 Blade Runner 260, 284
『ボディ・スナッチャー/恐怖の街』 Invasion of the Body Snatchers 023, 173
『ホワイト・ゾンビ』(邦題『恐怖城』) White Zombie 022–023, 034, 129, 154, 175, 189, 195–197, 200, 236

マ

『マギー』 Maggie 279, 281–282, 292
『魔人ドラキュラ』 Dracula 231, 235
『マトリックス』 The Matrix 214, 224
『マトリックス リローデッド』 The Matrix Reloaded 215
『マトリックス レボリューションズ』 The Matrix Revolutions 215
『マネー・ショート 華麗なる大逆転』 The Big Short 156
『マルコムX』 Malcolm X 194
『メメント』 Memento 285
『モダン・タイムス』 Modern Times 010, 139
『模倣の人生』 Imitation of Life 199

ヤ

『闇の子供たち』 178

ラ

『ライフ・アフター・ベス』 Life After Beth 266–267, 269, 272

本文索引……【映画・ドラマ名】

ア

『アイ・アム・レジェンド』 *I Am Legend* 210, 213
『iゾンビ』 *iZombie* 111–112, 163, 235–236, 264–265
『アバター』 *Avatar* 212
『アンダルシアの犬』 *Un Chien Andalou* 048–049
『ウォーキング・デッド』 *The Walking Dead* 039, 041–043, 229–230, 244–249, 252, 260, 262, 282
『ウォーム・ボディーズ』 *Warm Bodies* 111, 171, 179, 235, 263–265, 276, 279, 286
『ウルフ・オブ・ウォール・ストリート』 *The Wolf of Wall Street* 029
『エイリアン』 *Alien* 046
『エイリアン・コヴェナント』 *Alien: Covenant* 046
『LAゾンビ』 *L.A. Zombie* 064
『オットー；オア・アップ・ウィズ・デッド・ピープル』 *Otto; or, Up with Dead People* 064, 235
『俺の話は長い』 159, 165, 171

カ

『吸血ゾンビ』 *The Plague of the Zombies* 238–240
『グリーンマイル』 *The Green Mile* 207

サ

『PSYCHO-PASS サイコパス』 092, 094
『ザ・シンプソンズ』 *The Simpsons* 182
『サバイバル・オブ・ザ・デッド』 *Survival of the Dead* 177
『サンゲリア』 *Zombie* 047, 049
『J・エドガー』 *J. Edgar* 029, 209
『地獄の門』 *Paura nella città dei morti viventi* （*The Gates of Hell*） 062
『死者の狂宴』 *La orgía de los muertos*（*The Hanging Woman*） 238–239, 241
『死の恋人ニーナ』 *Nina Forever* 266–267, 269, 273
『シュガーヒル』 *Sugar Hill* 130
『死霊の盆踊り』 *Orgy of the Dead* 240
『SCOOP！』 305
『スーパーサイズ・ミー』 *Super Size Me* 149
『スーパーサイズ・ミー2 ホーリー・チキン』 *Super Size Me 2: Holy Chicken!* 149
『スリーデイズ・ボディ 彼女がゾンビになるまでの3日間』 *Contracted* 293, 295, 298, 300
『青春残酷物語』 258
『ゾンビーノ』 *Fido* 083, 098, 115, 134–135, 163, 228, 277
『ゾンビ・ガール』 *Burying the Ex* 266–267, 269, 272
『ゾンビ・ストリッパーズ』 *Zombie Strippers* 235
『ゾンビランド』 *Zombieland* 282

タ

『ダイアリー・オブ・ザ・デッド』 *Diary of the Dead* 177, 304, 310–312, 314, 320
『地球最後の男』 *The Last Man on Earth* 023
『デイ・オブ・ザ・デッド』（邦題『死霊のえじき』） *Day of the Dead* 060, 130, 154
『デッドガール』 *Deadgirl* 251–252, 254–255, 260, 262
『天使のはらわた 赤い教室』 076

ライト, キース　Wright, Keith　286
ラウロ, サラ・ジュリエット　Lauro, Sarah Juliet　022, 030, 033, 073, 087, 114, 116, 125, 156, 158, 174, 180, 186–188, 190
ラクラウ, エルネスト　Laclau, Ernesto　026
ラゴーナ, ウバルト・B　Ragona, Ubaldo B.　023
ラバト, ジャン=バプチスタ　Labat, Jean-Baptiste　117
ランゲ, C. G.　Lange, C. G.　054
リアマン, アシュリー・ルース　Lieman, Ashley Ruth　256
リー, ジェイ　Lee, Jay　235
リー, スパイク　Lee, Spike　194, 207
リーブス, キアヌ　Reeves, Keanu　214
リチャーズ, ジェシカ・K　Richards, Jessica K.　265
リッチー, ガイ　Ritchie, Guy　089
リント, ジョン・フィリップ・ウォーカー　Lindh, John Philip Walker　194, 218, 222
ルイス, タイソン・E　Lewis, Tyson E.　073, 075, 098–099, 146, 179
ルイス, バーナード　Lewis, Bernard　217, 220
ル・ゴフ, ジャック　Le Goff, Jacques　152
ルゴシ, ベラ　Lugosi, Bela　196–197, 231–232
レヴィン, ジョナサン　Levine, Jonathan　111
レオン, メリッサ　Leon, Melissa　261–262
レッドフォード, ロバート　Redford, Robert　207
ローレンス, フランシス　Lawrence, Francis　210
ロジャース, スコット　Rogers, Scott　265
ロジャース, マーティン　Rogers, Martin　033
ロメロ, ジョージ・A　Romero, George Andrew　023–024, 034, 036, 057, 060–063, 075, 097, 108, 111, 113, 130, 134, 144, 146, 153–154, 163, 173, 177–178, 180, 202, 207, 229, 242–244, 276, 298, 304

ワ

ワーナー, マリナ　Warner, Marina　176
ワイス, マシュー・J　Weiss, Matthew J.　022
ワシントン, フレディ　Washington, Fredi　199

石井 隆（いしい たかし）　076
伊藤計劃（いとう けいかく）　091
大島 渚（おおしま なぎさ）　258
大根 仁（おおね ひとし）　305
木澤佐登志（きざわ さとし）　287
曾根中生（そね ちゅうせい）　076
高見広春（たかみ こうしゅん）　092
深作欣二（ふかさく けんじ）　092
間瀬元朗（ませ もとろう）　093
本広克行（もとひろ かつゆき）　092

ペイトン, ブラッド　Peyton, Brad　213
ベイナ, ジェフ　Baena, Jeff　266
ベール, クリスチャン　Bale, Christian　209
ベック, ジュリー　Beck, Julie　259–260
ベルグソン, アンリ=ルイ　Bergson, Henri-Louis　054
ペンリー, コンスタンス　Penley, Constance　038
ヘンリー王子　Prince Henry, Duke of Sussex　221
ボイル, ダニー　Boyle, Danny　018, 024, 035–036, 154, 309
ボーヴォワール, マックス　Beauvoir, Max　180
ホエール, ジェームズ　Whale, James　022
ボーディン, ウィリアム　Beaudine, William　034
ポーラン, マイケル　Pollan, Michael　018
ポッポ, ロナルド　Poppo, Ronald　104
ホブソン, ヘンリー　Hobson, Henry　279
ホルクハイマー, マックス　Horkheimer, Max　084, 156
ポワチエ, シドニー　Poitier, Sidney　201–206

マ

マークス, ローラ・ヘレン　Marks, Laura Helen　233
マウ, リチャード　Mowe, Richard　180
マカリスター, エリザベス　McAlister, Elizabeth　108, 136
マカンダル, フランソワ　Makandel, François　123
マクドナルド, ジリアン　McDonald, Jilian　012–013
マクドナルド, ローラ　MacDonald, Laura　141
マケイン, ジョン　McCain, John　222–224, 318
マコーマック, パトリシア　MacCormack, Patricia　055–056, 058, 063, 299
マシスン, リチャード　Matheson, Richard　023
マスランスキー, ポール　Maslansky, Paul　130
マッケイ, アダム　McKay, Adam　028, 156
マッスミ, ブライアン　Massumi, Brian　055–056
マリオン, アイザック　Marion, Isaac　162
マルクス, カール　Marx, Karl　051, 136–137, 153
マルケイ, ラッセル　Mulcahy, Russell　218
マルコムX　Malcolm X　201
マルハウザー, ポール　Muhlhauser, Paul　307
マンゴールド, ジェームズ　Mangold, James　212
ムベンベ, アキーレ　Mbembe, Achille　091–092, 096
ムンスター, テア　Munster, Thea　186–187
メーガン妃　Meghan, Duchess of Sussex　221
メータ, ブリンダ　Mehta, Brinda　241
メリノ, ホセ・ルイス　Merino, José Luis　238
モービー　Moby　011
モロー・ド・サン=メリー, M. L. E.　Moreau de Saint-Mery, M. L. E.　118, 122
モンロー, マリリン　Monroe, Marilyn　312

ヤ

ヤング, エリザベス　Young, Elizabeth　176
ユージーン, ルディ　Eugene, Rudy　104

ラ

ラブルース, ブルース　LaBruce, Bruce　064, 235

210
ノロ, ベンジャミン　Nolot, Benjamin　270

ハ

ハースリー, マイケル　Hirsley, Michael　127
ハーポルド, テリー　Harpold, Terry　036
ハームズ, マーカス　Harmes, Marcus　237–238
ハイヤシンス　Hyacinthe　123
バイゼッカー, デイヴ　Beisecker, Dave　034
バウマン, ジグムント　Bauman, Zygmunt　268, 270
パグノーニ・バーンズ, フェルナンド・ガブリエル　Pagnoni Berns, Fernando Gabriel　268
パターソン, ナターシャ　Patterson, Natasha　243
バッケ, グレッチェン　Bakke, Gretchen　201
ハマコ, エリック　Hamako, Eric　179
ハラウェイ, ダナ　Haraway, Donna　030, 071
バラカ, アミリ　Baraka, Amiri　201
パリサー, イーライ　Pariser, Eli　288
ハリス, ナオミ　Harris, Naomi　213
ハルバースタム, ジュディス(ジャック)　Halberstam, Judith (Jack)　025, 032–033
ハルペリン, ヴィクター　Halperin, Victor　022
ハレル, ガディ　Harel, Gadi　251
ハンコック, ジョン・リー　Hancock, John Lee　027
ハンナバック, キャシー　Hannabach, Cathy　155, 164, 249
ピアソン, キャロル・S　Pearson, Carol S.　246
ビーバーマン, ハーバート・J　Biberman, Herbert J.　113
ビン・ラディン, オサマ　bin Laden, Osama　194
ファウ, ジョージ　Pfau, George　086–087
ファラカン, ルイス　Farrakhan, Louis　201
フィスク, ジョン　Fiske, John　061
フィッシャー, マーク　Fisher, Mark　156
フィッシュバーン, ローレンス　Fishburne, Laurence　214
フィンリー, ローラ　Finely, Laura　253
フーヴァー, ジョン・エドガー　Hoover, John Edgar　029, 209
フーコー, ミシェル　Foucault, Michel　078, 091, 100
フェルナンデス=アルメスト, フェリペ　Fernández-Armesto, Felipe　107
フォルケンフリック, デイヴィッド　Folkenflik, David　318
フセイン, サダム　Hussein, Saddam　028
ブッシュ, ジョージ・W　Bush, George Walker　028
ブニュエル, ルイス　Buñuel, Luis　048
フライシャー, ルーベン　Fleischer, Ruben　282
ブライン, ベン／クリス　Blaine, Ben／Chris　266
ブラウニング, トッド　Browning, Tod　231
ブラウン, ケイト　Brown, Kate　237
ブルース, バーバラ・S　Bruce, Barbara S.　202, 204
フルチ, ルチオ　Fulci, Lucio　046–047, 051–052, 055–056, 059, 061–063, 065, 082, 181, 309
ブルックス, マックス　Brooks, Max　041
フレーダ, リッカルド　Freda, Riccardo　238
ブレスボワ, ピエール=コルネイユ　Blessbois, Pierre-Corneille　117
プレスリー, エルヴィス　Presley, Elvis　177
ブロンテ姉妹　Brontë sisters　237
ブロンテ, シャーロット　Brontë, Charlotte　175
ヘイデン, マイケル　Hayden, Michael　194

ストラウス, ピーター　Strauss, Peter　215
スナイダー, ザック　Snyder, Zack　229
スナイプス, ウェズリー　Snipes, Wesley　210
スパーロック, モーガン　Spurlock, Morgan　148–150
スミス, ウィル　Smith, Will　210
セント・ジョン, スペンサー　St. John, Spencer　129
ソーントン, マックス　Thornton, Max　106, 182–184
ソンタグ, スーザン　Sontag, Susan　305, 309–310
ゾンビ, ジャン　Zombi, Jean　118, 123

タ

ターウィリガー, ジョージ・J　Terwilliger, George J.　199
ダーウィン, チャールズ・ロバート　Darwin, Charles Robert　136
ターナー, ジャック　Tourneur, Jacques　023
ターナー, ナット　Turner, Nat　224
ダイアナ妃　Diana, Princess of Wales　221
ダッタ, ロンジョン・ポール　Datta, Ronjon Paul　141
タマホリ, リー　Tamahori, Lee　210
ダラボン, フランク　Darabont, Frank　207
タランティーノ, クエンティン　Tarantino, Quentin　046, 050
ダルー, ギュスターヴ　d'Alaux, Gustave　123
ダンテ, ジョー　Dante, Joe　266
チェイニー, ディック　Cheney, Dick　028, 209, 318
チェン, メル　Chen, Mel　100
チャップリン, チャールズ　Chaplin, Charles　010, 139, 312–313
デ・オッソリオ, アマンド　de Ossorio, Amando　181
デイヴィス, ウェイド　Davis, Wade　066–070
ディカプリオ, レオナルド　DiCaprio, Leonardo　208–209
ディクソン, ウィーラー・ウィンストン　Dixon, Wheeler Winston　051
テイラー, アマンダ　Taylor, Amanda　246
デカルト, ルネ　Descartes, René　299–300
デグール, フランク　Degoul, Franck　128
デクルティル, M. E.　Descourtilz, M. E.　118
デュバリエ, フランソワ　Duvalier, François　224
デュルケーム, エミール　Durkheim, Émile　141, 152
デリー, マーク　Dery, Mark　032, 110, 142
デル・トロ, ギレルモ　del Toro, Guillermo　212
ド・ヴァレ, シモーヌ　do Vale, Simone　188
2PAC（トゥパック・シャクール）　Tupac Shakur　215
ドゥボール, ギー　Debord, Guy　096, 186–187
ドゥルーズ, ジル　Deleuze, Gilles　054, 063, 080, 096, 137
トーマス, ロブ　Thomas, Rob　111
トランプ, ドナルド　Trump, Donald　225, 288
トンプソン, クリスティン　Thompson, Kristin　049

ナ

ナヴェー, シモン　Naveh, Simon　096
ニューベリー, マイケル　Newbury, Michael　018–019
ネルソン, ラルフ　Nelson, Ralph　202
ノーラン, クリストファー　Nolan, Christopher　285
ノリントン, スティーヴン　Norrington, Sephen

212
ギリング，ジョン　Gilling, John　238
ギルロイ，ダン　Gilroy, Dan　028, 305
ギレンホール，ジェイク　Gyllenhaal, Jake　208
クライン，ネイサン・S　Kline, Nathan S.　069–070
クラインズ，マンフレッド　Clynes, Manfred　069
クラカウアー，ジークフリート　Krakauer, Siegfried　319
グラント，ドゥルー　Grant, Drew　172–173
クリード，バーバラ　Creed, Barbara　250
グリーンスパン，ブライアン　Greenspan, Brian　025
クリステヴァ，ジュリア　Kristeva, Julia　278
クリストフ，アンリ　Christoph, Henri　124
グリゼル，トレヴァー　Grizzell, Trevor　088, 091, 097, 105–106
クリントン，ビル　Clinton, Bill　127
クルーガー，バーバラ　Kruger, Barbara　143
クローヴァー，キャロル・J　Clover, Carol J.　247
クロック，レイ　Kroc, Ray　027, 209
クロンブ，マキシム　Coulombe, Maxime　078, 080–081
ケレステシ，リタ　Keresztesi, Rita　241
コウカーラ，サーシャ　Cocarla, Sasha　148, 166
コウジェイ　Koudjay　128
コールリッジ，サミュエル・テイラー　Coleridge, Samuel Taylor　176
コックス，ホイットニー　Cox, Whitney　256
コンスタン，エマヌエル　Constant, Emmanuel　127

サ

サーミエント，マルセル　Sarmiento, Marcel　251
サイード，エドワード・W　Said, Edward Wadie　122, 176
サウジー，ロバート　Southey, Robert　176
サルコウ，シドニー　Sulkow, Sidney　023
ザンター，アシュリー　Szanter, Ashley　265
シャイボ，テリー　Schiavo, Terri　072
シーゲル，ドン　Siegel, Donald　023
シーツ，サラ　Sceats, Sarah　233
シーブルック，ウィリアム　Seabrook, William　022, 129, 132–133, 154, 195
ジェイムソン，フレドリック　Jameson, Fredric　038, 156
ジェームズ，ウィリアム．　James, William　054
シェリー，メアリー　Shelley, Mary　084, 176
ジジェク，スラヴォイ　Žižek, Slavoj　156
シスレー，アルフレッド　Sisley, Alfred　086
シャヴィロ，スティーヴン　Shaviro, Steven　060, 073, 137–138, 146, 148, 157, 243, 250
シュナイダー，レベッカ　Schneider, Rebecca　033
シュワルツェネッガー，アーノルド　Schwarzenegger, Arnold　279
ジョーンズ，グレイス　Jones, Grace　029
ジョーンズ，デュアン　Jones, Duane　202–205
ジョナサン，エミール　Jonassaint, Émile　126–127
ジョンソン，ドウェイン　Johnson, Dwayne　213
ジルー，ヘンリー　Giroux, Henry　155
スカル，デヴィッド・J　Skal, David J.　032
スコセッシ，マーティン　Scorsese, Martin　029
スコット，リドリー　Scott, Ridley　260
スタール，ジョン・M　Stahl, John M.　199
ストーカー，ブラム　Stoker, Bram　232–233, 235

本文索引……【人名】

ア

アイス・キューブ　Ice Cube　210
アーナル, ジャック・D　Arnal, Jack D.　307
アーマッド, アーリャ　Ahmad, Aalya　032
アガンベン, ジョルジョ　Agamben, Giorgio　078, 080, 179
アステア, フレッド　Astaire, Fred　312
アトウッド, マーガレット　Atwood, Margaret　256
アドルノ, テオドール・W　Adorno, Theodor W.　084, 156
アライモ, ステイシー　Alaimo, Stacy　087−088
アリ, モハメド　Ali, Muhammad　201
アリス, メアリー　Alice, Mary　215
アルトー, アントナン　Artaud, Antonin　063
アルバート公子　Albert, Prince of Saxe-Coburg-Gotha　237−238
アンダーソン, クリス　Anderson, Chris　287
アンダーソン, ポール・W・S　Anderson, Paul W. S.　212
イーストウッド, クリント　Eastwood, Clint　029
イングランド, エリック　England, Eric　293
イングリス, デヴィッド　Inglis, David　068, 124, 129
ウィーヴィング, ヒューゴ　Weaving, Hugo　215
ヴィクトリア女王　Queen Victoria　237−238
ヴィッサー, マーガレット　Visser, Margaret　107
ウィリアムズ, リンダ　Williams, Linda　250
ヴィリリオ, ポール　Virilio, Paul　306−307
ウィルキンズ, ベンジャミン　Wilkins, Benjamin　295
ウィルソン, ナタリー　Wilson, Natalie　260
ウェイン, ジョン　Wayne, John　312
ウェルズ, H・G　Wells, Herbert George　135−136
ウォード, グレアム　Ward, Graham　106
ウォーホル, アンディ　Warhol, Andy　029
ウォシャウスキー兄弟　Larry and Andy Wachowski brothers　214
ヴォッセン, エマ　Vossen, Emma　039
ウッド, エド　Wood, Ed　240
エーデルマン, リー　Edelman, Lee　230
エドモンストーン, ロバート・J　Edmonstone, Robert J.　047−050, 053, 055−056
エドワーズ, ブライアン　Edwards, Bryan　176
エリオット=スミス, ダレン　Elliott-Smith, Darren　146
エンブリー, カレン　Embry, Karen　030, 073
オースティン, アンドレア　Austin, Andrea　026, 074
オースティン, ジェーン　Austen, Jane　176
オバノン, ダン　O'Bannon, Dan　111, 163
オバマ, バラク　Obama, Barack Hussein　216−217, 222−225, 318

カ

カスタネダ, カルロス　Castaneda, Carlos　068
ガタリ, ピエール=フェリックス　Guattari, Pierre-Félix　063, 080, 096, 137
ガニング, トム　Gunning, Tom　050
カリー, アンドリュー　Currie, Andrew　083
キートン, マイケル　Keaton, Michael　209
キーン, ドナルド　Keene, Donald　110
キャメロン, ジェームズ　Cammeron, James

［著者紹介］

遠藤 徹 Toru ENDO

一九六一年生まれ。東京大学文学部英米文学科・農学部農業経済学科卒業、早稲田大学大学院文学研究科英文学専攻博士課程満期退学。二〇〇七年から同志社大学言語文化教育研究センター教授を務め、二〇一三年から同大学グローバル地域文化学部教授。研究テーマは英文学、身体論、文化論など多岐にわたる。

評論著作に『溶解論：不定形のエロス』（水声社、一九九七）、『ポスト・ヒューマン・ボディーズ』（青弓社、一九九八）、『プラスチックの文化史：可塑性物質の神話学』（水声社、二〇〇〇）、『ケミカル・メタモルフォーシス』（河出書房新社、二〇〇五）、『スーパーマンの誕生：KKK、自警主義、優生学』、『バットマンの死：ポスト9／11のアメリカ社会とスーパーヒーロー』（以上新評論、二〇一七、二〇一八）、翻訳書にE・P・エヴァンズ『殺人罪で死刑になった豚：動物裁判にみる中世史』（青弓社、一九九五）、S・バン編『怪物の黙示録：『フランケンシュタイン』を読む』（青弓社、一九九七）、M・ジャコヴィック『恐怖の臨界：ホラーの政治学』（青弓社、一九九七）、D・J・スカル／E・サヴァダ『『フリークス』を撮った男トッド・ブラウニング伝』（共訳、水声社、一九九九）などがある。

また小説も執筆し、短編小説「姉飼」で第10回日本ホラー小説大賞を受賞、「麝香猫」で第35回川端康成文学賞候補となる。主な小説作品に『姉飼』『壊れた少女を拾ったので』『おがみむし』『戦争大臣』（以上角川ホラー文庫、二〇〇六～二〇一一）、『ネル』（早川書房、二〇〇九）、『むかでろりん』（集英社、二〇〇七）、『贄の王』（未知谷、二〇一四）、『七福神戦争』『極道ピンポン』（以上五月書房新社、二〇一八）、『幸福のゾンビ　ゾンビ短編集』（金魚屋プレス、二〇二二）などがある。

ゾンビと資本主義――主体／ネオリベ／人種／ジェンダーを超えて

発行日――二〇二二年一〇月三〇日
著者――遠藤 徹
編集――石原剛一郎
エディトリアル・デザイン――宮城安総
印刷・製本――シナノ印刷株式会社
発行者――岡田澄江
発行――工作舎　editorial corporation for human becoming
〒169-0072 東京都新宿区大久保2-4-12 新宿ラムダックスビル12F
phone：03-5155-8940　fax：03-5155-8941
URL：www.kousakusha.co.jp
e-mail：saturn@kousakusha.co.jp
ISBN978-4-87502-548-1